Und der Heilige Geist sagt mir heute...

Anita Urban

IMPRESSUM

Covergestaltung: Michael und Anita Urban

Lektorat, Korrektorat: Volker Schäfer, Michael Urban

Weitere Mitwirkende: Hannelore Ledl (Text), Noah Urban, Alice Altenberger, Elaine Freda, Elisabeth Stahl,

Anna Bindberger, Pushpa Carlsson (Cover), Arthur Ogleznev (Coverfoto)

Verlag: myMorawa von Dataform Media GmbH, Wien

www.mymorawa.com

ISBN Hardcover: 978-3-99129-626-3

ISBN Paperback: 978-3-99129-628-7

ISBN E-Book: 978-3-99129-627-0

PRINTED IN AUSTRIA

Erstausgabe Dezember 2021

Herzlichen Dank an alle Verlage für die Genehmigung des Druckes der Bibelverse!

Vorwort

Ich bin kein Vorwortleser.

Ich überspringe sie, und wenn du das auch tust, ist das voll in Ordnung.

Bitte nicht die anschließenden Instruktionen überspringen, wie dieses Buch zu lesen ist.

Aber für die Leser, die gerne das Vorwort lesen, möchte ich beschreiben,

wie es zu diesem Buch gekommen ist:

Der Plan war, das wir wieder ein "24/7" machen: Einander abwechselnd eine Woche rund um die Uhr beten. Damit ist nicht gemeint, dass ohne Unterbrechung Gebete gesprochen werden, aber dass der Fokus in dem Gebetsraum in dieser Zeit ausschließlich auf Gott und seinem Wort, der Bibel, liegt - was andächtige Stille, Musik hören und singen, tanzen, malen, schreiben, Gebetserhörungen und seine Wunder erzählen, und vieles mehr beinhaltet. In den letzten Jahrzehnten sind überall auf der Welt tausende solcher Gebetsgruppen entstanden, die "24/7" beten, einen Tag lang, eine Woche lang oder sogar ohne Ende!

Wir habe das seit 2017 ca. vier Mal im Jahr gemacht, meistens bei uns im Wohnzimmer, und dieses Mal in einer christlichen Freikirche in Bad Ischl. Wir, das sind eine kleine Gruppe von Leuten, mal drei, mal fünf, mal sieben - es ist nie so genau definiert, wer mit WIR gemeint ist, weil die Leute, die mit unserem "Haus Tulpe" (das Haus in dem wir leben) verbunden sind, kommen und gehen. Das ist Teil meiner Berufung, und Gott hat mir einen wunderbaren Mann gegeben, der da mit macht.

Ich war also schon einige Zeit allein mit Gott in diesem kleinen Raum meiner damaligen Gemeinde, und habe an die Wand gestarrt. Irgendwann nach ein paar Stunden hatte ich nichts mehr zu beten. Es war keine Donnerstimme, oder Feuer vom Himmel, sondern eine mir schon sehr bekannte sanfte, klare, ruhige Stimme, die mir sagte, ich soll Stift und Papier nehmen, und schreiben. Da ich nichts sonst so schnell zur Hand hatte, nahm ich meinen

Kalender, und der Heilige Geist diktierte mir in etwa 100 Bibelstellen, die ich schnell in die Monatsübersicht des Kalenders kritzelte. An jedem Tag eine Bibelstelle, mehr Platz war da nicht. Was ich mit den Bibelstellen sollte, wusste ich nicht, wurde mir zu dem Zeitpunkt auch nicht gesagt, denn die erste Anweisung, ein paar Tage vor Beginn des 24/7 hatte ich schon wieder vergessen...

Wochentags pünktlich um 12 Uhr Mittag unserer Zeit beginnt Jennifer LeClaire's "Mornings with the Holy Spirit". Dort wo sie wohnt, in Florida, USA, ist es dann 6 Uhr morgens, deshalb dieser Titel. Der Heilige Geist hat sie mir vor Jahren auf YouTube gezeigt - ich saß auf meiner Couch als er sagte, ich soll mir den 5. Vorschlag anhören, den YouTube macht, und der Person dann auf Facebook folgen. Ich war mir anschließend nicht sicher, ob das wirklich vom Heiligen Geist war, denn die Art wie sie betete und was sie sonst noch sagte, habe ich so noch nie gehört. Ich war erstmal verwirrt, aber der Heilige Geist bestätigte mir das, was sie sagte, immer wieder durch die Bibel. Trotzdem war ich nicht treu, und hab ihre "Gebets-Livestreams" nur phasenweise täglich angehört, und dann wieder lang nicht. Und eben kurz vor Beginn der 24/7 Woche, hat mich der Heilige Geist wieder an sie erinnert, ich wusste, ich muss mir das an diesem bestimmten Tag anhören. Heute weiß ich nicht mehr, WAS sie gesagt bzw. gebetet hat, aber ich weiß noch ganz genau, dass ich nach dem Broadcast laut gesagt habe: *"So etwas sollte es auch auf Deutsch geben!"*, und der Heilige Geist hat mir in meinem Herzen genauso laut geantwortet: *"Ja, mach DU es."* Ich war wie Mose am brennenden Dornbusch: *"Aber Gott..."* Letztlich habe ich nachgegeben und gemeint: Ich kann das nicht, aber wenn du meinst, musst du es durch mich machen...

Nachdem ich diese Begebenheit aber vergessen hatte, konnte ich mit den diktierten Bibelstellen nichts anfangen, bis ich wieder Zuhause auf derselben Couch saß, an dem Gott mir gesagt hatte, dass ich *"so etwas"* machen soll. Und nachdem ich verstanden hatte, was Gott konkret von mir will, habe ich die Bibelverse von der Monatsübersicht in einen alten leeren lila Wochenplaner, auf die jeweilige Tagesseite, übertragen. Und dann kam wieder diese Stimme und begann mit mir über jeden einzelnen dieser Bibelverse zu reden. Nicht immer gleich, nicht immer sofort, aber im Laufe von ca. eineinhalb Jahren hatte ich dann alle Bibelstellen und alle Texte, und so kam es auch zu diesem Titel, denn es war genau das, was der Heilige Geist mir für jeden einzelnen Tag sagte. Nicht nur einmal setzte ich mich an meinen alten lila Jahresplaner mit den Worten: ***"Und was hast du mir heute zu sagen, Heiliger Geist?"*** Doch damit ist die Geschichte nicht zu Ende. Ich sollte ja online, für und zu den Menschen im deutschsprachigen Raum, beten. So habe ich im Frühjahr 2019 auf Facebook eine private Gruppe mit dem Namen "Zeit mit Gott dem Vater, Jesus und dem Heiligen Geist" gestartet und anhand dieses Buches, das ich mit Gottes Hilfe geschrieben habe, Gebets-Livestreams gemacht, das heißt den Text des Tages gelesen und dann eine halbe/dreiviertel Stunde frei gebetet, was mir dazu einfiel bzw. wie der Heilige Geist mich leitete. Aber Gott hat mich nicht in Ruhe gelassen. Er meinte, das muss öffentlich sein... Immer wieder sagte er mir das. Ich hab diskutiert mit ihm, ihn gefragt, ob er den Begriff Shitstorm (Beschimpfungen im Internet) schon mal gehört hat, etc.

Kennst du Jona? Ich hab dann einfach gar keine Livestreams mehr gemacht. Natürlich gab es dafür "gute", private Gründe. Aber trotzdem, ich bin einfach in eine andere Richtung gelaufen, als Gott haben wollte. Aber irgendwann konnte und wollte ich nicht mehr. Es ist anstrengend, Gott weglaufen zu wollen. In meiner privaten Gruppe waren nach etwa einem Jahr nicht ganz dreißig Personen, Tendenz stagnierend, also hab ich zu Gott gesagt, wenn hundert Leute in dieser Gruppe sind, mache ich's öffentlich. Drei Wochen später waren es achtzig Leute, und eine Woche später hundertdrei. Und seitdem gibt es auf meinem Facebook Profil meine Gebets-Livestreams öffentlich. Ziemlich zeitgleich hat Gott mir gesagt, ich muss diese zeitgleich auch auf YouTube veröffentlichen, was ich dann auch gemacht hab. UND mein handgeschriebenes Andachtsbuch publizieren.

Du hast es in der Hand.

Ich werde schneller im Gehorsam sein ;)

Sei gesegnet beim Lesen!

Instruktionen

Dieses Andachtsbuch ist anders. Es ist kein "mach das und es wird dir besser gehen" Buch. Auch kein "wir denken ein bisschen über das Leben nach" Buch. Es ist sehr persönlich, deshalb habe ich auch dem Leser gegenüber das DU gewählt, ohne respektlos sein zu wollen. Dieses Buch ist mir heilig - es beinhaltet das persönliche Reden Gottes zu mir. Das bedeutet: Es ist nicht alles für jeden. Es kann Tage geben, die dir, lieber Leser, nichts sagen, oder wo dich das Geschriebene verärgert, irritiert, gar nicht in dein Gottesbild passt, auch, weil Gott oft keine Rücksicht auf unser Sprachgefühl nimmt, z.B. im Bezug auf Grammatik, Zeiten, Satzstellung, Ein- oder Mehrzahl, ... (ach, und bitte verzeih mir meine Rechtschreibfehler!) Es kann aber auch sein, dass Gottes Wort, das an mich erging, dir eine neue Sicht auf Gott, die Welt, auf dich selbst gibt. All das ist möglich. Was Gott mir hier gesagt hat wird, kann und darf auch für dich gelten, wenn du es willst...

Ich habe den täglichen Bibelvers aus verschiedenen Übersetzungen (jeweils in Klammer) verwendet, aber den hebräischen Gottesnamen JHWH, wenn er im Urtext steht. Wenn ich die Bibelstelle aus dem griechischen bzw. hebräischen Urtext Wort für Wort, nach Strong's Dictionary übertragen habe, oder nur sinngemäß wiedergegeben habe, ist es mit "(Freie Übersetzung)" gekennzeichnet. Idealerweise liest man in der Bibel parallel zu diesem Andachtsbuch, die Geschichte hinter dem Vers, das ganze Kapitel oder Bibelbuch, vergleicht verschiedene Übersetzungen. Hinzufügungen von mir sind in Klammer.

Im Anhang befinden sich Erklärungen, wie man die Bibel lesen kann, wie ich Gottes Reden erlebe. Über jeden einzelnen Tag habe ich für dich, lieber Leser, gebetet, dass du aufnimmst und verstehst, was der Geist Gottes DIR sagen möchte. Das was Gott mir sagt, geht durch meinen Filter an Kultur, Emotionen, Einstellung, etc. Dadurch ist es möglich, dass ich Gott missverstehe oder falsch interpretiere, was er sagte. Prüfe alles und DAS GUTE BEHALTE. In diesem Sinne nun wirklich: **Gottes Segen beim täglichem Lesen und IHN erfahren!**

1. Jänner

Jakobus 2,18

Da wird dann einer sagen: "Du hast Glauben, und ich habe Werke.

Beweise mir doch deinen Glauben aus deinen Werken,

und ich werde dir aus meinen Werken meinen Glauben beweisen!" (Schlachter 2000)

Und Gott sagt mir:

Werke ohne Glauben sind genauso gut wie Glaube ohne Werke.

Mein Geist ist gekommen, um das Königreich des Vaters unter uns zu bauen.

Der Vater, der Sohn und der Geist UND seine Braut, die Gemeinde, wir haben dasselbe Ziel.

Willst du mitbauen?

Glaubst du, dass ich mein Reich mit dir bauen kann, und will?

Ich liebe es, meine Kinder zu befördern und zu befähigen!

Lass dich befähigen von meinem Geist, aber wenn du befähigt bist, warte nicht.

Wenn dein Glaube für eine Sache von mir entfacht ist, dann geh!

Denn Glaube braucht Werke, und Werke brauchen Glauben.

Einstiegsgebet:

Jesus, danke, dass ich durch deinen Geist Hand in Hand mit dir arbeiten darf.

Hilf mir, auf das Drängen des Geistes zu reagieren:

Zu warten bis sich Glaube entfacht in mir;

und zu gehen; Mutig zu sein; DEINE Werke zu tun.

Hilf mir, die kleinen Dinge, die du mir aufzeigst, nicht zu verachten,

sondern treu zu sein in allem.

2. Jänner

1. Samuel 21,3

David sprach zu Achimelech, dem Priester: "Der König hat mir etwas befohlen und zu mir gesagt: Lass niemand wissen, warum ich dich gesandt und was ich dir befohlen habe! Die Leute aber habe ich da und dahin bestellt." (Schlachter 2000)

Der Geist Gottes sagt mir:

Wenn ein König sagt, rede nicht über die Pläne, die ich dir anvertraue,
dann wird ein Mensch tun, was der König sagt, denn sonst gilt er als Verräter.
David war schon Sauls Feind, denn Saul wollte den zukünftigen König töten.
Auch DU sollst einmal mit mir herrschen, denn du bist ein Königskind.
Verrate deinem Feind nicht deine Pläne,
aber verrate auch einem Freund deine Pläne nicht, wenn der Feind mithört.
Ich möchte dir meine Pläne anvertrauen, du sollst mein Vertrauter sein.
Doch genauso, wie David Achimelech verschwiegen hat, warum er kam,
weil er nicht wusste, wer zuhört, sollst auch du sein, wenn ich meine Pläne mit dir teile.

Einstiegsgebet:

Gott, ich möchte, dass du mein Freund bist,
und ich bitte dich, dass du mir deine Pläne offenbarst, denn deine Pläne sind gut.
Hilf mir zu verstehen, wer du bist, und wer ich bin für dich.

3. Jänner

Psalm 14,6

Wollt ihr das Vorhaben des Elenden zuschanden machen,

obwohl JHWH seine Zuflucht ist? (Schlachter 2000)

Gott sagt mir dazu:

Ich bin deine Zuflucht. Der, Ort zu dem du dich flüchten kannst.

Die Ungerechtigkeit umgibt dich, aber in mir ist die Gerechtigkeit.

Niemand kann dir etwas tun, wenn ich dich unter dem Schatten meiner Flügel berge.

Auch wenn du dich klein und elend fühlst, niemand kann dir etwas anhaben.

Die Ruhe ist in mir, und der Friede, der den Verstand übersteigt,

der umgibt dich selbst im Angesicht deines Feindes,

deiner Probleme, deiner scheinbar unüberwindbaren Herausforderung.

Ich habe keine Angst.

Ich bin die Liebe und ich bin deine Zuflucht.

Einstiegsgebet:

Vater, du bist mein Halt, meine Burg, mein Schild, meine Hilfe.

Lehre mich bei dir Zuflucht zu suchen,

zu dir zu laufen mit meinen Fragen, meinen Enttäuschungen

und allem, was mein Herz fühlt.

Sei du König über meine Seele.

4. Jänner

Römer 8,7

Das Trachten des Fleisches ist Feindschaft gegen Gott, denn es unterwirft sich dem Gesetz Gottes nicht und kann es auch nicht. (Freie Übersetzung)

Gott sagt mir:

Das Trachten des Fleisches bedeutet:

Das Streben nach Unabhängigkeit von mir.

Wie kannst du unabhängig sein von mir?

ICH BIN dein Lebenshauch.

ICH BIN durch und durch gut.

ICH BIN LEBEN.

Einstiegsgebet:

Jesus, ob ich mir dessen bewusst bin, oder nicht, du hältst mich am Leben.

5. Jänner

Römer 8,8

Die fleischlich sind, können Gott nicht gefallen. (Freie Übersetzung)

Gott sagt mir:

Dein Streben nach Ruhm und Anerkennung vor den Menschen bringt dich dazu,

nicht mir gefallen zu wollen.

ICH BIN aber der Grund warum DU SEIN KANNST,

du bist dazu geschaffen, mein Wohlgefallen, meine Freude zu sein.

Wenn du das tust, das heißt, wenn dein Bestreben ist, mir zu gefallen,

mein Wohlgefallen, meine Freude zu sein,

dann hast DU Freude am Leben.

Einstiegsgebet:

Vater, vergib mir durch das Opfer von Jesu Blut,

dass meine Gedanken, mein Wille, sich nicht darum dreht, was dich erfreut.

Ich will dir allein gefallen wollen.

Hilf mir dabei!

Sei du MEIN König.

6. Jänner

Römer 8,9a

Ihr aber seid nicht im Fleisch, sondern im Geist, wenn wirklich Gottes Geist in euch wohnt

(Schlachter 2000)

Der Heilige Geist sagt mir:

Woran erkennst du, dass der Geist Gottes in dir wohnt?

Nicht an deinen Gefühlen, nicht an deinen Werken

(denn meine Werke sind oft nicht sofort offensichtlich), sondern an meinem Wort.

Ist Jesus Herr über dein Leben?

Wenn ja, dann hast du mich in dir wohnen, denn ich bin der Unterpfand des Glaubens.

Wenn nein, willst du, dass Jesus Herr über dein Leben ist?

Wenn ja, gib ihm dein ALLES, er klopft an deine Herzenstür, und ich ziehe bei dir ein.

Mein Wort sagt es, und mein Wort lügt nicht. Und wenn du im Geist bist, bedeutet es,

du hängst an mir. Im Geist sein bedeutet, ich darf mit dir tun und lassen, was ich will.

Deine Gedanken, dein Verstand und dein Wille, unterstehen meinem Willen.

Warum du das wollen solltest? Weil ich das Leben bin.

Alles was gut für dich ist, kommt von mir und ist in mir. Ich bin der Geist Gottes.

Einstiegsgebet:

Komm in mein Leben, du Geist Gottes, mehr und mehr.

Entfalte dich, mach mich Jesus ähnlich.

Ich heiße dich willkommen, Vater, Sohn und Geist.

7. Jänner

1. Korinther 6,17

Wer aber an den Herrn hängt, ist ein Geist mit ihm. (Freie Übersetzung)

Was mir der Herr sagt:

Ich wünsche mir, dass du an mir hängst, mehr als an irgendetwas sonst.

Ich will nicht deinen Gehorsam, ich will deine Liebe. Wenn du mich liebst, bist du gehorsam.

Aber Gehorsam ohne Liebe ist nichts.

Ich will deine Liebe, weil ich dich liebe. Du bedeutest mir so viel.

Ich will mich dir schenken, und das habe ich schon.

Ich habe meinen Teil getan, ich suche deine Liebe,

deine ungeteilte Aufmerksamkeit, deine Zeit, deine Finanzen, deine Arbeit.

In meiner Liebe findest du alles was du brauchst, du musst nicht mehr Streben nach Glück,

denn das Leben in Fülle ist in mir.

Wenn du dich an mich hängst,

und ich deine erste große Liebe werde,

bin ich vollkommen eins mit dir, und gemeinsam erobern wir die Welt.

Einstiegsgebet:

Jesus, lass mich verstehen, wie groß deine Liebe ist.

Ich möchte Leben, verstehen was Leben in deinen Augen ist.

Lass mich dir so nahe kommen, dass ich dich nur lieben kann, weil du mich so sehr liebst.

8. Jänner

Judas 1,4b

Gottlose, die die Gnade Gottes in Zügellosigkeit verkehren und Gott, den einzigen Herrscher, und unseren Herrn Jesus Christus leugnen. (Freie Übersetzung)

Gott sagt mir:

Zügellosigkeit ist das Gegenteil von Selbstbeherrschung.
Selbstbeherrschung gelingt dir nur, wenn du in mir bleibst.
Manche Menschen wirken sehr selbstbeherrscht,
aber das ist nicht die Selbstbeherrschung, die ich will.
Ich quäle keine Menschen. Ich will ihren Sieg über ihre sündige Natur.
Manchmal sind dafür rigorose Maßnahmen erforderlich,
aber in all dem was nötig ist, um dich zu befreien,
schenke ich Kraft, Mut, Freude und Hoffnung.
Leid ist Teil des Lebens, nimm es an.
Mein Leid jedoch, führt in die Freiheit, denn ich habe das Leid der Welt getragen.
Niemals erwarte ich von dir, dass du mehr trägst als du kannst.
Zügellose Menschen verleugnen meine Kraft,
oder meine Herrschaft.

Einstiegsgebet:

Du bist Gott und Herrscher, König über das Universum.
Danke, dass du gütig, gnädig und treu bist.
Sei mein Herr.

9. Jänner

1. Timotheus 3,2

Ein Aufseher muss untadelig sein, Mann einer Frau, nüchtern, besonnen, anständig, gastfreundlich, fähig zu lehren. (Freie Übersetzung)

Und Gott zeigt mir:

Jeder ist Aufseher/König seines eigenen Herrschaftsbereichs!
Auch wenn die Bibelstelle hier über die Aufsicht einer Gemeinschaft der Gläubigen spricht,
gilt sie dennoch in gleicher Weise jedem Menschen,
der Gott nachfolgen, lieben, und dienen will.
Noch einmal: Wir dienen Gott nicht, weil wir Sklaven sind, sondern
weil wir als Kinder das Vorrecht haben, ihm gehorsam sein zu können, durch den Geist.
Das kann niemand ohne Gottes Geist.
Denk einmal über die heutige Bibelstelle nach:
Du bist Aufseher über deine Gedanken, deinen Willen, deine Worte, deine Werke.
(Also allem was du tust, z.B. früh aufstehen oder nicht, lange fernsehen bzw. Computer spielen oder nicht, viele Stunden chatten oder nicht, noch etwas essen oder nicht...)

Der Heilige Geist sagt:

Wir, der Vater, der Sohn und der Geist erwarten deine Zustimmung,
dass du uns um Hilfe bittest, deinen Herrschaftsbereich, dein Königtum,
unter Kontrolle zu halten, es gut zu beherrschen.

Wir haben dir diesen Aufsichtsbereich übergeben mit dem Wissen,

dass es dir ohne unsere Hilfe nicht gelingen wird,

und freuen uns, wenn du uns um Hilfe bittest.

Einstiegsgebet:

Guter Gott, ich bitte dich um deine Hilfe, mein Königtum gut zu beherrschen.

Ich gebe dir ausdrücklich meine Zustimmung, mich unter Kontrolle zu halten.

Hilf mir und hilf uns*, dass wir uns unserer Verantwortung bewusst sind.

Es ist ein Vorrecht, dir gehorsam sein zu können.

* Auch wenn du gerade allein bist, du betest nicht allein.

Im Geist bist du mit allen jenen verbunden die diese gleichen Gebete sprechen,

darum beten wir gemeinsam, an allen Orten zu jeder Zeit.

10. Jänner

Hesekiel 34,8

JAHWH, der Herr spricht: Meine Schafe sind zum Raub geworden, ja, weil meine Schafe allen wilden Tieren des Feldes zum Raub geworden sind, weil sie keinen Hirten haben und meine Hirten nicht nach meinen Schafen fragen, und die Hirten nur sich selber weiden und nicht meine Schafe. (Freie Übersetzung)

Jesus sagt mir:

Ich bin der gute Hirte. Ich lasse die Herde, die versorgt ist, und auf sicherem Feld ist, stehen, um ein kleines, verwundetes, verlorenes Schaf zurückzubringen.

Ich finde dich immer, egal wo du bist, wie weit du abgekommen bist auf dem Weg zu einem guten Leben auf saftigen Weiden. Ich will, dass du dich sättigst, dass du satt und erholt bist. Aber dann, wenn du satt und zufrieden bist - auch wenn vielleicht immer noch nicht rundherum alles in Ordnung ist, weil die Wolle zu lang ist, oder ein anderes Schaf auf deinem Lieblingsplatz liegt - kümmere dich um die Kleinen.

Sei dir bewusst: Jemand hat sich um dich gekümmert, ob du es weißt oder nicht, deshalb bist du hier. Nun kümmere dich um die Kleinen.

Du hast einen Platz in der Herde, eine Begabung, ein Talent. Du bist ein Vorbild.

Einstiegsgebet:

Jesus hilf mir, die Bedürfnisse Anderer wahrzunehmen, und zu dir zu bringen.

Danke, du hast auch mich gerettet.

Ich möchte für Andere da sein, und ich möchte niemandem seinen Platz nehmen.

11. Jänner

Römer 12,12

Seid fröhlich in Hoffnung, in Bedrängnis haltet stand, seid beharrlich im Gebet!

(Schlachter 2000)

Jesus sagt mir:

Meine Freude übersteht jede Trostlosigkeit.

Die Hoffnung in mir ist kein Vertrösten auf eine bessere Zukunft,

denn der Himmel IST JETZT!

Dieser Himmel will zu EUCH im Geist (also durch den Heiligen Geist),

und das geschieht durch standhaftes Festhalten an allen Worten,

die ich DIR verheißen habe,

und die DU durch deine Gebete in deine Wirklichkeit bringst.

Einstiegsgebet:

Danke Jesus für deine Zusagen, die mich durchtragen und festhalten lassen an dir,

in jeder Situation. Danke dafür.

12. Jänner

Sprüche 31,10

Eine tugendhafte Frau - wer findet sie? Sie ist kostbarer als die kostbarsten Perlen.

(Freie Übersetzung)

Jesus sagt mir:

Ich habe sie gefunden, meine Braut, die Schönste von allen!

Du bist Teil von ihr - eine Hand, die Augen, die Haut - egal,

denn ich finde alles an ihr wundervoll!

Du kannst dir den Jubel in meinem Herzens nicht vorstellen.

Lass ihn dir von mir zeigen.

Einstiegsgebet:

Jesus führe mich in deine Königskammer,

in die Verborgenheit,

wo deine Liebe mich umfängt.

Dein Herz jubelt über mich,

deine liebevollen Worte sind wie Honig für meine liebeshungrige Seele.

Lass mich bleiben bei dir, deinen Worten lauschen, bis ich weiß:

Du liebst mich, und ich liebe dich.

13. Jänner

Lukas 7,3

Als der Hauptmann aber von Jesus hörte, sandte er Älteste der Juden zu ihm hin mit der Bitte er möge kommen und seinen Knecht retten. (Freie Übersetzung)

Das sagt der Geist Gottes zu mir:

Beachte die Demut des römischen Hauptmanns, nicht gegen das Gesetz der Juden zu verstoßen. Deshalb sagt Jesus über ihn, dass er so großen Glauben in Israel nicht gefunden hat. Demut ist die Voraussetzung für Glauben. Wenn jemand denkt, er kann etwas selbst, braucht er keinen Glauben. Der Hauptmann kannte königliche Hierarchie. Auch im Himmel gibt es sie. Jeder hat eine Aufgabe, für die er Autorität hat, die Autorisierung des Königs. Dieser Mann wäre nicht Hauptmann, ohne Vertrauen des Königs. Der König wusste um die Fähigkeiten des Mannes, und hat ihn deshalb eingesetzt. Mit diesem Wissen handelte er ebenso! Er wusste, die Ältesten der Juden hatten das Vertrauen des Volkes, sie waren wichtige Bestandteile der jüdischen Kultur. Um Jesu Position zu ehren, schickte er lieber angesehene Persönlichkeiten aus Jesu Volk, und ging nicht selbst, weil es nicht anständig war - es stand ihm nicht zu. Ich habe Eltern, Männern und Frauen, geistlichen Leitern, auch Autorität gegeben. Bist du bereit, entsprechend ihrer Position, an ihnen zu handeln, sie zu Ehren?

Einstiegsgebet:

Heiliger Geist, bitte lehre mich, gegen den Zeitgeist der Gleichheit zu leben,
und deine Schöpfungsordnung anzuerkennen. Keiner ist vor dir mehr Wert,
ich bin nicht minderwertig, wenn ich mich unterordne,
sondern werde von dir geehrt, für meinen Gehorsam.

14. Jänner

Matthäus 4,7

Da sprach Jesus zu ihm: "Es steht auch geschrieben, du sollst den Herrn, deinen Gott nicht versuchen." (Freie Übersetzung)

Jesus sagt mir zu:

Satans Versuchung besteht darin, dir etwas anzubieten, was dir sowieso gehört, aber erst rechtmäßig gegeben werden muss. Seine Strategie ist es, dass du es dir unrechtmäßig nimmst.

Es ist so: Ich habe bereits bezahlt - nimm mal an, es geht z.B. um ein Haus, ein Auto, oder ein Fahrrad - ich habe bezahlt und es dir geschenkt. Die Schlüssel habe ich dir aber noch nicht gegeben, und es ist abgesperrt. Ich möchte dir die Schlüssel geben, wenn ich denke, du kannst einen eigenen Haushalt gut führen, du kannst gut genug Auto oder Rad fahren. Kinder neigen dazu sich zu überschätzen, aber ich kenne dich, und der Vater möchte dich nicht überfordern.

Jetzt kommt Satan und redet dir ein: "Das kannst du ohne Vater. Ich gebe dir die Schlüssel, wenn du meine Hilfe annimmst." Er stiehlt dann deine Schlüssel. Wenn du auf ihn hereinfällst, "borgt" er dir "seine" Schlüssel und ihr wohnt gemeinsam in dem Haus, benutzt das Auto oder Fahrrad. Nur irgendwann kommt der Vater, und nimmt Satan die Schlüssel weg, und du bist auch ausgesperrt von dem, was der Vater dir sowieso geben wollte...

Einstiegsgebet:

Vater gib mir Geduld und Vertrauen, dass ich weiß, du gibst mir zur richtigen Zeit alles, und noch mehr als ich brauche.

15. Jänner

Jesaja 26,5

Denn er hat erniedrigt, die Bewohner der Höhe, die hochragende Stadt, er hat sie niedergeworfen, hat sie herabgestoßen in den Staub, zu Boden gestürzt. (Freie Übersetzung)

Und der Heilige Geist sagt zu mir:

Wen ich erhöhe, der ist erhöht, und wen ich erniedrige, der ist erniedrigt.

Vergebung, Entschuldigung, Buße (Sinnesumwandlung; Erneuerung des Denken und Handelns; Herzensumkehr = Wunsch, Wille zur ernsthaften Veränderung und dementsprechende Handlungen), sind Wege, die ich für den Menschen geschaffen habe, um sich bei Menschen zu demütigen. Gebet, Fasten und Buße, sind Wege, die ich geschaffen habe, um sich vor Gott zu demütigen. Warum ist Demut so wichtig? Hochmut kommt vor dem Fall. Ich will aber nicht, dass du fällst! Ich will dich zu Ehren bringen, dich krönen, und umgeben mit meiner Majestät. Dazu brauchst du ein demütiges Herz und ein dienendes Wesen. Lass dich von Bibelstellen wie der obigen in Jesaja nicht stören oder schrecken!

Aber lass dich ermahnen und belehren: Die Demütigung kommt. Sie gehört dazu, um ins Reich Gottes Einblick zu bekommen.Du kannst wählen: Demütigst du dich vor Gott, oder muss er dich demütigen? Jedes Knie muss sich vor dem ewigen König beugen.

Es freiwillig zu tun hat Würde, gezwungen zu werden nicht.

Einstiegsgebet:

Herr, hilf mir ein demütiges Herz zu bekommen. Ich will mich beugen vor dir.

Ich lege vor deinen Thron meinen Willen, meine Gefühle und meinen Körper.

Ich gehöre nicht mehr mir, ich bin dein Eigentum. Sei du mein Herr, König Jesus.

16. Jänner

Matthäus 24,25

Siehe, ich habe es euch vorausgesagt. (Luther 2017)

Jesus sagt mir:

Alles, alles was du WIRKLICH wissen musst, sage ich dir. Ein Problem in unserer Kommunikation ist, dass du nicht weißt, was ich weiß, und ich dir auch nicht alles erklären kann, weil du es nicht fassen vermagst. Lass mich ein einfaches Beispiel erklären:

Ein kleines Kind hat keinen Zeitbegriff. Wenn es auf etwas wartet, ist eine Minute wie eine halbe Stunde. Was sagt die Mama, wann der Papa kommt? "Bald." Und was sage ich, wann ich wiederkomme? "Bald." Du stellst viele Fragen, die dir in deiner Erlebniswelt außerordentlich wichtig erscheinen, aber das sind sie nicht. Beginne, dich mehr und mehr an dem zu orientieren, wovon ich rede in meinem Wort. Denn dann wirst du selbst erkennen, dass ich zu vielen Themen etwas zu sagen habe, was du nur (noch) nicht verstanden hast. Und dein Fokus wird sich ändern. Du wirst das wichtiger nehmen, was mir wichtig ist, und dadurch wird sich deine Lebenseinstellung ändern, dein Denken, dein Verhalten, dir selbst und Anderen gegenüber. Das nennt Paulus geistlich reif oder erwachsen werden. Und du bekommst ein neues Verständnis von Zeit.

Einstiegsgebet:

Gott verzeih mir, dass ich dir gegenüber unangemessen denke. Ich habe meine Maßstäbe angelegt, bei dem was du sagst, tust, oder zulässt, doch meine Maßstäbe sind nicht deine Maßstäbe. Du bist unverständlich für mich, und dennoch sollst du mein Gott sein. Ich will deine Worte als für mein Leben relevant erachten, auch wenn ich wenig oder nichts verstehe.

17. Jänner

Jesaja 63,4

Denn ich hatte mir einen Tag der Rache vorgenommen;

das Jahr meiner Erlösten war gekommen. (Schlachter 2000)

Der Heilige Geist sagt mir:

Das Jahr meiner Erlösten hat mit Jesu Geburt begonnen.

Die Zeit deiner Gefangenschaft ist vorbei.

Hier geht es nicht nur darum,

dass du nicht gefangen bleiben kannst, weil Jesus gekommen ist, und für deine Sünde starb.

Nein, es geht darum,

wie viel du von meiner Wahrheit annimmst, und in deinem Leben umsetzt.

Viele, die Jesus als ihren Erlöser angenommen haben, erwarten nicht,

dass er ihr ganzes Leben umkrempelt,

oder sie erwarten nicht, dass es so geschieht, wie es geschehen soll.

Da sie falsche Erwartungen haben, sind sie enttäuscht,

und gehen bildlich gesprochen wieder zurück nach Ägypten.

Einstiegsgebet:

Heiliger Geist, bitte hilf mir, die Wahrheit über mich selbst zu erkennen.

Lass mich deine Wege gehen, auch wenn sie schwer sind.

Ich möchte die Freiheit in Christus erleben, auch wenn ich noch nicht weiß, was das bedeutet.

18. Jänner

Kolosser 1,5a

Hoffnung die euch aufbewahrt ist im Himmel (Freie Übersetzung)

Gott sagt mir:

Der Thron und die Herrlichkeit Gottes.

Von dort kommt alles Leben.

In der Gegenwart Gottes erscheint alles Andere absolut unbedeutend.

(Sela)

Ich erkenne:

In jedem von uns hat Gott einen Samen seiner Herrlichkeit hineingelegt.

Der Heilige Geist aktiviert diesen Samen,

sobald wir Jesus als Erlöser, Herrn und König, in unser Leben einziehen lassen.

Neues Leben beginnt.

Je mehr wir es pflegen, umso mehr blüht die Herrlichkeit in unser Leben, in unserem Alltag.

(Sela)

Das Reich Gottes breitet sich so aus.

Einstiegsgebet:

Danke Vater, dass die Hoffnung der Herrlichkeit für heute und für immer gilt.

19. Jänner

Epheser 1,4

Gott hat uns in Christus auserwählt vor Grundlegung der Welt, damit wir heilig und untadelig vor ihm seien in Liebe. (Freie Übersetzung)

Der Geist des Christus sagt mir:

AUSGESONDERT und VOLLKOMMEN seid ihr, die Gemeinde Gottes,
bist du, Kind Gottes in Christus;
lass dich nicht blenden, täuschen vom Verkläger, Satan.
Er klagt an, wo er kann.
In Christus ist unerschütterliches Vertrauen, und durch die ewige Verbindung,
die Gott durch den Blutsbund, den Tod Jesu, mit dir eingegangen ist,
bist du, als Einzelperson,
aber auch die ganze gläubige Kirche, rein, heilig, und letztlich geläutert.
Und ich bin das Pfand dafür.

Einstiegsgebet:

Hilf mir in Christus zu bleiben, Heiliger Geist,
damit ich dich und die Gemeinde mit Gottes Augen sehen kann.

20. Jänner

2. Samuel 3,8

Da wurde Abner sehr zornig über diese Worte Ichboseths und sprach:

Bin ich den ein Hundskopf, der es mit Juda hält?

Noch heute erweise ich Güte am Hause deines Vaters Saul

und an seinen Brüdern und seinen Freunden, dass ich dich nicht

der Hand Davids ausgeliefert habe.

Und du wirfst mir heute ein Vergehen

mit dieser Frau (einer Nebenfrau Sauls) vor? (Schlachter 2000)

Und der Heilige Geist sagt mir:

Weißt du, warum viele Werke und Gemeinden kaputt gehen?

Nicht nur, aber auch, weil begabte und befähigte Menschen,

die Fehler - möglicherweise große Fehler - gemacht haben,

durch übereifrige Leiter (Chefs) zu einem Handeln genötigt werden,

das nicht von mir durchdrungen ist.

Alle Menschen sündigen.

Alle Christen sündigen,

aber das Blut Jesu war schon vor den Christen da.

Jesu Blut reinigt sofort, wenn der Mensch seine Schuld anerkannt hat,

und Punkt.

Sobald Sünde als Sünde erkannt ist,

und Buße getan wurde - vor Gott ist es vergeben -

sollte es dann nicht auch vor Menschen vergeben sein?

Auch dann, wenn die Konsequenzen

spürbar, merkbar, ja sogar offensichtlich sind.

Gott hat vergeben.

Nun vergib du!

Ihr Menschen fürchtet euch am Meisten vor Chaos,

das entsteht, wenn

ihr nicht mehr alles unter Kontrolle habt,

und warten solltet auf Gottes Eingreifen,

der das Chaos ordnet.

Das dauert euch zu lange, deshalb "ordnet" ihr viel zu viel selbst,

und verliert dabei meine Gunst.

Einstiegsgebet:

Vater, bitte hilf mir.

Ich verurteile oder beurteile vieles falsch.

Vergib mir, und hilf mir zu vergeben.

Lehre mich auf dich und dein Eingreifen zu warten,

in allen Bereichen meines Lebens.

21. Jänner

Römer 12,14

Segnet, die euch verfolgen; segnet und flucht nicht! (Schlachter 2000)

Und Gott zeigt mir:

Eines der besten Beispiele für eine gute, empfehlenswerte Haltung gegenüber Menschen,

die uns nahe stehen, oder nahe standen,

und uns verletzen, verachten, oder sogar hassen, ist David.

Seine Loyalität Saul gegenüber, ohne Vorbehalte,

selbst nachdem Saul einen Speer nach ihm geworfen hat,

seine Frau an jemand Anderen verheiratet hat,

ihm eine Falle stellen wollte, um ihn zu töten,

Freunde umbrachte, die ihm halfen,

ihn zweimal verfolgte, sagte David nach seinem Tod über ihn (2. Samuel 1,23-24):

"Saul und Jonathan, geliebt und lieblich im Leben, sind auch im Tod nicht geschieden;

sie waren schneller als Adler, stärker als Löwen!

Ihr Töchter Israels, weint über Saul,

der euch köstlich in Purpur kleidete, der eure Kleider mit goldenen Schmuck verzierte."

(Schlachter 2000)

Und er trauerte öffentlich.

Doch nicht nur als Saul gestorben war, sondern Zeit seines Lebens war das so.

Bei der letzten Begegnung zwischen Saul und David,

als Saul ihm mit seinem ganzen Heer nachjagte,

sagte David zu Saul,

nachdem er die Möglichkeit hatte Saul zu töten,

der ihn umbringen wollte, und als Feind betrachtete (1. Samuel 26,23):

"Der Herr wird jedem vergelten

nach seiner Gerechtigkeit und seiner Treue;

denn JHWH hat dich heute in meine Hand gegeben;

ich aber wollte meine Hand nicht an

den Gesalbten des Herrn legen."

(Schlachter 2000)

Einstiegsgebet:

Herr, sei mit uns, wenn Andere uns missachten, verletzen, oder sogar bösartig sind.

Ich will nicht nur vergeben,

sondern Böses mit Gutem vergelten, wie dein Wort sagt.

Sei es Vater, Mutter, Geschwister, Kinder, Freunde oder Fremde,

hilf mir,

aus der göttlichen Liebe zu denken, reden und zu handeln.

Lass mich ehren,

die du über mich gestellt hast,

selbst dann, wenn sie Unrecht tun,

damit du mich segnen kannst.

22. Jänner

Micha 4,4

...jedermann wird unter seinem Weinstock und seinem Feigenbaum sitzen,

und niemand wird ihn aufschrecken;

denn der Mund des Herrn der Heerscharen hat es geredet. (Schlachter 2000)

Und Gottes Geist redet zu mir:

Siehst du, es gibt keinen Neid, und keine Bosheit mehr in meinem Reich.

Unter der Herrschaft des Vaters ist eine tiefe Zufriedenheit.

Die Ruhe über das eigenen Sein und Haben.

Der Mund des JHWH Zebaoth,

des "der ich bin erhaben über alle Krieger", spricht das SHALOM.

Friede, Gesundheit, Fülle, Kraft in Sanftheit, Einheit mit dem Schöpfer, Leben aus der Quelle.

SHALOM beinhaltet allen göttlichen Segen.

Du bist zutiefst angenommen und geliebt, und hast einen Platz in Gottes Reich,

den dir niemals jemand wegnehmen kann, der von Ewigkeit her für dich bereit steht.

Tauche ein und versinke in dieser Wahrheit,

denn so ertränkst du jede Form von Neid, Eifersucht, und Missgunst.

Einstiegsgebet:

Jesus, dein Wort hat mich geschaffen und mich ins Leben gerufen.

Bei dir darf ich und will ich sein, die Person, die du gewollt, geliebt und erwählt, hast.

Dieses Angenommensein braucht meine Seele mehr als alles Andere. Zeig mir deine Liebe.

23. Jänner

Philipper 3,4

...auch ich könnte mein Vertrauen auf Fleisch setzten. Wenn ein Anderer meint, er könne auf Fleisch vertrauen, ich viel mehr. (Schlachter 2000)

Der Heilige Geist sagt mir:

Jeder Mensch hat etwas, was er gut kann, und die, die glauben sie können nichts, sind ziemlich gut darin, daran festzuhalten, dass sie nichts können.
Beides ist ohne mich "im Fleisch": "Jemand sein", oder "nichts sein"; sich unangemessen groß machen, oder sich unangemessen klein machen. Der Mensch ohne mich versteckt sich vor sich selbst und Anderen, dann kann er nicht mehr authentisch sein.
Es ist möglich, dass jemand in allen Bereichen seines Lebens voll Heiligen Geistes ist, nur in einem Bereich hält er an seiner eigenen Kraft fest, und meint mich nicht zu brauchen.
Und obwohl es nur ein Bereich ist, hat es Auswirkungen auf alle anderen Lebensbereiche.
Sei dir bewusst: Ohne mich kannst du absolut NICHTS tun, was lebenserhaltend, dauerhaft wertvoll oder einfach nur wichtig ist. Aber MIT MIR ist dir ALLES, absolut ALLES möglich, was du tun sollst, denn WIR haben dich geschaffen, und wissen wer du bist, und wozu du fähig bist.

Einstiegsgebet:

Herr, in der Tiefe meiner Seele denke ich, dass ich alles ohne dich tun kann.
Ich vertraue auf mich, Geld, meine Familie oder Freunde, das Gesundheitssystem, die Staatskasse; mehr als auf dich. Und wenn alle Stricke reißen, dann komme ich zu dir.
Verzeih mir, lass mich umkehren, und schenke mir ein neues Herz.

24. Jänner

Psalm 136,14

Dankt dem Herrn der Herren, der Israel mitten hindurch führte. (Freie Übersetzung)

Der Heilige Geist Israels sagt mir:

Die Kraft des Geistes, der das Schilfmeer teilte

und Israel trockenen Fußes mitten hindurch führte, führt dich deinen Weg.

Hab Mut! Auch wenn du vor Begrenzungen stehst.

Hab Mut! Auch wenn du vor Bergen stehst.

Hab Mut! Kehre nicht um. Bleib nicht stehen.

Vertraue meiner Macht, und nicht deiner Kraft. Ich habe dich bis hierher gebracht, ich weiß wo ich mit dir hin will, und ich habe Wege, wo keine Wege sind. Ich schaffe sie. Erwarte den Sieg, denn ich habe den Sieg in Christus errungen. Steh fest im Glauben, denn das Kreuz, das Jesus getragen hat, ist der Ort, wo die Hoffnung für dich beginnt. Der Tod Jesu war der Vorbote der Auferstehung.

Jede ausweglose Situation ist der Vorbote auf ein neues Zeichen Gottes unablässiger Fürsorge in deinem Leben - seiner Liebe zu dir. Deine Schuld und Sünde wurde in Christus eingetauscht,gegen Gottes Gnade und Barmherzigkeit. Nimm sie, sie ist für dich.

Einstiegsgebet:

Jesus, ich nehme dein Geschenk an mich an. Dein Tod bringt mir Leben. Dein Blut floss mir zur Vergebung. Deine Auferstehung ist eine Verheißung auf die Ewigkeit. Der Tod, und damit Schmerz, Furcht, Hoffnungslosigkeit, Einsamkeit und Unfriede, ist besiegt. Ich lebe aus Glauben an dich.

25. Jänner

Offenbarung 12,12a

Darum seid fröhlich ihr Himmel und die ihr darin wohnt. (Schlachter 2000)

Der Heilige Geist sagt mir:

Du bist mit Christus hineinversetzt in die himmlische Herrlichkeit.

Niemand kann dir dein Erbe am Himmel rauben!

Sei fröhlich. Den Himmel gibt's wirklich.

Sei fröhlich, er ist dein wahres Zuhause.

Sei fröhlich, denn der Himmel ist nahe gekommen, denen die glauben.

Lass dir deine geistlichen Augen öffnen. Bitte Gott den Vater, dir sein Reich zu zeigen, damit du weißt, wo du wohnst, und damit du es hier auf die Erde bringen kannst.

Einstiegsgebet:

Vater, zeig mir dein Reich, zeig mir wo ich zu Hause bin.

Öffne meine blinden Augen, dass ich sehe, wo ich hineingeboren bin.

26. Jänner

Richter 6,24a

Da baute Gideon JHWH dort einen Altar und nannte ihn: JHWH ist Shalom

(Freie Übersetzung)

Der Geist JHWHs zeigt mir:

Gott ist ein Gott der Begegnung, der Kommunion, des göttlichen Friedens.

Suche seinen Frieden, jage ihm nach, forsche nach ihm.

In seiner Gegenwart findest du

Ruhe, Gelassenheit, Freiheit, geniale Ideen, neue Erkenntnisse,

kindlichen Entdeckungsdrang, Freude am Sein.

Dein Schöpfer ist nicht langweilig.

Bei ihm findest du alles was deine Seele braucht,

aber dafür musst du dir die Zeit nehmen, in seine Gegenwart zu kommen.

Einstiegsgebet:

Jesus, hilf mir, durch deinen Geist die Nähe des Vaters zu suchen,

auf ihn zu warten,

in seinem Frieden zu bleiben,

und aus dieser unerschöpflichen Quelle zu leben,

wie du es getan hast auf Erden.

27. Jänner

Hebräer 4,8

Denn wenn Josua sie (das Volk) Gottes zur Ruhe gebracht hätte,

so würde nicht danach von einem anderen Tage gesprochen. (Schlachter 2000)

Und der Heilige Geist ermahnt mich:

Es gibt scheinbar tausend Wege, um glücklich zu werden. Millionen Ideen, wie man ein besseres Leben führt. Diese Lüge ist beinahe so alt, wie die Menschheit. Es gibt nur EINEN, der weiß wie DU glücklich und zufrieden wirst; dein Schöpfer-Gott. In seiner Ruhe kann er dich von Grund auf erneuern, jeder Stress, alle Verletzungen, die Wunden der Vergangenheit, deine Probleme, Sorgen, Nöte, Enttäuschung, Bitterkeit, falsche Denkmuster, Angst, krankmachende Haltungen, echte Krankheit, wird von ihm entsorgt. Jesus hat all das auf sich genommen und weggetragen. Warum willst du es behalten? Du hast über Jahre, Jahrzehnte, all das angenommen und verinnerlicht, natürlich braucht es Zeit, um es dir Stück für Stück, Schritt für Schritt, abzunehmen. Dein Geist, deine Seele, dein Körper, braucht Zeit um zu regenerieren. Nimm dir Zeit, Zeit in der Liebe Gottes einzutauchen. Dich von ihm umarmen lassen, sich bei ihm einkuscheln wie in eine Decke, in IHM zu baden. Das ist zu wenig männlich für echte Männer? Dann lauf in seine Burg, schütze dich vor den Kämpfen des Lebens in seinem Haus, verbirg dich hinter seiner Schutzmauer und iss, trink und feiere an seinem Tisch, während du weißt, dass Feinde dich belagern. Du bist bewahrt, gehalten, gestärkt, getröstet, geborgen, in seiner Ruhe.

Einstiegsgebet:

Hilf mir meine Seele baumeln zu lassen, Zeit einzuplanen, um mit dir zu chillen, Jesus.

28. Jänner

1. Samuel 21,5

Der Priester antwortete David und sprach: Ich habe kein gewöhnliches Brot zur Verfügung, sondern nur heiliges Brot; wenn die Leute sich nur der Frauen enthalten haben.
(Schlachter 2000)

Jesus sagt mir:

David zeigt auf mich, er deutet auf mich hin. Er heißt David, das bedeutet "Geliebter Gottes". Das bin ich, und durch mich auch du. David lebte zwar im Alten Testament, aber er war gesalbt, und so kam der Heilige Geist auf ihn, und er lebte in dieser Salbung. In dieser Salbung leben heißt damals wie heute: Nicht nach dem leben was vor Augen ist, sondern im Vertrauen auf Gott, der immer alles gut macht, reden, gehen, handeln. In den Psalmen werden Davids Zweifel sichtbar, aber nur ganz selten hat er sich dazu hinreißen lassen, aus zweifeln heraus zu handeln. Er handelte im Glauben, er bat, und ihm wurde gegeben. Es war vermessen, den Priester nach Brot für ihn und die Leute zu fragen. Der Priester aß normalerweise nur heiliges Brot, woher sollte er anderes Brot haben? Seine Bitte wurde gewährt, weil wir - der Vater, ich, und der Heilige Geist, es lieben, wenn unsere Kinder im Vertrauen mutig vermessene Bitten haben, denn wir lieben es, im Übermaß zu geben.
(Noch was - ich habe nichts gegen Sex, im Gegenteil, es ist ein Geschenk des Himmels, aber bei allem was ihr tut, gibt es Zeiten, die geeignet sind, und Zeiten, in denen es unpassend ist.)

Einstiegsgebet:

Jesus, es ist nicht leicht, alles zu glauben, was du uns zusagst und versprichst.
Vergib mir meine Zweifel, meinen Unglauben. Deine Motive sind rein und voller Liebe.
Du wirst mir geben, was ich brauche, wenn ich darum bitte.

29. Jänner

1. Samuel 21,10

Der Priester antwortete: Das Schwert Goliaths, des Philisters, den du im Terebinthental erschlagen hast, siehe das liegt hinter dem Ephod in ein Gewand eingewickelt;
Wenn du das nehmen willst, so nimm es, denn es ist kein Anderes da außer diesem.
David sprach: Es gibt keines seinesgleichen, gib es mir! (Schlachter 2000)

Der Heilige Geist sagt mir:

Wieder bringt David eine Bitte vor, und wieder wird sie gewährt. Das Schwert, das er bekommt, hat er selbst erkämpft, und nun ist es ein großer Segen für ihn. Sich als junger Mann vor einen Riesen zu stellen, ist nicht leicht, gegen Bären und Löwen zu kämpfen auch nicht. Das hat David getan. Er hat sich gegen seine Feinde - einen Bär, einen Löwen - gestellt, mit der Einstellung: Er oder ich. Er hat um die Herde seines Vaters gekämpft, und mit seinem Leben verteidigt. Und gesiegt. Das gab ihm den Mut, sich Goliath zu stellen: Er oder ich.
Stell dich deinen Feinden: Schlechten Gewohnheiten, Süchten, falschen Freunden, gesellschaftlichen Problemen, oder gar Dämonen. Ich helfe dir, sie zu besiegen, wenn du in meinem Namen kämpfst, und das mit der hartnäckigen Einstellung: ICH gebe NICHT auf.
Wenn du den Sieg errungen hast, wird dir früher oder später dieser Sieg zum Segen werden, du wirst mutiger und dreister. Das mag ich.

Einstiegsgebet:

Heiliger Geist, zeig mir meine Feinde, gegen die ich heute vorgehen soll. Ich werde lernen, gegen Bären und Löwen zu kämpfen, wenn es sein muss, und wenn ich das kann, gegen Goliaths. Ich weiß, du mutest mir nicht mehr zu als ich kann. Danke dafür.

30. Jänner

Römer 6,17

Gott aber sei Dank, dass ihr Knechte der Sünde nun aber von Herzen gehorsam geworden seid zu dem Vorbild der Lehre, das euch überliefert worden ist. (Schlachter 2000)

Ich erkenne im Heiligen Geist:

Es gibt zwei Arten von falscher Lehre: Die eine ist diabolisch, teuflisch. Nahe an der Wahrheit dran manchmal. Aber im Kern eine Lüge, Täuschung. Die andere falsche Lehre entsteht, wenn Menschen, zu denen ich über eine Sache geredet habe und sie umgekehrt sind (= Buße getan haben), sich selbst als Maßstab nehmen, beginnen aus ihrer persönlichen Erkenntnis eine Doktrin, also eine Lehre, für alle gültig, zu machen. Nicht alle Priester sollen enthaltsam leben, aber manche habe ich mir auserwählt für diesen Lebensstil. Nicht alle Christen sollen arm (oder reich) sein, aber manche sind dazu berufen, um unter den Ärmsten zu dienen (oder um mit ihren Finanzen den Bau des Reiches Gottes zu finanzieren, damit die, die bauen, ihre Hände frei haben, und nicht mit unnötigem Kleinkram wie Geld beschäftigt sind). Sich selbst zum Maß der Dinge zu machen, ist zutiefst menschlich, aber genauso Sünde, wie der Lüge des Feindes zu glauben. Die gute Nachricht ist: Jesus hat dich davon befreit, sündigen zu müssen. Nun ist deine Seele frei, meine Wahrheit zu erkennen und danach zu leben. Das Wort Gottes, die Bibel, ist dazu überliefert, damit du gemeinsam mit deinen Geschwistern im Glauben wachsen kannst, zu einem Vorbild.

Einstiegsgebet:

Herr, lass mich wachsen in deiner Lehre, dass ich ein Vorbild, ein lebendiges Zeugnis, werde.

31. Jänner

Römer 6,22

Nachdem ihr aber von der Sünde befreit wurdet,

seid ihr Knechte der Gerechtigkeit geworden. (Freie Übersetzung)

Und ich höre vom Herrn:

Die Neutralität gibt es nicht im Reich Gottes. Nichts ist Gott mehr zuwider, als keine Position zu beziehen. Jesus sagte: "Wer nicht gegen uns ist, ist für uns." Die Welt wurde geschaffen, innerhalb dieser Ordnung: Wenn du nicht MIR gehorchst, gehorchst du automatisch dem Teufel. Es gibt sonst keine Option. Sei dir dessen bewusst, aber hab keine Angst, dass du aus der Gnade fällst, wenn du scheiterst. Ich sehe dein Herz! Ich kenne dich besser, als du dich selbst. Wenn du von der Sünde befreit wurdest, hast du die Wahl zur Sünde zurückzukehren oder in der Freiheit, der Ordnung, die in Gott ist, zu bleiben. Die Wahrheit wird dich frei machen, und die Wahrheit ist, Freiheit ist in dir, sobald du bereit bist ALLES mir zu überlassen, und zu tun, was ich dir sage oder zeige. Oft sage oder zeige ich dir das durch andere Menschen, und oft durch mein Wort. Noch einmal: sein Scheitern darin, meinen Willen zu tun, soll dich nur dazu bringen, näher zu mir zu kommen, mich mehr zu suchen, auf meine Hilfe zu vertrauen. Ich sehe deinen Fortschritt, nicht dein Versagen.

Einstiegsgebet:

Jesus, ich lese deine Worte, und mir ist bewusst, dass ich deinen Maßstäben nie gerecht werden kann. Du allein kannst mich dazu befähigen, du bewirkst das Wollen und das Vollbringen. Danke, dass du mich willst. Ich will, und ich werde,

mehr und mehr dein Diener sein, weil du mir hilfst dich besser zu verstehen.

1. Februar

Jesaja 26,7

Der Pfad der Gerechten ist gerade, so bahnst du den Weg des Gerechten. (Freie Übersetzung)

Gott sagt mir:

In Gerechtigkeit zu leben ist, in Christus zu bleiben.

Es geht nur darum - Jesus ist der Weg zum Vater.

Wer in ihm bleibt, wird leben.

Alles was aus mir kommt, singt Jesus, Jesus, Jesus,

denn er allein wird, und ist dir zum Heil.

Ich will dich immer bei mir haben, spricht der Herr Zebaoth,

deshalb habe ich die Möglichkeit geschaffen in Jesus.

Folge ihm nach. Folge DU ihm nach. Schau, und frage nicht,

was die Anderen rund um dich herum tun.

Bleibe du auf dem geraden Weg.

Einstiegsgebet:

Vater, fülle mich mit dem Heiligen Geist, der mir den Sohn - Jesus - offenbart.

Du hast gesagt: Das ist mein geliebter Sohn, ihm folgt.

Ich möchte tun, was du sagst, und Jesus nachfolgen.

Heiliger Geist, zeig mir, was das heute für mich bedeutet.

2. Februar

Jesaja 26,8

Auch auf dem Weg deiner Gerichte, JHWH, harrten wir auf dich; auf deinen Namen und dein Gedenken war das Verlangen der Seele gerichtet. (Schlachter 2000)

Der Geist sagt:

Das Verlangen deiner Seele soll auf mich gerichtet sein.

Auch, oder gerade in und durch schwierige Umstände, Nöte, und Schmerz,

möchte ich mit dir sein, dein inneres Wesen formen und stärken.

ICH BIN deine Kraft, warte auf mich.

Ich heile deine verletzte Seele.

Alles in mir sehnt sich danach, dass du MIR mehr glaubst und vertraust,

als irgendjemand oder irgendetwas sonst.

Ich bin dein Gott.

Lass mich deine Hilfe sein, zu jeder Zeit.

Einstiegsgebet:

Gott, du sehnst dich nach mir.

Ich will mich daran erinnern, in jeder Situation zuerst zu dir zu kommen,

dich zu suchen, bei dir Ruhe zu finden.

Du bist die Antwort auf alle Lebensfragen.

3. Februar

Jesaja 26,9a

Meine Seele verlangte nach dir in der Nacht, ja mein Geist in mir suchte dich

(Schlachter 2000)

Und der Geist JHWHs sagt mir:

Sei vollkommen in dem was du tust. Vollkommen in mir, bedeutet ganzheitlich, ungeteilt, vollständig. Ich habe deinen Körper, deine Seele und deinen Geist geschaffen.

Ich habe keinen Teil davon lieber als den Anderen. Ich möchte dich als Ganzes heilen.

Der Mensch ohne mich vernachlässigt immer einen Teil seines Wesens. Aber wenn die Seele krank ist, hat das Einfluss auf Körper und Geist. Genauso anders herum. Ist der Geist krank, leidet Seele und Körper, und wenn der Körper krank ist, spürst du die Auswirkung auf Seele und Geist. So wie dein Körper hungert, wenn du einige Tage nichts isst, so hungert deine Seele nach mir, und dein Geist, der nicht schläft wenn dein Körper schläft, sucht mich.

So wie ein Bräutigam, ein Verlobter, seine Geliebte vermisst, so vermisse ich dich, wenn deine Seele nicht mit mir verbunden ist, und dein Geist nicht in mir ruht.

Seit jeher rufe ich dir zu: "Komm, du bist durstig, ich habe das Wasser des Lebens." und "Komm, du bist hungrig, bei mir wirst du satt." Nahrung für deinen Körper kann deine Seele nicht sättigen, Wissen und Information deinen Geist nicht beruhigen.

Ich habe was du brauchst, komm zu mir.

Einstiegsgebet:

Jesus, ich erkenne, dass ich unausgewogen bin. Schaffe in mir eine Balance zwischen meinen unausgeglichenen Wesensanteilen, durch deinen Geist.

Ich weiß, dass du mich ganz gesund machen willst. Ich warte auf dich.

4. Februar

Jesaja 26,10

Wird dem Gottlosen Gnade erwiesen, so lernt er nicht Gerechtigkeit;

in dem Land, in dem Ordnung herrscht, handelt er verkehrt

und sieht nicht die Majestät JHWHs. (Schlachter 2000)

Gott sagt mir:

Misstraue mir nicht!

Alles was ist, soll mich loben, weil das gut ist. Im Land, in dem Ordnung herrscht, werde ich gepriesen. Der Gottlose erkennt die Notwendigkeit mich zu ehren nicht, auch nicht, mich als Schöpfer anzuerkennen. Gerechtigkeit ist viel mehr als juristische Vergeltung. Gerechtigkeit ist tiefe Ordnung, in allen Dingen. Deshalb ist in Jesus Gerechtigkeit, und deine Gerechtigkeit ist in ihm. Weil er das Leben ist, und aus ihm heraus alles geschaffen ist. Er ist die Ordnung, die alles Chaos beseitigt hat.

Es liegt nicht an uns, dass dem Gottlosen keine Gnade erwiesen wird, sondern der Gottlose kann mit Gnade nicht umgehen, er würde unverdiente Gunst missbrauchen, und noch tiefer fallen. Erkenne, dass ich alles aus Liebe heraus entscheide. Liebe durchdringt mein Handeln, im Leben aller Menschen. Ich verberge nichts um zu schaden, ich halte nichts Gutes zurück. Ich will immer beschenken, meine Liebe ausschütten über dich. Fühle dich geliebt, mehr als du dir vorstellen kannst, denn das bist du. Du bist mehr geliebt, als du dir vorstellen kannst.

Einstiegsgebet:

Liebender Vater, ich bin von dir geliebt.

5. Februar

Hosea 2,25

Und ich will sie mir im Land ansäen und mich der "Unbegnadigten" erbarmen und zu "Nicht-mein-Volk" sagen: "Du bist mein Volk" und es wird sagen: "Du bist mein Gott" (Schlachter 2000)

Und der Heilige Geist redet zu mir:

In letzter Zeit hast du immer wieder von Leuten gehört, denen von den Eltern als Kind ein Spitzname gegeben wurde. Wenn sie sich nicht ordentlich benahmen, wurden sie mit vollem Namen genannt, wenn alles gut war zwischen Eltern und dem Kind, wurden sie mit Spitznamen genannt. So habe ich es auch mit Lo-Ruchama und Lo-Ammi getan. Ich habe das "NICHT" (hebräisch: Lo) aus ihrem Namen gestrichen, und so heißen sie jetzt ERBARMEN und MEIN-VOLK. So habe ich es auch mit dir getan. Ich sehe dich als geliebtes Kind, das ich mit Kosenamen anspreche. Einen neuen Namen, den nur die Familie kennt. Ein neuer Name, an den du dich erst gewöhnen musst, aber der deine neue Identität, Zugehörigkeit, ausdrückt - und den du mit Stolz und Freude tragen darfst. Du bist mein Volk, über dir ist Erbarmen ausgesprochen. NICHT-MÖGLICH, NICHT-GELIEBT, NICHT-GENUG, NICHT-GESEHEN, NICHT-ERKANNT, NICHT-VERSTANDEN, IST VORBEI. Das "NICHT" ist durch Jesus für immer gestrichen. Streich es durch.

Einstiegsgebet:

Gott, du verstehst mich, erkennst mich, siehst mich. Ich bin genug in deinen Augen, ich bin geliebt, es ist möglich - alles ist mir möglich, was ich bin, kann, tun soll. Alles ist dir möglich, und ich bin Teil davon.

6. Februar

Josua 1,5

Niemand soll vor dir bestehen dein Leben lang. So wie ich mit Mose gewesen bin, so will ich auch mit dir sein. Ich will nicht aufgeben und dich nicht verlassen. (Schlachter 2000)

Und der Heilige Geist sagt mir:

Was Mose getan hat, tat er nicht für sich. Ständig hatte er dieses große Volk vor Augen, das er durch die Wüste führen sollte. Und ihre Schuhe wurden nicht zerschlissen, und ihre Kleider zerfielen nicht. 40 Jahre lang.

Und jetzt Josua. Er sollte diese Staffel übernehmen. Vor ihm sollte niemand bestehen, keine Riesen, keine Mauern, denn es war seine Berufung, das Land einzunehmen.

Was ist deine Berufung? Du kannst viel tun, aber es gibt nur eine Berufung, für die du geboren wurdest. Bist du heute, in diesem Moment, in deiner Berufung? Oder auf dem Weg in deine Berufung? Ich will dich nicht aufgeben und nicht verlassen.

Eine Berufung besteht aus tausend kleinen treuen Handlungen, die du immer wieder tust, so wie Zähne putzen, oder abwaschen. Du tust es, weil du weißt, dass es richtig ist, und notwendig. So ist Berufung. Du tust diese vielleicht unscheinbare Sache, die ich dir aufs Herz gelegt habe, weil sie richtig und notwendig ist.

Und weil ich mit dir bin, und ich Gott bin, und nicht anders kann als Großes zu tun, werde ich auch in deinem Leben aus dem Kleinen Großes machen.

Denn ich gebe dich nicht auf. Ich verlasse dich nicht.

Einstiegsgebet:

Herr, danke für deine Größe und Treue. Lass mich in den kleinen Dingen treu und guten Mutes sein. Nichts, was ich für dich tue, ist umsonst.

7. Februar

Maleachi 1,2

Ich habe euch geliebt, spricht JHWH. Aber ihr fragt: Worin hast du uns geliebt?

(Schlachter 2000)

Der Heilige Geist sagt:

Das Wunder, dass du da bist. Da wo du heute bist. Ich habe dich bewahrt und behütet, getragen, und ich habe dich gehalten.

Tausende sind zu deiner Rechten und zu deiner Linken gefallen. Aber du bist da.

Du lebst. Lebe mein Kind, lebe ein gutes Leben, ein hoffnungsfrohes Leben.

Denn ich liebe dich. Niemand kann dich vernichten, aber halte dich nahe an mich,

denn wir befinden uns im Krieg um dein Leben, deine ewige Seele.

Du bist umkämpft, weil du mein bist.

Doch ich habe meinen Engeln befohlen, dich zu behüten.

Deine Hilfe bin ich, und du kannst dir sicher sein, dass ich dich nicht aus den Augen lasse.

Achte auf die kleinen Füchse, du hast Verantwortung über dich, sei dir bewusst:

Meine Liebe bedeutet, ich habe dir einen freien Willen gegeben,

um dir Verantwortung zu geben, damit du herrschen lernst.

Denn du sollst gestalten, leben, lieben, weil ich gestalte, lebe, liebe.

Einstiegsgebet:

Heiliger Gott, ich bin in deiner Hand. Danke, danke, danke für deinen Schutz, deine Hilfe.

Ich bin bewahrt, und meist weiß ich es nicht. Du bist gut zu mir.

8. Februar

Römer 10,4

Denn Christus ist das Ende des Gesetzes zur Gerechtigkeit für jeden, der glaubt.

(Schlachter 2000)

Gott sagt mir:

Das Gesetz tötet. Es ist nicht dazu gedacht, dich in die Freiheit zu führen.

Das Gesetz zeigt deine Begrenzung auf.

Die Freiheit zeigt dir die Grenze des Anderen, auch wenn der Andere ich bin.

Meine Grenze ist der Tod. Alles was Tod ist, ist nicht aus mir.

Ich habe euch das Gesetz gegeben, damit ihr die Lüge des Feindes erkennt:

Aus euch könnt ihr eben Gut und Böse NICHT unterscheiden.

Aber unter dem Gesetz zu leben ist nicht mein Wunsch für euch.

Deshalb hat Jesus das Gesetz erfüllt, er kann Gut und Böse unterscheiden, weil er in mir ist.

Nun hast du Freiheit und Gerechtigkeit, wenn du glaubst.

Wenn du Jesus absorbierst.

Einstiegsgebet:

Jesus, ich will

dein Wesen,

dein Leben,

deine Freiheit,

deine Gerechtigkeit,

aufsaugen wie einen Schwamm.

9. Februar

Galater 2,6

...was sie früher waren, ist mir gleich; Gott achtet das Ansehen der Person nicht

(Schlachter 2000)

Jesus sagt mir durch den Geist:

Was du früher warst, was du geleistet hast, welche Erfolge du gefeiert hast,

welche Titel du trägst - all das ist bei mir nichts wert.

Wie du früher genannt wurdest, oder gehänselt;

wo du versagt hast,

deine Misserfolge;

die Ablehnung, die du erlebt hast -

all das zählt bei mir nichts.

Durch mich hast du eine neue Identität,

mich interessiert nur, wer du jetzt, heute, bist.

Du bist Mein,

teuer erkauft,

außerordentlich wertvoll.

Einstiegsgebet:

Jesus, ich lege all meinen Wert, den ich durch mich selbst, oder andere Menschen habe,

vor dir ab. Jesus, ich lege alle Minderwertigkeit, die ich durch mich selbst

oder andere Menschen habe, vor dir ab. Du und du allein bestimmst meinen Wert.

10. Februar

Apostelgeschichte 16,14

Und eine gottesfürchtige Frau...hörte zu; und der Herr tat ihr Herz auf, so dass sie aufmerksam acht gab auf das was von Paulus geredet wurde. (Schlachter 2000)

Der Geist Jesu erklärt:

Der menschliche Geist und die menschliche Seele einer ungläubigen Person (deren Geist nicht erneuert ist), haben grundsätzlich keinen Zugang zu dem Reden eines Gläubigen (dem Reden einer durch den Geist erneuerten Person). So sehr sich ein Mensch ohne Heiligen Geist auch bemüht zu verstehen, was der Geist sagt, es ist eine Fremdsprache. Das liegt daran, dass der Mensch in Sünde geboren wurde, und mit einer anderen Sprache aufwächst.
Erst wenn der Herr das Herz auftut, bist du fähig zu verstehen. Das gilt sowohl für die Ungläubigen, als auch für die Gläubigen, so wie Jesus sagte: "Ohne mich könnt ihr nichts tun." Ich kenne das Herz eines jeden Menschen, und nach deinem Herzen beurteile ich dich. Von außen kann man nicht erkennen, ob jemand gottesfürchtig ist. Viele haben einen frommen Schein, getünchte Gräber sind sie, und viele haben eine raue, ruppige Art, aber ihre Seele schreit zu Gott - sie sind oft sogar die wahren Anbeter, denn sie wissen, sie sind unfähig, Gott zu gefallen. Ist es dann so, dass keiner entscheiden kann, ob er zu Gott kommen kann, weil Gott entscheidet?
Nein, die Tür ist für jeden offen. Wer sich mir naht, wer mich sucht, aufrichtigen Herzens, den werde ich finden, zu dem nahe ich mich.

Einstiegsgebet:

Oh Gott, schenk mir ein aufrichtiges Herz vor dir! Du bist Immanuel: Gott mit uns. Es ist nicht schwer dich zu finden, wenn wir ein aufrichtiges Herz haben.

11. Februar

Römer 8, 38

Denn ich bin gewiss, dass weder Tod noch Leben, weder Engel noch Fürstentümer noch Gewalten, weder Gegenwärtiges noch Zukünftiges... (Schlachter 2000)

Gott sagt mir:

Ich bin. Ich war. Ich werde sein.

Alles kannst du getrost in meine Hand legen.

Ich durchdringe alles. Nichts kann mich je aufhalten.

Was ich bestimme, das ist.

Und du wirst einmal vor mir stehen.

Alles Andere wird zerfallen, nur das was aus mir kommt, wird bleiben.

Wonach richtest du heute dein Leben aus? Ich bin der einzig Ewige.

Einstiegsgebet:

Du bist, der du bist, alles in allem, einzig wahrer, heiliger, ewiger Herrscher über alles.

Ich begegne dir mächtiger Gott, mit Ehrfurcht und Anbetung,

mit dem Wissen, du liebst mich.

Du bist ein verzehrendes Feuer, ein eifernder Gott.

Du weißt, dir allein steht alle Ehre zu, und ich ehre dich,

denn es heißt: "Ehre, wem Ehre gebührt."

Du bist mein Gott, du nennst mich dein, und nichts wird mich je aus deiner Hand reißen.

12. Februar

Epheser 6,10-20 (Vers 10)

Im Übrigen liebe Brüder, seid stark in dem Herrn und in der Macht seiner Stärke.

(Schlachter 2000)

Der Heilige Geist sagt mir:

Die Macht meiner Stärke, sagt der Geist des Herrn, ist nicht zu bändigen.

Sie ist unzügelbar, nicht einschränkbar. Die Macht meiner Stärke hebt alle Naturgesetze auf wenn es sein muss, bringt Totes zum Leben, widersteht den Gewalten und Fürstentümern dieser Welt. Aber die schönste Auswirkung meiner Kraft ist die Veränderung und Erneuerung deiner Seele. Das Herz der Gottheit schlägt für die verlorene Menschheit.

Glaube nicht, dass du nicht erlöst werden musst, weil du mir schon einmal begegnet bist, mein Kind bist, und wiedergeboren. Der Mensch braucht beständig Erlösung.

Denke nicht, du hast mich vollständig ergriffen.

Es ist eine Lüge des Feindes, der meinen Kindern einredet,

dass sie nicht mehr brauchen als das, was sie gerade haben. Ich habe immer mehr.

Wenn du die Kontrolle über dein Leben aufgibst, und mir überlässt,

lernst du meine Kraft der Veränderung und Erneuerung mehr und mehr kennen, und das führt zu mehr Vertrauen. Vergiss nicht, ich will das Beste für dich in diesem ganzen Prozess.

Einstiegsgebet:

Du willst, dass ich stärker bin, als irgendwas auf dieser Welt, in meiner Schwachheit kann ich die Welt überwinden, weil wir mehr als Überwinder sind durch Christus.

13. Februar

Epheser 6,11

Zieht die gesamte Waffenrüstung Gottes an, damit ihr standhalten könnt gegenüber den listigen Kunstgriffen des Teufels (Freie Übersetzung)

Der Heilige Israels sagt mir durch seinen Geist:

Hast du dir schon einmal überlegt, warum ich mich "Herr der Heerscharen" nenne?
Ich bin der Befehlshaber über die mächtigste Kriegsschar, und wir - ich und du - befinden uns im Krieg. Ja, es stimmt, ich decke dir den Tisch im Angesicht deiner Feinde.
Die Versorgung der Soldaten ist eine der größten logistischen Herausforderungen im Krieg, aber ich schaffe dir einen reich gedeckten Tisch, an dem du dich mitten in der Schlacht bedienen kannst. Wir - ich und du - wissen, der Krieg ist schon gewonnen,
doch der Feind weiß noch nicht, wann seine Zeit abgelaufen ist.
Er will das eroberte Land nicht herausrücken; es ist deine Aufgabe, dein Land, das heißt, jeden Bereich deines Lebens, unter meine Herrschaft zu bringen. Wie du das machen sollst?
Indem du die Wahrheit über meinen Sieg durch mein Wort verkündest.
Die Bibel ist voller Weisheit für jede denkbare Situation, wende die Waffenrüstung an!
Pass auf, Satan ist ein Meister darin dir vorzutäuschen, dass er zu mir gehört.
Der Feind ist nicht in seinen eigenen Schlachtreihen. Er hat sich unter euch gemischt, und greift von innen an. Frag mich um die richtigen Strategie, ich kenne den Feind gut.
Und auch dich.

Einstiegsgebet:

Jesus, es tut mir leid, dass ich so danebenstehe. Ich weiß nicht, wie ich die Waffenrüstung anwenden soll...gib Weisheit...

14. Februar

Epheser 6,12

denn unser Kampf richtet sich nicht gegen Fleisch und Blut, sondern gegen die Herrschaften, gegen die Gewalten, gegen die Weltbeherrscher der Finsternis dieser Weltzeit, gegen die geistlichen Mächte der Bosheit in den himmlischen Regionen. (Schlachter 2000)

Der Heilige Geist sagt mir:

Ich verschweige die Mächte und Fürstentümer, Regionen der Bosheit, nicht.

Wir wissen, womit wir es zu tun haben, wir wissen, womit die Menschen es zu tun haben, und lassen euch nicht in der Ungewissheit.

Die Wahrheit ist manchmal schwer zu ertragen, gerade Jesus weiß das.

Überwinder bist du, wenn du dir bewusst machst, dass dieser Kampf ein Ablaufdatum hat.

Du kannst alles überwinden in meiner Kraft,

wenn du nicht aufgibst bevor du fertig bist mit der Schlacht, die du zu kämpfen hast.

Gib nicht auf, denn ich habe dir alles gegeben, damit du siegreich hervor gehen kannst.

Zwinge den Teufel zum Rückzug!

Einstiegsgebet:

Vater, du sendest himmlische Heerscharen, mächtige Engel, uns zur Hilfe, wenn nötig.

Du lässt uns nicht alleine kämpfen.

Wir vertrauen deiner Macht, die Liebe ist die stärkste Kraft, die alle Finsternis überwindet.

Und du liebst mich, und wirst mich niemals in eine Schlacht führen, die nicht für mich ist.

15. Februar

Epheser 6,14

So steht nun fest, eure Lenden umgürtet mit Wahrheit,

und angetan mit dem Brustpanzer der Gerechtigkeit (Schlachter 2000)

Und Gott möchte uns heute sagen:

Was ist Wahrheit?

Wahrheit ist Licht.

Alles was dein Leben erhellt,

alles was nichts Verborgenes ist,

also nichts beinhaltet oder aus etwas geboren wurde, das man verheimlichen will,

ist Wahrheit.

Die Lüge ist nicht das Gegenteil von Wahrheit.

Die Frucht der Dunkelheit ist Lüge.

Bosheit braucht Dunkelheit.

Wenn du Lüge entdeckst, hast du die Auswirkung der Finsternis entdeckt.

Bringe mein Licht in die Lüge, und

du wirst die Finsternis sehen, die sich gegen die Wahrheit erhebt.

Strahle hell, und du wirst die Finsternis mit ihrer Bosheit vertreiben.

Einstiegsgebet:

Jesus, du bist die Wahrheit und das Licht.

Ich möchte auf deinen Weg gehen, in Licht und Wahrheit.

16. Februar

Epheser 6,15

die Füße gestiefelt mit der Bereitschaft zum Zeugnis für das Evangelium des Friedens

(Schlachter 2000)

Der Heilige sagt:

Eine gute Nachricht bringt jeder gern, und eine gute Nachricht empfängt jeder gern.

Friede ist eine gute Nachricht.

Friede mit Gott und Friede mit euch.

Das ist meine Botschaft an dich.

Kennst du meinen Frieden?

Einstiegsgebet:

Ich wünsche mir deinen Frieden, dein Shalom.

Du sagst mir diesen Frieden zu, ich kann ihn haben.

Danke für deinen Frieden, bitte entfache ihn vollkommen in mir,

sodass ich nicht mehr schweigen kann,

und ein Zeugnis bin von deine guten Nachricht.

17. Februar

Epheser 6,16

Vor allem aber ergreift das Schild des Glaubens,

mit dem ihr alle feurigen Pfeile des Bösen auslöschen könnt (Schlachter 2000)

Der Heilige Geist sagt mir:

Glaube ist die feste Zuversicht auf das was man nicht sieht.

Alles was dir verheißen und zugesagt ist, ist schon da.

Wenn du vertraust und nicht zweifelst (indem du auf das siehst, was gerade jetzt deine Situation ist), sondern im Vertrauen aussprichst, festhältst, was dir von mir versprochen wurde, dann kannst du alle feurigen Pfeile des Bösen auslöschen.

Was habe ich dir versprochen? Meinen Frieden, Hoffnung, Heil, Hilfe, Versorgung, Freude, Leben in Fülle, Kraft, Mut, Wahrheit. Lies die Bibel,

nimm sie persönlich, es ist keine Geschichte, die nichts mit dir zu tun hat.

Jesus ist für DICH gestorben, er ist für DICH auferstanden, er hat die Gleichnisse für DICH erzählt, Paulus hat für DICH geschrieben, für DICH gebetet.

Du bist Teil meiner ewigen Geschichte, und Satans Ziel ist es, dir das auszureden. Aber mein Wort wird seine Lügen entlarven, und die Wahrheit zu dir zu bringen.

Wenn du diese Wahrheit für dich glaubst, hast du das Schild ergriffen.

Einstiegsgebet:

Vergib meinen Unglauben, Herr Jesus. Ich beschließe dir zu glauben, Gott.

Ich erkläre, dass ich deinen Zusagen mehr vertraue und als Realität akzeptiere,

als dem, was ich sehe und höre.

18. Februar

Epheser 6,17

...nehmt den Helm des Heils und das Schwert des Geistes, welches ist das Wort Gottes.

(Luther 2017)

Der "Ich bin der ich bin" sagt durch seinen Geist:

Der Helm des Heils bewahrt deine Gedanken. Denn deine Gedanken kommen aus deinem Herzen, und gehen aus deinem Mund, und was aus deinem Mund geht,
bestimmt über dein Leben und Tod, und beeinflusst Leben und Tod derer,
die Zutritt haben zu deinem Herrschaftsbereich, also die, mit denen, oder über die, du redest.
Deine Gedanken haben Einfluss auf den Zustand deines Herzens und Handelns.
Das Schwert des Geistes wird als Erstes deine Gedanken durchschneiden,
und dir Heil bringen: Gesundheit in Leib und Seele, der zerbrochene Geist in dir wird heil.
Lass mein Wort deine Gedanken durchdringen: Friede, Friede sei mit dir.
Meinen Frieden gebe ich dir. Das Schwert des Geistes ist nicht gekommen,
Entzweiung unter euch zu bringen. Es betrübt mich zutiefst,
wenn mein Wort für Argumentationen, Diskussionen und Streit verwendet wird.
Im Frieden kann mein Wort wirken.
Wenn mein Heil deine Gedanken durchdringt, bleibt kein Unfriede mehr.

Einstiegsgebet:

Für immer bist du. Alles hast du in deiner Hand, mächtiger Gott.
Alles was ich bin und habe liegt offen vor dir. Du kennst meine Gedanken von ferne.
Alles dreht sich darum, dir mehr zu vertrauen.

19. Februar

Epheser 6,18

...indem ihr zu jeder Zeit betet mit allem Gebet und Flehen im Geist, und wacht zu diesem Zweck in aller Ausdauer und Fürbitte für alle Heiligen. (Schlachter 2000)

Der Heilige Geist sagt mir:

der Schlüssel für diesen Vers ist "im Geist"! Nur in mir kannst du zu jeder Zeit beten.
Bitte den Vater um den Geist. Bitte den Vater um die guten Gaben, die durch mich in dich hineinwirken können. Ohne mich könnt ihr nichts tun.
Dieser Vers bedeutet nicht, dass ihr mit chronischem Schlafmangel herumlaufen müsst.
Dieser Vers bedeutet, während dein Körper und deine Seele ruht, ist dein Geist wach und betet und fleht mit meinem Geist um die Anliegen der Braut Christi.
Denn ich kenne dich, und deine Anliegen sind die Anliegen der Braut Christi.
Ich kenne aber auch alle deine Geschwister und ihre tiefen Nöte.
Die Gemeinde braucht Gebet, das nicht aus selbstsüchtigen Motiven heraus gesprochen wird, deshalb bitte den Vater um eine Erfüllung mit dem Geist,
der Jesus in die Wüste getrieben hat.

Einstiegsgebet:

Vater, wir gehorchen der Stimme des Geistes, der durch mich spricht, und bitten dich um die Erfüllung mit dem Geist, der Jesus in die Wüste getrieben hat. Es ist derselbe Geist, der in Form einer Taube nach seiner Taufe auf Jesus kam, als du sagtest:
Das ist mein geliebter Sohn. Es ist der Geist in dem Jesus handelte, und redete.
Ich bekenne: Ich brauche diesen Geist.

20. Februar

Epheser 6,19a+20

Betet...auch für mich, damit mir das Wort gegeben werde, so oft ich meinen Mund auftue, dass ich freimütig rede, wie ich reden soll. (Freie Übersetzung)

Der Geist spricht zu mir:

Die gesamte Waffenrüstung ist euch gegeben,

damit der ganze Leib Christi unbeschadet das Reich erben kann.

Ihr seid alle zusammengefügt, alle miteinander verbunden, ob ihr das wollt oder nicht,

ob es euch bewusst ist oder nicht. Ich frage nicht nach Denominationen.

Ich habe andere Maßstäbe. Ich leide unter dem Zustand meiner Braut, spricht Jesus.

Ein Körper der in sich selbst uneins ist, ist krank.

Betet füreinander, nehmt euch einander an, nennt eure Nöte und erkennt, dass eure kleinen Nöte nichts sind im Vergleich zu den Nöten dieser Welt, die sich in Todesahnung windet.

Ich sehe deine Not, kannst du auch meine sehen?

Einstiegsgebet:

Jesus, danke, dass du die Last der Welt getragen hast.

Danke, dass dir nichts zu schwer ist.

Verzeih uns, dass wir uns zu oft nur um uns drehen.

Lass mein Herz brechen wofür dein Herz bricht.

21. Februar

Epheser 6,13

Deshalb ergreift die ganze Waffenrüstung Gottes, damit ihr am bösen Tag widerstehen und, nachdem ihr alles wohl ausgerichtet habt, euch behaupten könnt. (Schlachter 2000)

Ich frage den Herrn, was ist der böse Tag, und er antwortet:

Der böse Tag ist der Tag an dem du wie Petrus mich verleugnest.

Der böse Tag ist der Tag an dem du wie Markus vor deiner Mission davon läufst.

Der böse Tag ist der Tag an dem du wie die Donnersöhne wagst, nach mehr Ehre zu fragen.

Der böse Tag ist der Tag an dem Satan erlaubt wird, dich zu erschüttern. Er wird mit Zielsicherheit deine wahren Motive offenbaren. Doch das ist nicht schlimm, denn er ist das Werkzeug in Gottes Hand. Schlimm ist nur die Reaktion von König Saul und Judas Iskariot, die unfähig waren ihre Schuld einzugestehen, sich zu demütigen und umzukehren.

An dem Tag oder diesen Tagen, wenn Satan erlaubt wird dich zu sichten - und glaube mir, dieser Tag wird kommen - musst du geübt sein darin die ganze Waffenrüstung zu ergreifen, damit du von deinen Gedanken und Gefühlen nicht überwältigt wirst,

die teilweise von dir und teilweise vom Feind kommen. Siehst du, in Epheser 6,13 steht, dass du alles wohl ausrichten wirst und du dich behaupten kannst.

Deshalb übe dich im Kampf des Gebets, solange deine Tage gut sind.

Einstiegsgebet:

Jesus, manchmal bin ich es leid, manchmal bin ich müde die gleichen Worte immer wieder zu dir zu bringen. Doch ich weiß, mein Kampf braucht Übung und dein Leben zeigt mir, deine Vollmacht wirkt so wie du verheißen hast. Ich möchte nicht aufgeben.

22. Februar

Jeremia 13,17

Wenn ihr aber nicht hören wollt, so wird meine Seele im Verborgenen weinen

wegen eures Hochmuts, meine Augen werden unaufhörlich weinen und in Tränen zerfließen,

weil die Herde des JHWH gefangen weggeführt wird. (Freie Übersetzung)

Der HERRLICHE, EWIGE, GEWALTIGE, HEILIGE, HERR DER HEERSCHAREN,

SCHÖPFER DES HIMMELS UND DER ERDE, KÖNIG ÜBER ALLES:

GOTT WEINT.

Sollte nicht die Welt schweigen, die Erde aufhören sich zu drehen?

Sollten nicht wir, seine Kinder, aufschluchzen, weil der Vater weint?

Der gute, liebevolle, gnädige, barmherzige, sanftmütige, treue, mitfühlende Vater.

Wo ist unser Herz?

Gott weint. Er weint um uns.

Er weint wegen unserer Gefangenschaft. Er weint wegen unseres Hochmuts.

Er hat geredet und geredet und geredet, aber wir haben nicht gehört.

Er hat uns seine Hand zur Hilfe ausgestreckt und wir haben sie nicht ergriffen.

Er ist uns entgegengekommen, aber wir haben uns weg gedreht.

Wo ist unser Herz?

(Sela)

23. Februar

Jeremia 14,20

Wir erkennen, oh JHWH, unsere Gesetzlosigkeit und die Sünde unserer Väter:

denn wir haben gegen dich gesündigt. (Schlachter 2000)

Gottes Geist sagt mir:

Eure Gesetzlosigkeit ist in erster Linie nicht was ihr tut,

sondern eure Gesetzlosigkeit ist gleich wie die eurer Väter,

dass ihr mir nicht geglaubt habt.

Einstiegsgebet:

Ja, ich erkenne und ich bekenne meine Gesetzlosigkeit, oh Herr,

ich bekenne meinen Unglauben.

Wir haben gegen dich gesündigt.

Und wir haben deine guten Gedanken für uns nicht geglaubt und angenommen.

Schenke uns Raum zur Umkehr und lass mich dir glauben.

24. Februar

Markus 14,28

Aber nach meiner Auferweckung will ich euch nach Galiläa vorangehen. (Schlachter 2000)

Durch den Geist höre ich:

Jesus geht immer voran. Nichts was du je tun sollst, hat er nicht schon für dich getan,

denn er ist der Beginner und Vollender aller Dinge (Hebräer 12,2 und Offenbarung 1,11).

Er hat das Werk begonnen, er bringt es zum erfolgreichen Ende.

Deshalb kann ich dir sagen: Alles wozu du geschaffen wurdest zu tun, kannst du.

Jede Arbeit, jedes Werk, jede Herausforderung der du entgegenstehst;

du kannst es erfolgreich meistern, weil der Herr es durch dich tut.

Hab Mut, du kannst alles durch den der dich befähigt.

Einstiegsgebet:

Jesus, ich gehe mit dir voran im Glauben,

auf dein Wort hin stelle ich mich meinen Herausforderungen.

Du wirkst durch mich und in mir.

In deiner Kraft gehe ich.

25. Februar

Josua 3,6

Und zu den Priestern sprach Josua:... Tragt die Bundeslade und zieht vor dem Volk hinüber!

Da trugen sie die Bundeslade und gingen vor dem Volk her. (Schlachter 2000)

Und der Heilige Geist bestätigt mir zu sagen:

Ihr seid die auserwählte Priesterschaft.

Ich habe dich dazu erwählt, die Herrlichkeit des Höchsten vor dir herzutragen.

DU BIST umgeben von mir. So wie die Priester das Ephod (das priesterliche Gewand) trugen,

so bist du gekleidet in Gerechtigkeit und Errettung.

Von Weitem bist du als auserwählt erkennbar.

Ohne die Bundeslade hätte sich das Wasser nicht geteilt.

Aber die Priester durften und mussten die Herrlichkeit JHWHs tragen, so wie du.

Mein Auftrag als erwählte, gerettete und gerechte Priesterschaft Gottes an dich,

ist meine Herrlichkeit vor dir herzutragen.

Du fühlst dich nicht so?

DU aus DIR heraus bist das auch nicht. Es ist Jesus. Jesus ist deine Gerechtigkeit,

Jesus ist deine Rettung, Jesus ist deine Herrlichkeit.

Trage ihn vor dem Volk her.

Einstiegsgebet:

Herr, Tag für Tag brauche ich die Erinnerung. Jesus ist mir zum Kostbarsten geworden, aber manchmal vergesse ich, wer er ist und wer ich bin. Ohne Jesus bin ich nichts, ein zu Tode Verurteilter. In Jesus bin ich Repräsentant der Herrlichkeit Gottes, seines Königtums.

26. Februar

Jesaja 8,23 / 9,1

Doch bleibt nicht im Dunkeln, das (was) bedrängt ist. (Freie Übersetzung)

Der Heilige Geist sagt mir:

Erzähl vom Himmel, Anita, erzähl von dem Licht, den Farben, dem Glanz und der Schönheit.

Erzähl deinen Kindern von der Heimat, ihrem Zuhause.

Damit sie in dem Land, in das sie vertrieben wurden, nicht vergessen, wo sie zuhause sind.

Die Welt bedrängt euch, Dunkel umgibt euch.

Schmerz, Angst, Leid sind nicht vorhanden an dem Ort, wo eure ewige Wohnung ist.

Dort wo Lachen in der Luft liegt, wo die Freude wohnt, das Licht der Herrlichkeit Gottes die Sonne ersetzt. Wärme, Nähe und Offenheit ist in allem was Einem begegnet.

Bürger des Himmels, in dieser fremden, kalten Welt, erhalte dir die Kultur deines Landes.

Etabliere sie dort wo du bist.

Die Dunkelheit drängt und will das Licht verdrängen, aber das Licht in dir ist stärker, denn es ist unauslöschlich.

Ich habe in dir ein Feuer entfacht und es wird nie mehr ausgehen,
spricht der Herr, dein Gott.

Einstiegsgebet:

Wann immer mir die Welt in meine Seele hereinbricht mit Ablehnung, bösen Worten oder Taten, Krankheit, Einsamkeit, Schrecken oder was auch immer der Feind benutzen möchte, um mich aus dir heraus in die Dunkelheit zu ziehen, will ich mich erinnern:

ICH LEBE IN EINER ANDEREN REALITÄT!

27. Februar

Apostelgeschichte 5,20

Geht hin, tretet auf und redet im Tempel zum Volk alle Worte dieses Lebens!

(Schlachter 2000)

Der Geist sagt mir:

Der Himmel ist über dir hereingebrochen.

Aus dir werden Ströme lebendigen Wassers fließen. Heil und Leben kommen aus deinem Mund. Das Königreich des allein Herrschenden umgibt dich und all dein Handeln.

Der Schutz des Höchsten ist allezeit bei dir. Seine Hand streckt sich dir entgegen, sein Arm eilt dir zur Hilfe. In Christus stehen dir alle Schätze der Herrlichkeit zur Verfügung.

Durch Christus hast du direkten Zugang zum Vater, den Schöpfer von allem.

Und er, der Vater, gibt dir Autorität und Kraft.

Und der Engel, der die Apostel aus dem Gefängnis geholt hat und ihnen sagte:

"Geht hin." - er wird zu dir kommen und dir sagen:

"Geh hin in mein Haus und rede zum Volk alle Worte dieses Lebens:

Über die Hoffnung der Herrlichkeit im JETZT.

Die Erneuerung im Geist.

Die Metamorphose - vollkommener Tod und vollkommene Auferstehung mit Christus.

Die Kraft des Blutes, das von jeder Sünde reinigt und alles, alles Tote wegnimmt."

Einstiegsgebet:

Erneuere mir den Sinn, Gott! Dass ich fassen kann, was du mir sagst und mir daraus Leben wird. Lass mich glauben. Ich bekenne: Ich glaube.

28. Februar

1. Korinther 15,17

Ist aber Christus nicht auferweckt worden, so ist euer Glaube nichtig,

so seid ihr noch in euren Sünden (Schlachter 2000)

Der Heilige Geist überführt:

Nicht Krankheit, Mangel, Schwäche, Probleme, Nöte oder ähnliches sind das Böse.

Das alles sind Auswirkungen von Sünde.

Der Tod, dem die Sünde vorausgeht, ist der Atem Satans,

so wie das Leben der Atem Gottes ist.

Lass dich nicht betrügen:

Jede Form der Zielverfehlung (Sünde), die du leichtfertig als "nicht so schlimm" empfindest,

kommt direkt aus der Hölle und

es gibt nur einen Weg sie loszuwerden:

Jesus vergibt.

Einstiegsgebet:

Jesus, zeig mir das Kreuz, zeig mir, was du für mich gelitten hast.

Zeig mir dir Kraft des Kreuzes - das Blut, welches den berechtigten Zorn des Vaters darüber,

dass seine wunderbare Schöpfung zerstört wird - stillt.

29. Februar

Prediger 1,15b

...die, welche fehlen, kann man nicht zählen. (Schlachter 2000)

Der Herr sagt mir:

Zähle die, deren Zahl du nicht kennst.

Nenne die beim Namen, von denen du noch nie gehört hast.

Das was du nicht kannst - ich kann es.

Ich weiß wer fehlt, ich kenne ihre Namen

und ich befehle dir: Ruf sie zurück!

Ins Königreich Gottes hinein.

Einstiegsgebet:

Jesus, in deinem Namen rufe ich die, welche in unserer Mitte fehlen.

Ich rufe die Menschen, jeden Einzelnen, der deine gute Nachricht gehört hat,

aber sich fürchtet: Hab Mut, komm ins Königreich des Himmels.

Der Vater wartet schon.

Ich rufe die Menschen,

jeden Einzelnen, der sich aus der Gemeinschaft der Heiligen entfernt hat: Komm zurück.

Du fehlst. Wir brauchen dich. Vergib uns. Bitte kommt heim.

1. März

1. Korinther 15,27

Denn alles hat er (Gott) seinen (Jesu) Füßen unterworfen. Wenn es aber heißt, dass ihm alles unterworfen ist, so ist offenbart, dass derjenige ausgenommen ist, der ihm alles unterworfen hat. (Schlachter 2000)

Der Geist Gottes sagt mir:

Gott ist groß, größer als alles. Gott ist demütig, demütiger als alle.

In der Demut ist die Sanftmut Christi.

Nichts Hartes, das aus dem Hochmut kommt ist in Gott.

Er will niemals recht haben um des Rechthabens willen. Er hat recht, weil er recht hat.

Auf dieses Recht besteht er, weil es gut ist. Gut für alles.

Gott will die Unterwerfung zum Wohl aller.

Glaubst du das und nimmst du das an?

Einstiegsgebet:

Jesus, Dich hat der Vater über alles gesetzt.

Ich unterwerfe mich deiner Herrschaft, weil es gut ist,

weil ich das Gute in meinem Leben haben will, folge ich dir ganz gehorsam.

2. März

Römer 5,1

Da wir nun aus Glauben gerechtfertigt sind,

so haben wir Frieden mit Gott durch unseren Herrn Jesus Christus. (Schlachter 2000)

Der Geist des Herrn sagt mir:

Du bist gerechtfertigt.

Du brauchst Dich nicht rechtfertigen,

weder vor Menschen,

noch vor Gott und

schon gar nicht vor Satan.

Jesus ist dein Anwalt, er hat selbst das Lösegeld bezahlt.

Du bist kein Angeklagter mehr, denn du bist freigesprochen.

Nun, habe Frieden in dieser Gewissheit.

Habe Frieden in Gott.

Einstiegsgebet:

Ich bin frei in Christus.

Ich habe Frieden durch Christus.

Ich bin gerecht vor Gott.

Lass mich in dieser Gewissheit leben, Tag für Tag.

3. März

Römer 5,8

Gott hat uns seine große Liebe gerade dadurch bewiesen, dass Christus für uns starb, als wir noch Sünder waren. (Freie Übersetzung)

Der Heilige Geist bezeugt:

Jesus ist ein für alle Mal am Kreuz gestorben, sein Opfer reicht für immer und allezeit aus.
Und doch benötigst du dieses Opfer täglich.
Der sündige, natürliche, fleischliche Mensch, lebt aus der beständigen Gnade Gottes, weil er niemals gut genug für Gott werden kann.
Finde dich damit ab, dass du ohne Jesus immer Feind Gottes warst und sein wirst.
Alles was nicht mit Christus gestorben ist an und in dir, ist Feindschaft gegen Gott, denn es ist Tod in der Sünde und kann deshalb nicht mit Jesus auferstehen.
Jesus starb für deine Sünden, die du gemacht hast,
bevor du Jesus als deinen Erlöser angenommen hast
und Jesus starb für jede einzelne deiner Sünden, die du seither gemacht hast
und Jesus starb für alle deine Sünden, die du bis zu seiner Wiederkunft machen wirst.
Aber ob du sein Angebot annimmst, ist deine Sache.
Brauchst du auch heute einen Erlöser? Darf Gottes Liebe heute an dir wirksam werden?

Einstiegsgebet:

Vor dir bekenne ich, dass ich Sünder bin. Kannst Du bitte meine Gebrochenheit, meine Krankheit, meine Sündhaftigkeit aufzeigen? Du starbst für die Sünder Jesus, du bist zu den Kranken gekommen, nicht zu den Gesunden. Du sagst bedingungslos ja zu mir.

4. März

Kolosser 3,5+8+9a+12+13a

Tötet daher eure Glieder, die auf Erden sind: Unzucht, Unreinheit, Leidenschaft, böse Lust und die Habsucht, die Götzendienst ist; Jetzt aber legt auch ihr das alles ab - Zorn, Wut, Bosheit, Lästerung, hässliche Redensarten aus eurem Mund. Lügt einander nicht an...So zieht nun an als Gottes Auserwählte, Heilige und Geliebte herzliches Erbarmen, Freundlichkeit, Demut, Sanftmut, Langmut; Ertragt einander und vergebt einander (Schlachter 2000)

Und der Geist des Herrn sagt mir:

Welche Liebe hat der Vater zu Euch. Staune darüber!

Ist dir aufgefallen, dass dieses Ausziehen böser Charakterzüge und das Anziehen des Guten keine Voraussetzung ist Gottes Auserwählte, Heilige und Geliebte zu sein?

Ein sich schlecht benehmendes Kind ist immer noch SEIN KIND!

Deshalb achte darauf, wie du über deine Geschwister redest, urteilst, denn auch du hast die Gnade Gottes empfangen und lebst daraus. Gott hört das Urteil über deinen Bruder, deine Schwester und behandelt dich nach deinem Wort. Das nennt man Erziehung.

Gott, der Vater liebt es gnädig zu sein. Er will dir gnädig sein. Alles was du ablegen sollst, kannst du ablegen, weil er dir gnädig ist. Bleib in Seiner Liebe - für dich und für Andere.

Einstiegsgebet:

Danke Gott für dein herzliches Erbarmen, deine Freundlichkeit, deinen Langmut und so viel mehr. Ich darf mit dir Gemeinschaft haben und von dir lernen, wie man all das Gute anzieht. Wenn ich in deiner Nähe bleibe, ist die logische Konsequenz, dass ich dir ähnlich werde. Danke für diese Fähigkeit des Geistes!

5. März

Kolosser 4,5b

...kauft die Zeit aus. (Schlachter 2000)

Der Geist sagt mir:

Zeit ist nicht Geld. Zeit ist Leben und Leben ist nicht käuflich. Lass dich nicht täuschen, du tauscht nicht Zeit gegen Geld, du tauscht Leben gegen Geld.

Wenn du arbeitest für Geld, tauscht du deine Lebenszeit gegen Papier.

Ich versuche dich aufzuwecken!

Arbeit ist gut. Arbeit ist göttlich. Versorgung durch Arbeit ist ebenfalls göttlich.

Aber wenn der Wunsch nach mehr Geld dein Leben stiehlt, dann wurdest du getäuscht.

Der Vater ist dein Versorger. Die Zeit ist dazu da dir zu dienen, sie teilt dein Leben in Abschnitte. Alles hat seine Zeit. Wenn du keine Zeit hast, bist du nicht in der göttlichen Versorgung. Ich biete dir an: Komm in meine Ruhe.

Ich gebe dir guten Rat, wie du deine Zeit gut nutzen kannst.

Die Zeit muss für dich arbeiten, wenn du in deiner Berufung - in meinem Plan - bist.

Die Zeit bestimme ich. In meiner Zeit ist Platz für alles was du brauchst.

Einstiegsgebet:

Jesus, ich gebe dir das Recht über meine Zeit. Ich widerstehe dem Zeitgeist, durch dein Blut.

Du bist Herr über mein Leben, das heißt auch über meine Zeit. Das proklamiere ich.

Ich tue Buße und bekenne meine Schuld im Umgang mit meiner Zeit:

Ich habe sie verschwendet, ich habe sie missbraucht.

Du vergibst mir und bringst mich in deinen göttlichen Zeitplan.

6. März

Prediger 3,11

Er hat alles vortrefflich gemacht zu seiner Zeit, auch die Ewigkeit
hat er ihnen ins Herz gelegt - nur dass der Mensch das Werk, das Gott getan hat,
nicht von Anfang bis zum Ende ergründen kann. (Schlachter 2000)

Durch eine Vision meiner Mama sagt Jesus mir:

Ich bin der Sieger. Jesus ist Sieger!

Die Vision war so: Jesus ist mit uns auf einem Fußballspielfeld und hat den Ball.
Wir sind seine Mitspieler und sehen zu wie er ein Tor nach dem Anderen schießt,
obwohl Satan, der Gegenspieler, alles versucht die Tore zu verhindern.
Wir staunen und fragen uns, was seine Taktik ist, dass es Jesus immer gelingt.
Und Jesus sagt uns: "Ich brauche keine Taktik, ich bin der Torschützenkönig." :)

Einstiegsgebet:

Herr, ich verstehe dein Werk nicht, wir sind völlig überflüssig auf dem Spielfeld.
Mein Gebet ist, dass ich dir nicht im Weg stehe,
weil ich immer wieder denke, ich bin so wichtig.
Obwohl du alle Tore schießt, sind wir deine Mitspieler,
obwohl wir nie den Ball haben, teilst du deine Ehre mit uns.
Wir gewinnen mit dir, wir sind dein Team.

7. März

1. Korinther 12,13

Denn wir sind ja alle durch einen Geist in einen Leib hineingetauft worden,
ob wir Juden sind oder Griechen, Knechte oder Freie,
und wir sind alle getränkt worden zu einem Geist. (Schlachter 2000)

Gottes Geist zeigt mir:

Die Freiheit in Christus beinhaltet die Gemeinschaft der Heiligen. Ja das ist Freiheit,
denn die Funktion eines Leibes ist, dass jede Zelle das tut, wozu sie geschaffen wurde
und nichts Anderes. Das ist eine Freiheit, denn es befreit den Menschen:

1. von Kontrolle, alles übernehmen und wissen und können zu müssen.
2. von Angst, zu versagen und nicht gebraucht zu werden.

Der Heilige Geist sagt: Du bist wie ein Schwamm, der die Fähigkeit besitzt,
Flüssigkeit aufzusaugen. Du hast die Fähigkeit mich aufzusaugen.
Dann bist du völlig durchtränkt mit mir, dem Geist Gottes, der Kraft, die dich schuf.
Ich weiß was du kannst und ich weiß, was du nicht kannst.
Und ich habe den Platz, den Raum in der Zeit und in der Gemeinschaft geschaffen,
wo du perfekt hinein passt und deine Gaben, Fähigkeiten und Talente gebraucht werden.

Einstiegsgebet:

Danke Herr, dass du Raum zur Entfaltung für mich geschaffen hast. Ich existiere nicht nur, sondern du hast meinem Dasein Sinn gegeben. Ich will von dir durchtränkt werden, und erleben wie du mir meinen Platz zuteilst und ich hineinwachse in meine Berufung.

8. März

1. Korinther 12,24b

...Gott aber hat den Leib so zusammengefügt,

dass er dem geringeren Körperteil umso größere Ehre gab (Schlachter 2000)

Gott sagt:

Ich gebe jedem sein Maß an Glauben, sein Maß an Ehre.

Es tut mir weh, wenn Ihr den Geringeren gering achtet und den Hohen erhöht.

Unter Euch soll es anders sein. Bei mir gibt es kein Ansehen der Person.

Ich erhöhe, wen ich erhöhe und wen ich nicht erhöhe, erhöhe ich nicht.

Das ist Gerechtigkeit, denn ich kenne alle Zusammenhänge des Universums

und komme deshalb zu völlig anderen Urteilen.

Vertrau mir und folge meinen Anweisungen:

Achte den Anderen höher als dich selbst. Auch wenn du seine Ehre noch nicht sehen kannst.

Zeige Respekt und schenke dem Würdelosen Würde, dann spiegelst du meinen Charakter.

Einstiegsgebet:

Vater im Himmel, ich bin sehr schnell mit menschlichen Urteilen,

hilf mir, die nicht zu verachten, die in deinen Augen großen Wert haben.

9. März

2. Korinther 3,4

Und eine solche Zuversicht haben wir durch Christus zu Gott (Schlachter 2000)

Gottes Geist sagt mir:

Zuversicht ist die Voraussetzung für Glauben, der das Denken verändert.

Du brauchst das innere Wissen, dass Gott dich befähigt hat mit allem was für dich nötig ist.

Das ist anders als die Geistesgabe des Glaubens, die über dich kommt,

für den Glauben an ein Wunder. Stärke deinen Glauben.

Umgib dich mit Menschen die ihr Denken Tag für Tag erneuern,

im Wasserbad des Glaubens und mache es Ihnen nach.

Du wäscht dir ja auch täglich das Gesicht!

Genauso wäschst du deine Gesinnung:

Denken, Wollen, Handeln, durch das Wort Gottes,

das dir durch mich aufgeschlüsselt wird.

Einstiegsgebet:

Vater, wir haben deine Zusage durch Jesus, dass uns alles zuteilwird was wir brauchen.

10. März

Römer 5,8

Gott aber erweist seine Liebe zu uns darin, dass Christus für uns gestorben ist,

als wir noch Sünder waren. (Einheitsübersetzung 2016)

Der Heilige Geist spricht zu mir:

Die profundesten Wahrheiten sind die wichtigsten.

Wenn du verinnerlichst, dass Jesus für dich gestorben ist, als du sein Feind warst,

weil Gott dich liebt, dann hast du die gesamte Fülle des Wortes Gottes verstanden.

Alles weitere resultiert daraus.

Niemand kann sagen: "Liebe mich!", weil man Liebe nicht erzwingen kann.

Aber man kann Liebe säen und man wird Liebe ernten. Gott hat Liebe gesät.

Denk über seine Liebe nach, hab Gemeinschaft mit Gott in seiner Liebe,

und deine Liebesfähigkeit wird wachsen.

Wie liebt man seine Feinde? Wie liebt man die, die Unrecht tun?

Indem man die Liebe erkennt, die Gott für einen selbst hatte,

lange bevor man nach ihm fragte. Das Unrecht der Feinde war dein Unrecht Gott gegenüber.

Die Barmherzigkeit, die Gott dir gegenüber gezeigt hat aus Liebe kannst du zeigen,

weil du geliebt bist von Gott.

Einstiegsgebet:

Oh Gott, ich danke für deine Entscheidung dich nicht vom Menschen abzuwenden,

sondern deiner Liebe Taten folgen zu lassen, indem Jesus auf die Erde kam und uns zeigte,

wie tief und weitreichend deine Liebe zu jedem Einzelnen von uns ist.

11. März

2. Korinther 7,10

Denn die gottgewollte Betrübnis bewirkt eine Überführung, die Buße zum Heil, die man nicht bereuen muss, die Betrübnis der Welt aber bewirkt den Tod. (Freie Übersetzung)

Der Geist zeigt mir:

Die gottgewollte Betrübnis ist eine Überführung. Was ist eine Überführung? Eine Brücke, eine Fähre z.B. ist eine Überführung. Sie bringt dich von einem Land in ein Anderes.
So bringt dich die Traurigkeit - das Leid über deine Schuld und Zielverfehlung, die Bosheit die in deiner DNA liegt, bevor sie von mir ins Licht gebracht wird - vom Land des Todes ins Land des Heils, der Errettung. Die Buße ist nicht bloß Umkehr des Handelns. Es ist ein Erkennen deiner menschlichen Unfähigkeit Gott zu gefallen und der Zuwendung zu Gott in deiner Unfähigkeit, weil er dich befähigt in Christus, durch den Heiligen Geist in deinem natürlichen Menschsein Gott zu gefallen. Das Gegenteil ist die Betrübnis der Welt,
die Traurigkeit, das Leid über die eigene Unfähigkeit ohne eine Überführung,
ohne Weg zur Buße. Sie führt zu Aggression oder Depression und damit zum Tod.
Bleib im Leben. Freue dich nach der Erkenntnis, dass du im Land des Todes bist,
über die Brücke, das Kreuz. Und erkenne den Weg, die Wahrheit und das Leben:
Jesus. Im Licht des Königreiches Gottes wird auch deine DNA gereinigt von aller Bosheit.

Einstiegsgebet:

Danke Heiliger Geist für alle Traurigkeit die zu Überführung und echter Buße führt.
Danke Jesus für dein Kreuz, das durch die Buße zum Leben führt und danke Vater,
dass du den Demütigen annimmst und ihm Freude schenkst, statt Trauer.

12. März

Johannes 20,27

Dann spricht er (Jesus) zu Thomas: Reiche deine Finger her und ...

lege sie in meine Seite und sei nicht ungläubig, sondern gläubig (Schlachter 2000)

Der Geist des Herrn sagt mir:

Es gibt einen Unterschied zwischen Unglaube und Zweifel und Kleinglaube.

Unglaube ist ein, nicht ohne Beweise glauben wollen,

so einen Menschen begegne ich mit Liebe und Beweisen, damit er glauben kann.

Zweifel ist Unglaube dessen, was ich bewiesen habe.

Meine Welt wird sich nicht ändern, nur weil Menschen sie nicht wahrhaben wollen,

ich bin wie ich bin.Wenn ich mich zeige und der Mensch zweifelt an seiner Wahrnehmung,

weil nicht sein kann, was nicht sein darf, obwohl er gesehen hat, wer kann ihm bestätigen,

was er nicht glaubt?

Kleinglaube ist das fehlende Vertrauen in logische Folgen. Wenn ich die Berge gemacht habe,

kann ich die Berge versetzen, oder?

Ich sehne mich nach einer Kirche, einer Gemeinde voller Glaube.

Ich komme und begegne dir, aber wie du darauf reagierst, ist deine Entscheidung.

Einstiegsgebet:

Herr du kommst uns nahe, du räumst unsere Zweifel aus.

Danke für deine fast endlose Geduld! Hilf meinem Unglauben, begegne mir.

13. März

Johannes 6,20

Er (Jesus) aber sprach zu ihnen: Ich bin's, fürchtet euch nicht! (Schlachter 2000)

Der Heilige Geist sagt mir:

Es gibt immer wieder Stürme in deinem Leben,

worin Gott dir begegnet und du ihn nicht erkennst. Woran liegt das?

Es liegt daran, dass ich dir auf eine Art begegne die du noch nicht kennst.

Ich bin der Schöpfer-Gott, ich bin immer wieder neu für dich.

Ich zeige mich auf viele Arten, damit deine Erkenntnis über mich erweitert wird.

Ich bin der Gott der Bibel, und deshalb darfst du erwarten,

dass es dir nicht anders geht als den Menschen, von denen du dort liest.

Nimm mich beim Wort, aber hab keine Angst, denn ich begegne jedem so,

wie er es ertragen kann.

Vergiss nicht: Ich möchte mich offenbaren, weil ich Liebe bin und die Liebe sucht Beziehung.

Ich werde mich dir zu erkennen geben, ich werde dich auch vor Täuschung schützen,

ich überfordere dich, mein Kind, nicht.

Einstiegsgebet:

Jesus, ich fürchte mich aber.

Ich habe Angst davor, dass du dich mir zeigst wie den Jüngern und sie dachten du seist ein Gespenst.Oder gar wie Mose im Dornbusch, oder Abraham, dem du sagtest:

Geh weg von allem was du kennst... schenk mir Vertrauen in dich...

14. März

Lukas 7,33-34

Denn Johannes der Täufer ist gekommen, der aß kein Brot und trank keinen Wein;
da sagt ihr: Er hat einen Dämon! Der Sohn des Menschen (Jesus) ist gekommen,
der isst und trinkt; da sagt ihr: Siehe, wie ist der Mensch ein Fresser und Weinsäufer,
ein Freund der Zöllner und Sünder! (Schlachter 2000)

Der Heilige Geist sagt mir:

Handle nach deiner Berufung!
Dem einen hat Gott dies zugeteilt, dem Anderen das.
Gehe du den Weg, den ich für dich habe. Bleib dabei, im Guten wie im Schlechten!
Ich habe dich mit Absicht dort hingestellt, wo du bist und kein Mensch kann dir sagen wozu.
Ich kann. Ich bin kein Gott der Zufälle. Ich bin ein Gott der perfekten Planung,
des perfekten Timings und der perfekten Durchführung. Wie kannst du nur auf Menschen hören, die meine Gesinnung nicht haben und meine Urteile über dich nicht kennen?
Sie wissen nicht woher du kommst, noch wohin du gehst,
genauso wenig aber weißt du selbst das. Deshalb vertraue einfach, tue das Gute, das vor deinen Augen ist und wachse in dem Auftrag, den ich dir gegeben habe.
Ich selbst bin deine Bestätigung.

Einstiegsgebet:

Ich will es dir recht machen Gott. Du hast mich geschaffen, für dich existiere ich, für dich will ich da sein. Dort wo ich jetzt bin. Wenn du mich woanders haben wollen würdest, wäre ich nicht da wo ich jetzt bin. Deshalb lass mich Glauben haben für das Gute hier und jetzt.

15. März

Lukas 8,3

...und Johanna...und Susanna...und viele Andere, die ihm dienten mit ihrer Habe.

(Schlachter 2000)

Der Heilige Geist meint dazu:

Jeder hat etwas. Niemand hat nichts.

Wenn du wenig hast, dann sei wie die Witwe am Opferkasten im Tempel

und wenn du viel hast, sei wie Johanna und Susanna.

Hier geht es nicht nur, sondern auch um Geld.

Gib mir das was du hast und ich werde es vermehren, aber nicht hauptsächlich für dich,

sondern um die Mengen zu ernähren.

Ich frage dich heute: Was hast du, um die Mengen zu ernähren in deiner Umgebung?

Wenig ist etwas - wenig ist nicht Nichts.

Einstiegsgebet:

Jesus, unser Land braucht einen Aufbruch.

Ich bitte dich, dass du mir zeigen kannst, was ich habe, damit das Land von mir satt wird.

16. März

Lukas 8,15

Das in dem guten Erdreich sind aber die, welche das Wort, das sie gehört haben,

in einem feinen und guten Herzen behalten und Frucht bringen in standhaftem Ausharren.

(Schlachter 2000)

Der Heilige Geist sagt mir:

"Lies das ganze Gleichnis."

Also lese ich Lukas 8,4-15 (Neue Genfer Übersetzung)

Die Menschen scharten sich in großer Zahl um Jesus,

und von Ort zu Ort wurden es mehr, die mit ihm gingen.

Da erzählte er ihnen folgendes Gleichnis:

"Ein Bauer ging aufs Feld, um zu säen. Beim Ausstreuen der Saat fiel einiges auf den Weg,

wo es zertreten und von den Vögeln aufgepickt wurde. Einiges fiel auf felsigen Boden.

Die Saat ging zwar auf, verdorrte aber bald, weil die nötige Feuchtigkeit fehlte. Einiges fiel

mitten ins Dornengestrüpp. Die Dornbüsche wuchsen mit der Saat in die Höhe und

erstickten sie. Und einiges fiel auf guten Boden, ging auf und brachte hundertfache Frucht."

Jesus schloss mit dem Ausruf: "Wer Ohren hat und hören kann, der höre!"

Die Jünger fragten Jesus, was dieses Gleichnis bedeute.

Da sagte er: "Euch ist es von Gott gegeben, die Geheimnisse seines Reiches zu verstehen;

den Übrigen jedoch werden sie nur in Gleichnissen verkündet.

Denn sie sollen sehen und doch nicht sehen, sie sollen hören und doch nichts verstehen....

Bei einigen, die es hören, ist es wie mit der Saat, die auf den Weg fällt.

Der Teufel kommt und nimmt das Wort wieder aus ihrem Herzen weg,

sodass sie nicht glauben und daher auch nicht gerettet werden.

Bei Anderen ist es wie mit der Saat, die auf felsigen Boden fällt.

Wenn sie das Wort hören, nehmen sie es mit Freuden auf.

Aber sie sind wie Pflanzen ohne Wurzeln; zunächst glauben sie,

doch wenn eine Zeit der Prüfung kommt, wenden sie sich wieder ab.

Wieder bei Anderen ist es wie mit der Saat, die ins Dornengestrüpp fällt.

Sie hören das Wort, doch im Lauf der Zeit wird es von den Sorgen, dem Reichtum

und den Freuden, die das Leben bietet, verdrängt, sodass keine Frucht reifen kann.

Bei Anderen jedoch ist es wie mit der Saat, die auf guten Boden fällt.

Mit aufrichtigem und bereitwilligem Herzen hören sie das Wort;

sie halten daran fest, lassen sich nicht entmutigen und bringen Frucht."

Der Heilige Geist sagt mir dann:

Die feinen und guten Herzen die Frucht bringen,

sind standhaft und halten fest im Warten auf meine Führung.

Einstiegsgebet:

Liebster Herr Jesus, ich will warten auf deine Führung.

Ich verlasse mich auf deine Weisung und darauf, dass du versprichst nie zu spät zu kommen.

Dein Wort sagt mir, was ich zu tun habe, und ich werde standhaft darin, es beständig zu tun.

17. März

Lukas 21,25+26

Und es werden Zeichen geschehen an Sonne und Mond und Sternen, und auf Erden Angst der Heidenvölker vor Ratlosigkeit bei dem Tosen des Meeres und der Wogen, da die Menschen in Ohnmacht sinken werden vor Furcht und Erwartung dessen, was über den Erdkreis kommen soll, denn die Kräfte des Himmel werden erschüttert werden. (Schlachter 2000)

Gebet:

Halleluja, die Kräfte des Himmels sind erschüttert. Maranatha, unser Herr kommt bald wieder. Aber bis es soweit ist, bitten wir dich, oh Herr des Himmels und der Erde, gib uns Kraft, lass uns deine Zeugen sein, Salz und Licht, das den Menschen den Weg leuchtet, Licht, das Jesus sichtbar macht.

Denn Jesus sagt, genauso wie damals als er diese Worte sprach:

Fürchtet euch nicht und erschreckt nicht, denn es muss alles so kommen, sonst kommt das Ende nicht. Glaubt an Gott und glaubt an mich. Wer an mich glaubt, glaubt an den Vater, wer mich sieht, sieht den Vater. Sorge dich nicht um Morgen. Schau dir die Vögel an und die Blumen, Gott kümmert sich um sie. Wie viel mehr wird er dafür sorgen, dass du Tag für Tag hast was du brauchst. Hab keine Angst, vertraue meinem Wort. Vergib, teile was du hast, gib denen die nicht zurückgeben können, begegne deinem Nächsten mit Liebe, indem du sie behandelst, wie du behandelt werden möchtest.
So sammelst du Schätze im Himmel, die nicht vergehen, so wie die Erde vergeht.

Gebet:

Jesus, ich vertraue auf dein Wort. Ich nehme dich beim Wort. Ich werde tun was du gesagt hast und leben wie du mir zeigst, damit ich im Glauben lebe und nicht im Schauen.

18. März

Johannes 1,4

In ihm (Jesus) ist Leben und das Leben ist das Licht für die Menschen. (Freie Übersetzung)

Und der Geist sagt mir:

Ohne Licht kein Leben und ohne Leben kein Licht.

Deshalb dreht sich alles um Jesus. Er hat alles und er ist alles.

Das war immer so, und das wird immer so bleiben.

Wenn du weder Leben in dir hast, noch das Licht, dass du zum Leben brauchst,

warum zögerst du noch zu dem zu laufen,

der dir beides gratis, für dich kostenlos, umsonst, zur Verfügung stellt?

Kauf dir das Leben in Fülle, im Übermaß, verschwenderisch, umsonst.

Du hast keine Hoffnung für etwas oder jemand? Jesus hat sie.

Du hast keinen Mut? Jesus hat ihn.

Du hast keine Kraft für heute? Dir ist die Energie ausgegangen? Jesus hat sie.

Du siehst den Weg nicht, weißt nicht was die beste Entscheidung ist?

Rate mal, Jesus kennt sie!

Jesus ist alles in allem, daher kann ich nichts Anderes als ihn erhöhen, ihn in dir aufrichten,

Raum für ihn schaffen.

Einstiegsgebet:

Heiliger Geist, zeige mir Jesus.

Zeige mir wo Jesus zu klein ist in meinem Denken um mir helfen zu können.

19. März

Johannes 1,4

Von Jesus kommt alles Leben und sein Leben ist das Licht für alle Menschen.

(Freie Übersetzung)

Der Heilige Geist sagt mir:

Licht ist Energie, Photovoltaikanlagen nutzen Lichtenergie und wandeln sie in Strom um.

Das Hauptproblem dabei ist die Speicherung und Beförderung des Stroms.

Es geht zu viel Energie verloren, idealerweise verbraucht man den Strom sofort.

Du bist wie so eine Zelle, die das Licht des Lebens aufnehmen kann.

Durch deine Verwandlung in Christus hinein kannst du dieses Licht umwandeln

in die Früchte des Geistes, die wachsen im Licht,

weil Gott von Anbeginn der Zeit göttliches Leben in dich hineingelegt hat.

Dieser Same geht im Licht Jesu auf. Wenn du nun Jesu Licht aufnimmst,

bist du versorgt und kannst deine Umgebung mitversorgen,

denn das Licht, das Leben, geht niemals aus oder wird weniger.

In Christus ist keine Nacht, keine Dunkelheit, kein Schatten.

Das was du empfängst, kannst du sofort und ohne Sorge weitergeben. Jesus ist genug.

Einstiegsgebet:

Licht des Lebens fließe du durch mich,

frei und ohne Blockaden will ich dich in mir und durch mich strömen lassen.

Alle Angst, alle Schuld, aller Widerstand soll für dich weggeräumt werden.

20. März

Johannes 1,5

Und das Licht leuchtet in der Finsternis, und die Finsternis hat es nicht begriffen.

(Schlachter 2000)

Und der Heilige Geist spricht:

Ich selbst bin nicht das Licht, ich bin Träger des Lichts.

Ich bin die Kraft, die das Licht in dich hineinbringt.

Öffne deine Herzenstür, denn ich trage das Licht in die Orte,

wo die Dunkelheit noch Raum hat in dir. Jede Zelle deines Körpers reagiert auf Licht.

Du brauchst Licht. Alle Menschen brauchen Licht.

Ich bin gekommen um die Wahrheit zu bringen

und Wahrheit ist tiefer als richtig und falsch. Wahrheit ist im Licht.

Die Finsternis kann das Licht nicht begreifen, weil die Lüge in der Finsternis ist.

Die Finsternis vernebelt die Wahrheit, aber wenn du mich hast, muss die Finsternis weichen.

Komm ins Licht. Ich beschäme dich nicht, stelle dich nicht bloß.

Ich will dich erhellen, ich schenke dir Freiheit. Du musst dich nie mehr verstecken!

Einstiegsgebet:

Heiliger Geist sei willkommen in diesem Raum.

In diesem geistlichen Raum in meinem Herzen, in meinen Gedanken, in unseren Orten, Kirchen. Offenbare uns Jesus. Zeig uns den Vater. Wir erlauben dir alle, wirklich alle Dunkelheit zu vertreiben. Bitte komm. Wir warten auf dein Wirken unter uns.

21. März

Johannes 1,6

Es war ein Mensch, von Gott gesandt; sein Name war Johannes. (Schlachter 2000)

Der Heilige Geist erzählt mir:

Wir sind Künstler, Gott der Vater ist Maler, der vor der Leinwand steht.

Ich bin der Pinsel, Jesus ist die Grundfarbe für das Bild.

Ein gelungenes Bild hat etwas von der Grundfarbe in jedem Tupfer.

Ihr Menschen seid die anderen Farben. Wir lieben Farben, sie sind wertvoll, machen das Bild bunt. Als Johannes der Täufer kam, hat die Welt die Absicht Gottes noch nicht gekannt.

Johannes ist ein ganz markanter Strich durch das Bild,

er teilt das Bild in zwei Hälften um die ganze Aussage des Bildes zu bekräftigen.

Die Aussage des Bildes war und ist und wird sein: Gott liebt,

er ist gnädig und von großer Güte. Auch du hast einen Platz in diesem Bild.

Auch Du bist durchtränkt von der Grundfarbe Jesu. Johannes war ein komischer Kauz, selbst für seine Zeit. Erlaube mir, dass ich aus dir die Person sein lasse,

die du in Wirklichkeit bist. Strahle hell in der Farbe, die Gott der Vater dir gegeben hat.

Weder du noch deine Umgebung haben den Überblick. Du bist genau richtig, wer du bist und wo du bist, denn wir sind Künstler, das Bild wird dir gefallen.

Einstiegsgebet:

Danke Gott für meinen Platz in deinem Bild, danke Gott für meinen Platz in deinem Reich!

Danke, denn ich weiß, du hast mich wunderbar gemacht.

22. März

Johannes 1,7

Dieser kam zum Zeugnis, um von dem Licht Zeugnis zu geben,

damit alle durch ihn glaubten. (Schlachter 2000)

Der Heilige Geist sagt mir:

Johannes bedeutet "Gott ist gnädig" und das Zeugnis seines Lebens ist, dass Gott gnädig ist.

Gott schenkt Raum zur Umkehr,

das Reich Gottes ist zu dir,

in deine Mitte gekommen durch Jesus.

Was ist dein Name? In manchen Völkern und Gegenden ist es wirklich üblich,

dass der einen neuen Namen bekommt, der an Jesus glaubt,

weil der alte Name mit den alten Geistern und Beschwörungen besetzt ist.

Der Heilige Gott gibt auch dir einen neuen Namen.

Dein Name ist Programm, er bezeugt was dein Leben aussagt.

Dein Name, dein von Gott gegebener Name bezeugt, wer du vor Gott bist.

Einstiegsgebet:

Jesus, dein Name heißt JHWH, ist Hilfe/Heil/Rettung und

du wirst auch Immanuel, Gott mit uns, genannt. Das bist du.

Wie nennst du mich?

23. März

Johannes 1,8

Er selbst war nicht das Licht, sein Auftrag war es, auf das Licht hinzuweisen.

(Freie Übersetzung)

Jesus macht mich aufmerksam:

In dir ist nicht das Licht, bis die Quelle des Lichts dich erleuchtet.

Wenn du in dir suchst und verehrst, was ich an Selbstheilungskraft, Schönheit, Licht,

Hoffnung aus Liebe, in dich hineingelegt habe,

betest du die Schöpfung an, wie jene, die die Erde als Gott sehen.

Ich bin die Mutter, nicht die Erde, ich bin das Licht, in mir findest du das Heil und Erlösung.

Dein Auftrag ist es auf mich hinzuweisen, nicht dich gut dastehen zu lassen.

Einstiegsgebet:

Jesus ich will dich durch mich leuchten lassen. Du erhellst mein Leben, das weiß ich.

Verzeih, wenn ich nicht auf dich hinweise, sondern mich ehren lasse.

24. März

Johannes 1,10

Er (Jesus) war im Kosmos und das Universum ist durch ihn geworden,

doch die Welt erkannte ihn nicht. (Freie Übersetzung)

Der Geist des Schöpfer-Gottes sagt:

Der Kosmos, das Universum untersteht einer göttlichen Ordnung.

Diese Ordnung ist grundsätzlich vollkommen. Als Satan die Menschen zu Ungehorsam, Rebellion und Misstrauen verführt hat, kam Chaos zurück in den Kosmos. Die Erde ist Teil der Schöpfungsordnung. Solange die Erde in Unordnung ist, ist der Kosmos in Unordnung. Doch Jesus hat die göttliche Ordnung wieder hergestellt.

Stell es dir so vor: Einem kleinen Kind ist es verboten in das Büro in der Wohnung zu gehen. Als die schmutzige, unordentliche Tante zu Besuch kommt, die sehr eifersüchtig ist, und neidisch auf die schöne, ordentliche Wohnung, in der sie nicht leben darf, erklärt sie dem Kind, der Vater habe im Büro nur die guten Süßigkeiten versteckt, und das Kind soll sich das nicht entgehen lassen. So widersetzt sich das Kind dem Verbot, sucht die doch nicht vorhandenen Süßigkeiten und schafft Unordnung - die Ablage mit Papieren und Dokumenten rutscht auf den Boden und die Stiftebox fällt um. Der große Bruder kommt zur Hilfe und stell die Ablageschachtel wieder auf und räumt die Stifte wieder in die Box.

Das kleine Kind sind die Menschen, Jesus der große Bruder.

Einstiegsgebet:

Jesus, danke, dass du die Ordnung im Universum wieder hergestellt hast,

die die Menschen zerstört haben.

25. März

Johannes 1,11

Er kam in sein Eigentum, und die Seinen nahmen ihn nicht auf. (Schlachter 2000)

Der Geist des Herrn bestätigt mir:

Jede Form der Ablehnung hat Jesus erlebt.

Er ist ein Fürsprecher beim Vater, der dich gut vertreten kann.

Niemand der auf dieser Erde gegangen ist, hat so viel Leid und Schmerz ertragen wie Jesus.

Sei dir dessen bewusst. Es war nicht der Tod am Kreuz.

Es war sein reines, durchlässiges Herz, das litt an der Bosheit der Menschen.

Jesus hat keine Selbstschutz-Mauern aufgebaut, keine Abwehrmechanismen.

Allen Schmerz, alles Leid hat er zum Vater getragen. Noch heute macht er es so.

Mach es ihm nach. Werde du Teilhaber seines Leidens. Baue keine Mauern,

sondern erlaube deinem Herzen, das zu fühlen, wozu es geschaffen wurde

und trage alles was du fühlst zum Vater. Jesus versteht alles. Vertrau dich ihm an.

Gott schützt dich, er hilft dir dein Herz zu bewahren. Lass los, er fängt dich.

Nur durch loslassen deines Schmerzes, deiner Bitterkeit,

kannst du seine Heilung empfangen.

Einstiegsgebet:

Herr Jesus danke, danke dass du trotzdem gekommen bist, obwohl du wusstest sie - wir - nehmen dich nicht auf. Danke, dass du diesen unfairen Tausch auf dich genommen hast.

Ich gebe dir all meinen Schmerz und mein Leid

und preise dich, denn du gibst mir den Himmel dafür.

26. März

Johannes 1,12

Allen aber, die ihn aufnahmen, denen gab er das Anrecht, Kinder Gottes zu werden, denen, die an seinen Namen glauben (Schlachter 2000)

Und der Heilige Geist sagt mir:

Ihr macht alle Jesus "+"

Wenn du an Jesus glaubst UND. Aber es gibt kein UND. An Jesus zu glauben ist genug für euch. In allen Dingen Gott zu vertrauen ist eine große Aufgabe für den Menschen.

Wenn du die Bibel liest, werden dir anderes Schwerpunkte gezeigt, die du glauben sollst, als deinem Bruder. Denke nicht, dass für deinen Bruder das Gleiche gilt wie für dich.

Er wurde anders geschaffen als du. Nur wenig gilt für alle gleichermaßen: Du sollst den JHWH deinen Gott lieben, von ganzem Herzen, mit ganzer Seele und mit deinem ganzen Denken und deinen Nächsten wie dich selbst. Alles ist darin enthalten, jedes weitere Handeln in Gottes Sinn ergibt sich logischerweise, wenn du diesem Gebot folgst. Aber das kannst du nicht aus dir heraus. Dazu brauchst du die lebendige Kraft Gottes in dir und die wird dir gegeben, wenn du Jesus glaubst und nach seinem Wort handelst. Das Handeln ist nur der Beweis für das Glauben. Sei kein Pharisäer, füge nichts hinzu, versperre niemanden den Weg, weil du denkst er muss ihn so gehen wie du. Liebe mich und folge du mir so gut du kannst und liebe die Menschen um dich herum mit der Liebe, die ich dir für sie gebe. Das ist genug.

Einstiegsgebet:

Ja, Jesus zu glauben, ist wirklich genug, damit hab ich genug zu tun.

Nimm alles weg, was ich zu deiner guten Nachricht dazu getan habe.

27. März

Johannes 1,12

..All denen jedoch, die ihn aufnahmen und an seinen Namen glaubten, gab er das Recht, Gottes Kinder zu werden (Neue Genfer Übersetzung)

Der Geist des Vaters sagt mir:

Den Wert als Kind Gottes angenommen zu sein, kannst du nicht zu hoch einschätzen. Der Preis den Jesus am Kreuz bezahlt hat, ist hoch. Glaube fest, dass Jesus es für dich getan hat, es war die Liebe des Vaters für dich, zu dir, die Jesus dazu gebracht hat zu sagen: "Nicht mein, sondern dein Wille geschehe." Jede gute Tat, alles, was du bist und hast, soll durchdrungen sein von dem Wissen um die Liebe des Vaters zu dir. Nur dann kann deine Antwort zum Vater die gleiche werden, wie die von Jesus. Nicht deinen Willen wünscht du dir dann, sondern den Willen des Vaters. Es gibt nur diesen einen guten Grund etwas zu tun, was man selbst nicht will, sogar zu leiden und zu sterben für seinen Glauben, und dieser Grund ist die Liebe des Vaters für dich, ja für die ganze Welt.

Einstiegsgebet:

Vater im Himmel, ich kann das nicht verstehen, wie du das Beste,
das Herrlichste des Königreichs, deinen Jesus, für mich geben konntest.
Was haben sie alles mit ihm gemacht - für mich.
Zu jeder Zeit hätten tausende von Engel eingreifen können um sein Leid zu beenden,
aber Jesus hat es nicht erlaubt, damit er sagen kann, es ist vollbracht.
Ich habe es nicht verdient, aber er hat das Lösegeld für mich bezahlt!
Ich darf leben in Ewigkeit, weil du Jesus gestorben bist.

28. März

Johannes 1,12

So viele ihn aber aufnahmen, gab er das Recht und die Vollmacht/Autorität

Kinder Gottes zu sein, alle die an ihn glaubten. (Freie Übersetzung)

Der Geist des Ewig-gleichen Gottes sagt mir:

Ich bin immer noch der ICH BIN. Jesus ist immer noch der ICH BIN.

Gott JHWH ist immer noch der ICH BIN.

Wir verändern unsere Absicht mit den Menschen und unserer Schöpfung nicht.

Ich bin einig in mir selbst. Wir wollen das Wohl des Menschen,

wir wollen dein Wohl und dafür arbeiten wir zusammen.

Eine Vollmacht ist eine Befugnis, wirksam im Namen eines Anderen zu handeln. Wenn du glaubst, ist es egal, wie du zuvor geheißen hast, jetzt trägst du meinen Namen. Du wurdest hinein adoptiert in die Kindschaft Gottes und damit bist du Erbe und Teilhaber des Königreichs Gottes. Ein Erbe hat nichts zu tun. Ein Erbe muss nur Kind sein. Wenn ich in dein Leben komme, hast du die DNA des Himmels. Gott ist in jeder Zelle deines Seins.

Der Vater kennt seine Kinder, er nennt dich stolz bei deinem Vornamen, und genauso stolz darfst du ihn deinen Vater nennen. Trittst du dein Erbe an? Lässt du dich vom Vater lieben, beschenken, leiten, erziehen? Fragst du ihn, wie du leben sollst? Darf er ein Vater sein, mit allen Funktionen die ein Vater hat? Er sehnt sich nach dir, läufst du in seine Arme?

Einstiegsgebet:

Vater, ich komme jetzt zu dir, als dein Kind lauf ich in Deine Arme. Ich bin geborgen, du stehst zu mir. Bei dir bin ich zuhause, ich darf mich in deine mächtigen Arme werfen.

29. März

Johannes 1,13

...die nicht aus dem Blut, noch aus dem Willen des Fleisches,

noch aus dem Willen des Mannes, sondern aus Gott geboren sind. (Schlachter 2000)

Jesus sagt mir:

Die haben ein fleischernes Herz,

die sind reingewaschen,

geheiligt,

ausgesondert

und befähigt

den Willen des Vaters zu tun.

Du hast mich aufgenommen, du hast an mich geglaubt.

Glaub an mich!

Glaub an mich in dir!

Glaub daran, dass ich die Werke des Vaters tue an dir, in dir, durch dich.

Die Herrlichkeit des Höchsten strahlt um dich,

denn Christus in dir kann nicht verborgen bleiben.

Wenn Mose strahlte, an dem Gott vorüber ging, wie sehr strahlst du, wo ich doch IN DIR BIN.

Einstiegsgebet:

Herrlicher ewiger Gott, aus dir bin ich geboren, in dir lebe ich deinen Willen aus mir heraus.

30. März

Johannes 1, 14

Und das Wort wurde Fleisch und wohnte unter uns;

und wir sahen seine Herrlichkeit, eine Herrlichkeit als des Eingeborenen vom Vater,

voller Gnade und Wahrheit. (Schlachter 2000)

Jesus sagt mir:

Erfüllt vom Heiligen Geist wohnt das Wort in dir

und seine Herrlichkeit, voller Gnade und Wahrheit,

will aus dir herausbrechen als lebendiger Fluss des Lebens.

Hältst du ihn zurück?

Lass die Liebe durch dich fließen, dein Herz erfüllen und weiter fließen zu den Menschen.

Einstiegsgebet:

Verzeih Heiliger Geist, wo ich Dich zurückgehalten habe!

Verzeih mir Jesus und Vater, dass ich das Geschenk des Geistes so oft ignoriere.

Reinige mein Denken, sodass ich in dem Frieden, der allen Verstand übersteigt,

deine Gnade, Wahrheit und Liebe fließen lasse.

31. März

1. Johannes 1, 14

Er, der das Wort ist, wurde ein Mensch von Fleisch und Blut und lebte unter uns. Wir sahen seine Herrlichkeit, eine Herrlichkeit voller Gnade und Wahrheit, wie nur er als der einzige Sohn sie besitzt, er, der vom Vater kommt. (Neue Genfer Übersetzung)

Der Geist des auferstandenen Herrn Jesus sagt mir:

Die Herrlichkeit des Herrn bleibe ewiglich, von Zeitalter zu Zeitalter, JHWH freue sich seiner Werke. Wie kann sich der Herr über seine Werke freuen? Indem er das Ende vom Anfang an sieht. Gott sieht die Herrlichkeit seiner Kinder, die uns noch verborgen bleibt, so wie die Jünger die Herrlichkeit Jesu betrachteten als er mit ihnen spazieren ging. Sie dachten viel zu klein, meinten, er würde sie von den Römern befreien, würde der neue König nach David. Doch er war mehr als das, er war das Wort, das die Welt erschuf, er war der demütigste, sanftmütigste König, der lieber am Kreuz verreckt um seinen Geschöpfen seine Herrlichkeit zu zeigen, eine Herrlichkeit, die aus Liebe kommt, als zu herrschen. Und so sieht Gott die Herrlichkeit in dir, die jetzt noch verborgen ist, durch seinen Geist in dich hineingelegt, in der Auferstehung deines Erlösers. Eine Herrlichkeit, die Jesus nacheifert, seine Sanftmut und Demut zu lernen im Gehorsam, so wie Jesus gehorsam lernte, sodass von dir dieselbe Gnade und Wahrheit ausgeht.

Einstiegsgebet:

Jesus, du schönster und würdevollster König aller Könige,
schaffe in mir ein reines Herz, das nicht herrschen, sondern dienen will.
Ich will mehr als Überwinder sein, so wie du den Tod überwunden hast.

1. April

Römer 7,5

Denn als wir im Fleisch waren, da wirkten in unseren Gliedern die Leidenschaften der Sünden, die durch das Gesetz sind, um dem Tod Frucht zu bringen. (Schlachter 2000)

Und der Geist sagt mir:

Siehst du, die Leidenschaften der Sünde sind durch das Gesetz.
Du bist aber nicht mehr unter dem Gesetz, sondern frei. Und deshalb kannst du frei sein von den Leidenschaften. Sie bringen ja doch nur Leiden und Tod. Sei frei. Lass dich nicht binden an etwas, das nur vorgibt gut zu sein. Das, was du als Sünde bezeichnest,
sind nur Auswirkungen von Leidenschaft der Sünden die in deinen Gliedern wirkt.
So wie Fieber und Halsweh und Schnupfen nicht die Grippe selbst,
sondern die Auswirkung des Virus sind. Lerne an diesem Beispiel!
Die Sünde ist wie die Krankheit selten dort zu suchen, wo sich die Auswirkung zeigt.
Falle nicht auf die Taktik des Feindes herein, indem du Symptome linderst, sondern erkenne die Wurzel deiner Sünde und reiß sie aus.
Du bist zur Freiheit berufen und in Freiheit sollst du leben.

Einstiegsgebet:

Vater vergib mir, wo ich Symptome bekämpfe, weil ich die Ursache meiner Sünde nicht sehen will. Schenke mir Mut und Kühnheit, meine Freiheit zu bezeugen, genau dort, wo ich in Sünde gefangen bin. Durch Jesus, meinen Erlöser bin ich frei und losgekauft mit seinem Blut von aller Macht der Sünde. Ich bin vom Tod ins Leben gekommen, und nichts kann mich halten und binden. Gott ist mein Bürge, der Heilige Geist mein Zeuge. Ich bin FREI.

2. April

Römer 8,7

Das Trachten des Fleisches ist Feindschaft gegen Gott und es unterwirft sich dem Gesetz Gottes nicht, denn das kann es nicht. (Freie Übersetzung)

Der Heilige Geist meint dazu:

Gestern hast du gehört, dass im Fleisch die Leidenschaft der Sünden
in deinen Gliedern wirkt, die durch das Gesetz sind, um dem Tod Frucht zu bringen.
Heute hörst du, dass im Fleisch Feindschaft gegen Gott ist,
weil es sich dem Gesetz nicht unterwirft.
Das verstehst du, aber du fragst dich, ob du nicht frei vom Gesetz bist?
Du musst verstehen, es gibt nur ein Gesetz und das ist gut und vollkommen,
weil es von Gott kommt.
Und es gibt nur einen Tod.
Ich unterscheide nicht zwischen geistlichen und körperlichen Tod.
Bist du geistlich tot, stirbst du körperlich auch.
Bist du geistlich lebendig, kannst du körperlich auch nicht sterben, das ist ein Geheimnis.
Jetzt musst du verstehen, dass das Gesetz in Jesus vollkommen erfüllt wurde
und wenn du das Trachten des Fleisches aufgibst,
unterwirfst du dich dem erfüllten Gesetz
und kommst in die Freiheit in Christus.

Einstiegsgebet:

Bitte Gott erlöse mich von allem Trachten des Fleisches.

3. April

Römer 8,7

Denn die menschliche Natur steht Gott grundsätzlich feindlich gegenüber.

Sie hat sich nicht dem Gesetz Gottes unterstellt und wird es auch nicht können.

(Neues Leben)

Der Heilige Geist zeigt mir:

Leben und Frieden entstehen, wenn wir dem Heiligen Geist die Autorität über unsere menschliche Natur (dem Fleisch) geben. Wenn unser Fühlen, Wollen, Denken, Handeln unter dieser Autorität ruht, stimmt unser erneuerter Mensch (der Geist des Menschen) mit Gottes Gesetz überein, und Frieden zwischen Gott und dem Menschen entsteht.

Der durch den Heiligen Geist erneuerte Mensch will Freundschaft mit Gott, doch solange die menschliche Natur die Autorität hat, wird sie gegen alles Gute, das Gottes Gesetz für uns hat, rebellieren. Darum ist ein andauernder Kampf in unserem Inneren, zum Beispiel mit Wut, Neid, Lust, Angst, Zweifel, Sorge, Geldliebe usw. Der Heilige Geist kämpft mit dem erneuerten Menschen gegen die menschliche Natur. Sobald die Feindschaft aufgehoben wird, weil wir nicht der menschlichen Natur, sondern Gottes Geist die Autorität über unser Fühlen, Wollen, Denken und Handeln geben, kann die Freundschaft mit Gott wachsen.

Einstiegsgebet:

Ich erkläre über mich, dass ich der menschlichen Natur die Autorität nehme

und dem Heiligen Geist alle Autorität gebe über mein Fühlen, Denken, Wollen, Handeln.

Ich ruhe in dieser Autorität und Freundschaft mit Gott.

Rebellion hat keinen Platz, weil ich den Frieden und das Leben wähle.

4. April

Römer 8,7

Der menschliche Eigenwille steht dem Willen Gottes feindlich gegenüber; er unterstellt sich dem Gesetz Gottes nicht und ist dazu auch gar nicht fähig. (Neue Genfer Übersetzung)

Der Heilige Geist, unser Tröster sagt mir:

Ich habe mich deiner erbarmt.

Du kennst deine Rebellion, die Götzendienst ist.

Du bemerkst deine negative Haltung, wenn es um meinen Willen geht.

Du siehst diese Haltung auch in anderen Menschen, wenn sie meine Liebe ablehnen, weil sie dann meine Gebote halten müssen.

Wir haben uns eurer erbarmt. Hand in Hand arbeiten wir, der Vater, der Sohn und ich beständig daran, in dir und in dieser Welt das gute Werk zu vollbringen.

Gib nicht auf. Natürlich kannst du das gute Werk nicht sehen, du fragst dich wann und wie es endlich kommt.

Aber ich sage dir, es ist schon da. Schau mit deinen geistlichen Augen.

Während die Welt immer dunkler wird, und die Mächte der Finsternis immer sichtbarer, und die Liebe unter den Menschen immer weniger, gießt der Vater seine Liebe immer mehr aus, werden die Geheimnisse Christi offenbar und die Wahrheit des Königreichs der Himmel strahlt immer heller. Jesus kommt bald.

Einstiegsgebet:

Ja komm bald Herr Jesus. Danke, dass du dich über mich erbarmst.

Ich gebe nicht auf! Dein Wille geschehe in meinem Leben.

5. April

Römer 8,7

Denn die menschliche Natur steht Gott grundsätzlich feindlich gegenüber. Sie hat sich nicht dem Gesetz Gottes unterstellt und wird es auch nicht können. (Neues Leben)

Der Heilige Geist sagt mir:

Deshalb muss die menschliche Natur sterben,

weil sie Gottes gutem, liebevollem, perfektem Willen feindlich gegenübersteht.

Die menschliche Natur ist unheilbar.

Sie wird in dieser Welt schöngeredet.

Der Eigenwille des Menschen wird zum neuen Gott in all seiner Pervertierung.

Gott hat einen anderen Plan:

Er lädt dazu ein, der menschlichen Natur zu sterben

und die göttliche Natur anzuziehen.

Das ist das Geheimnis eines glücklichen Christenlebens.

Einstiegsgebet:

Tod der menschlichen Natur!

Herr lass mich leben nach deinem Gesetz,

dem Gesetz des Lebens, das Heilung, Freude, Frieden und Hoffnung bringt.

6. April

2. Mose 6,7

Ich nehme euch an als mein Volk, und ich werde für euch Gott sein dann werdet ihr wissen, ich bin JHWH euer Gott, der euch von den Lasten Ägyptens befreit. (Freie Übersetzung)

Der Heilige Geist spricht zu mir:

Zu dem Zeitpunkt als ich das sagte, war von Befreiung nichts zu sehen, weit und breit nicht.

Ganz im Gegenteil.

Wir haben eindrücklich zu Mose gesprochen und Mose hat gehorcht.

Der Pharao hat daraufhin das Leben meines Volkes noch schwerer gemacht.

Doch ich habe getan, was ich Mose sagte.

Mose hat geglaubt, Paulus hat geglaubt, und so ist das Evangelium bis zu dir gekommen.

Keiner der beiden Männer wusste, was ihr Leben bringen würde,

sie glaubten meinem Wort und haben getan wozu sie bestimmt waren.

Folge auch du deiner Bestimmung und tue was mein Wort sagt.

Das Ergebnis ist meine Verantwortung!

Einstiegsgebet:

Jesus, ich folge dir nach.

7. April

Römer 8,7

Die menschliche Natur steht Gott grundsätzlich feindlich gegenüber. Sie hat sich nicht dem Gesetz Gottes unterstellt und wird es auch nicht können. (Neues Leben)

Der Heilige Geist zeigte mir:

Grundsätzlich ist der Mensch fähig, alles Übernatürliche zu tun, wozu ich ihn beauftragt habe. Er kann sein wie eine Ameise, die das Vielfache ihrer eigenen Körperlast tragen kann. Aber nur wenige sind bereit, das Natürliche hinter sich oder loszulassen, sodass sich das Übernatürliche in ihnen festlegen kann. Die meisten erleben hin und wieder Zeiten, in denen sie meine Kraft und Wunder erleben,

und dann kehren sie wieder zu ihrem natürlichen Leben zurück, weil sich das GESAMTE Natürliche - die Bibel nennt es Fleisch, gegen diesen Lebensstil auflehnt.

Die Seele will nicht, und das hat Auswirkungen auf den Körper.

Sogar Jesus schwitzte Blut. Doch diese körperliche Auswirkung hat ihn nicht aufgehalten.

Er hat mit seinen Worten besiegelt, dass der Wille des Vaters geschehen soll. Das hat die Hilfe des Vaters freigesetzt und er bekam Kraft von oben, einen Engel der ihm half.

Am Ende der eigenen Kraft und mit dem Bekenntnis, dass der Wille des Vaters geschehen soll, wird die Weisheit des Himmels freigesetzt, die so zur Hilfe kommt, wie du es brauchst, sie reicht dann aus bis zum endgültigen Sieg über die Herausforderung vor der du stehst.

Auch dann, wenn die schweren Wege noch vor dir sind.

Einstiegsgebet:

Bringe du mich ans Ende meiner Selbst, sodass ich aus deiner Quelle schöpfen kann.

8. April

Römer 8,7

Denn das Trachten des Fleisches ist Feindschaft gegen Gott; es unterwirft sich nämlich nicht dem Gesetz Gottes und kann es auch nicht. (Einheitsübersetzung 2016)

Ein Mann erzählt bei bei einer christlichen Veranstaltung von einer Frau,
die mit großer Angst vor der Herausforderung steht, mit zwei Frauen auf der Straße zu beten, die sie bei einem evangelistischen Einsatz getroffen haben.
Beide haben starke Rückenschmerzen.
Sie wird dazu angeleitet den Frauen die Hände aufzulegen und zu beten, dass sie gesund werden. Sie zeigt Glauben und legt ihre Hände auf die Frauen. Im Stillen sagt sie aber: "Das funktioniert nicht, das funktioniert nicht." Trotzdem werden die zwei Frauen geheilt.
Warum?
Weil sie mit ihren Taten gezeigt hat, dass Gottes Wille geschehen soll.
Es ist immer das Gleiche: Alles in uns sträubt sich gegen Gottes Willen.
Sobald aber etwas an oder in uns bezeugt, dass wir Gott Anrecht auf unser Leben geben, kann er wirken, dann kann weder Mut noch Angst noch irgendein anderes Gefühl Gottes Machtwirkungen verhindern. Nur gibt es keine Regel der man folgen kann, sondern nur dem Geist Gottes, und der widerstrebt dem natürlichen Menschen. Tue es trotzdem.

Einstiegsgebet:

Heiliger Geist mach mich mutig, dass ich handle nach deinem Wort. Heiliger Geist, zeig mir Gottes Liebe für die Menschen, dass ich gehen muss, weil es mich drängt.
Heiliger Geist, schenk mir Weisheit, die Liebe Christi dieser Welt zu zeigen.

9. April

Kolosser 1,12

...indem ihr dem Vater Dank sagt, der uns genug gemacht hat,
um uns einzufügen als Teil der vielen Heiligen in das Licht. (Freie Übersetzung)

Durch den Heiligen Geist erkenne ich, höre ich:

Die Erkenntnis des Willen Gottes erkennst du, indem du dem Vater Dank sagst dafür,
dass Jesus genug für dich ist. Genug um dich Teilhaber sein zu lassen an den Heiligen.
Du bist nicht Teilnehmer, sondern Teilhaber. Der Unterschied liegt darin, dass es dir gehört.
Der Teil des Himmels, den der Vater dir schenkt, gehört dir.
Das Erbe ist nicht Teil des Ganzen, sondern das Erbe ist in dem Ganzen integriert,
man kann dein Erbe nicht trennen von all dem was im Himmel ist.
In Christus ist alles miteinander verbunden, weil er alles in allem ist.
Das Königreich Gottes ist kein geteiltes Reich, wenn du deinen Anteil in Anspruch nimmst,
hast du alles, weil es untrennbar in Christus verbunden ist.
Du bist genug gemacht für den Himmel.
Im Himmel gibt es nicht besser oder mehr, denn perfekt ist genug.
Der Himmel, dein Anteil an der Gemeinschaft der Heiligen ist genug, alles gehört dir.
Es ist der Wille Gottes, dass du das erkennst und die Liebe annimmst, die darin liegt.

Einstiegsgebet:

Gepriesen bist du Vater, für die Wahrheit, dass du mich in Christus genug gemacht hast
für dein Reich. Ich bin genug in Christus, gut genug. Danke, dass ich perfekt gemacht bin
und Teilhaber deiner Heiligkeit sein darf.

10. April

3. Johannes 1,11 a

Mein Lieber, ahme nicht das Böse nach, sondern das Gute! (Schlachter 2000)

Der Heilige Geist sagt mir:

Der Mensch lernt durch Vorbild.

Ob du willst oder nicht, du bist ein Vorbild.

Durch dich multipliziert sich das Böse, oder das Gute.

Denn wenn du Gutes tust, sichtbar oder unsichtbar, es wird sich durch Andere vervielfältigen

und auch du bist ein Multiplikator, der das Gute Anderer nachahmt.

Wie du schon weißt, kannst du aus dir selbst nichts Gutes hervorbringen und das bedeutet,

wenn du dich für das Nachahmen von Gutem entscheidest, vervielfältigst du mein Wirken,

und das Reich Gottes gewinnt Raum im Leben Anderer.

Der Kampf gegen Mächte und Gewalten geschieht auf eine Art, die völlig unspektakulär

auf Erden sichtbar wird.

In Sanftmut und Demut kommt das Gute,

und mit dem Guten durch mich kommt der Friede,

und mit dem Frieden kommt das Himmelreich Gottes zu euch.

Einstiegsgebet:

Jesus ich will von dir lernen, denn du bist sanftmütig und von Herzen demütig.

Lehre mich das Gute zu leben, dass du in mir entfachst.

11. April

1. Timotheus 4,5

Es wird geheiligt durch Gottes Wort und durch das Gebet. (Einheitsübersetzung 2016)

Und der Heilige Geist sagt mir:

Lass dich nicht verführen, dass du "geistlicher als der Heilige Geist" bist.

Es gibt eine Gefahr, die darin besteht, dass du aus einer Beziehung Religion machst.

Nicht nur zwischen dir und mir, auch zwischen Menschen ist das möglich.

Arbeitskollegen, die du jeden Tag triffst, nimmst du dann nicht mehr als von mir geliebte

Geschöpfe wahr, sondern nur noch als Individuen, mit denen du dies und jenes zu tun hast.

Dein Hauskreis den du regelmäßig besuchst, wird nicht zur Kraftquelle,

sondern zur Institution. Gottesdienst ist dann Pflicht, nicht Freude.

Wenn du das bemerkst an dir, dann

hast du es mit einer finsteren Macht in deinem Leben zu tun, die sich Religion nennt.

Treib sie aus!

Du musst nämlich GAR NICHTS, nicht Gutes tun, nicht brav sein.

Ich habe dich zur Freiheit berufen und es ist dir alles erlaubt.

Zuerst musst du das begreifen und DANN kann ich dir erst zeigen,

warum manches in deinem Leben nicht gut ist. Ich hasse Zwang und Gefangenschaft.

Einstiegsgebet:

Sei mir gnädig und erlöse mich Gott! Aus allem mache ich ein System,

alles will ich schubladisieren (systematisieren, einordnen).

Ich wende mich dir zu und lasse mich von dir erneuern.

12. April

Maleachi 1,2

Ich habe euch geliebt, spricht JHWH. Aber ihr fragt: "Worin hast du uns geliebt?"

(Schlachter 2000)

Der Heilige Geist dessen der liebt sagt:

Es gibt nicht viel Schlimmeres für einen Liebenden,

als dass seine guten und ehrlichen Motive in Frage gestellt werden.

Womit soll man Beweisen wie man fühlt?

Soll man sich das Herz durchstoßen,

für seine Liebe sterben,

alles dem Schenken,

den man liebt?

All das habe ich getan und doch ist der Zweifel über meine Liebe da,

aber nicht nur das, du fragst auch: "Worin hast du mich geliebt?"

Wenn du doch sehen könntest,

fühlen könntest,

hören könntest.

Ich habe dich geliebt, und ich liebe dich beständig, spricht JHWH.

Einstiegsgebet:

Wenn ich nicht mehr gefangen bin in meiner Vorstellung, wie du sein sollst,

was du tun sollst um deine Liebe zu beweisen, kann ich begreifen, wie sehr du mich liebst.

Nimm den Stachel aus meinem Herzen Herr, der mich blind macht für deine Liebe.

13. April

Offenbarung 22,16

Ich, Jesus, habe meinen Engel gesandt, um euch diese Dinge für die Gemeinden zu bezeugen.

Ich bin die Wurzel und der Spross Davids, der leuchtende Morgenstern. (Schlachter 2000)

Der Geist sagt:

Jesus bezeugt, dass er Wurzel und Spross einer Person ist.

Er sagt: Ich bin Samenspender und Samen,

ich bin Urheber der Welt und aus dieser Welt gekommen.

Mach dir bewusst, Gott kann alles.

Er kann den Stein heben, der ihm zu schwer ist.

Er ist jederzeit alles in allem.

Das was du über Gott denkst kann richtig oder falsch sein,

aber eines ist sicher: Dein Denken ist zu klein, um ihn zu fassen.

Darum erlaube ihm, dein Leben zu regieren.

Er kann das.

Einstiegsgebet:

Anfang und Ende,

Herr aller Dinge, der sichtbaren und unsichtbaren Welt.

Ich preise dich, du hast dir alles wunderbar ausgedacht, alles, inklusive mir.

Ich erlaube dir mein Leben zu regieren.

Ich lege es vor dich hin.

14. April

3. Johannes 1,5

Mein Lieber, du handelst treu in dem, was du an den Brüdern tust,

auch an den unbekannten (Schlachter 2000)

Der Heilige Geist macht mich aufmerksam:

Es ist leicht jemanden zu lieben, den man nicht kennt,
denn das ist keine wahre Liebe, solange sie ohne Werke bleibt.
Aber wenn du, so wie Gajus (der Mann, der im Bibelvers von Paulus mit "Mein Lieber" angesprochen wird) deinen Besitz hergibst, deinen Lebensraum teilst mit Fremden, dann wird die Liebe praktisch, erlebbar und echt. Du lernst die fremdartigen Gewohnheiten kennen, die eigenartigen Ansichten und du darfst entscheiden, ob du lieben willst.
Wenn du dann für die Liebe entscheidest, dann öffnest du eine Tür in deinem Herzen und es wird Liebe durch dich fluten. Dann wirst du merken, dass du viel zu geben hast, denn aus dir heraus kannst du nichts, mit mir und durch mich hast du mehr und mehr und mehr und mehr und mehr. So kann die Liebe wachsen. Mach die Tür auf und sei mit dem Wenigen treu, das du denkst zu haben, ich verspreche dir, es werden alle satt, die Nahen und die Fernen, und es wird genug für dich übrig bleiben.

Einstiegsgebet:

Jesus, ich habe kapiert (begriffen), dass du der Vermehrer aller guten Gaben bist.
Du bist und bleibst treu, auch wenn wir untreu sind. Hilf mir, mich nicht zu verschließen durch Druck, Nöte, Verletzung, Enttäuschung, sondern treu zu bleiben und die Tür für Andere offen zu lassen, damit du mit deinen guten Gaben durchdringst.

15. April

Offenbarung 22,17

Und der Geist und die Braut sprechen: Komm!

Und wer es hört, der spreche: Komm! Und wen da dürstet, der komme;

und wer da will, der nehme das Wasser des Lebens umsonst! (Schlachter 2000)

Der Geist sagt mir:

Die Einladung an dich und die gesamte Menschheit zu allen Zeiten war und wird sein:

Lass dich nicht betrügen!

Kaufe nicht teuer Brot ein, das nicht zu essen ist,

und wenn du durstig bist, lass dir keinen Sand zu trinken geben, den du bezahlst.

Ich gebe dir Leben umsonst und wenn du durstig bist,

ich habe die Quelle des Lebens, komm her und trinke!

Meine durstige Braut soll getränkt werden, sie soll nie mehr durstig sein.

Sie kennt die Quelle und lädt alle ein.

Gemeinsam mit mir führt sie die Armen, Verwahrlosten, Hungrigen

und Durstigen zur Quelle und nur dort wird der Durst gestillt,

nur dort gibt es Leben im Überfluss!

Folge du meiner Einladung heute, sei von mir gesättigt und gib die Einladung weiter.

Einstiegsgebet:

Jesus, du Quelle allen Lebens, von dir lasse ich mich sättigen,

deine Worte sind Brot für die Seele und durch sie wird auch mein Körper satt,

denn der Vater weiß, dass wir das alles brauchen. Ich will dir vertrauen.

16. April

Markus 8,7

Sie hatten auch noch einige kleine Fische; und nachdem er (Jesus) gedankt hatte, gebot er, auch diese auszuteilen. (Schlachter 2000)

Der Heilige Geist macht mir ganz deutlich:

Jesus ist nicht gekommen, dass du überlebst.

Jesus ist nicht gekommen, dass du es irgendwie gerade noch schaffst.

Jesus ist nicht gekommen, damit es gerade mal in den Himmel reicht für dich.

Kennst du das Meer? Hast du gesehen, dass es bis zum Horizont reicht?

Wo hört der Himmel auf?

Der Himmel erzählt die Herrlichkeit Gottes. Die Sterne - wie viele sind sie? Sie erzählen das Werk seiner Hände.Wer hat dir eingeredet, dass Gott geizt mit seinen Gaben, dass es zum Sterben zu viel, aber zum Leben zu wenig ist? Die Geschenke Gottes sind wie das Meer und die Belohnungen Gottes wie der Himmel, und die Gaben Gottes wie die Anzahl der Sterne! Es sind die kleinen Fische, die Gott vermehrt hat, einige wenige, mit denen Gott die Menge ernährt hat. Brot ist überlebensnotwendig, aber Fisch ist gut, gesund, und macht das Picknick zu einer ganzen Mahlzeit.

Gott sorgt für dich.

Einstiegsgebet:

Du sorgst gut für mich. Gibst mehr als nötig. Du überschüttest uns mit Gutem.

Jesus lass mich die Fülle sehen die wir in dir haben. Du liebst ohne Ende, wie das Meer ist dein Erbarmen, deine Freude überströmend und dein Friede kann unseren Alltag erfüllen und wir können vertrauen, dass du gut für uns sorgst.

17. April

Jeremia 17,7

Gesegnet ist der Mann, der JHWH vertraut und dessen Zuversicht JHWH geworden ist!

(Schlachter 2000)

Der Geist JHWHs sagt mir:

Unerschütterlich und fest sind alle Zusagen JHWHs an dich.

Wahrhaftig und treu steht er zu dir.

Wir, Gott, Jesus und Geist, lieben dich.

Wir haben unsere Zukunft an dich geknüpft, entscheiden dich nicht zu vergessen.

Ist dir das bewusst?

Wenn JHWH deine Zuversicht ist,

baust du dein Vertrauen auf beständige, hartnäckige, unnachgiebige Liebe auf.

Diese Liebe kommt aus dem Erfinder des Lebens.

Ist er es nicht wert, dass du dem, aus dem alles ist, glaubst?

Er sagt - und ich der Geist bezeuge dir:

Gesegnet, hoch zu loben, beschenkt und mit großer Fülle des Lebens bist du,

wenn du das tust.

Einstiegsgebet:

Herr, ich glaube, hilf meinem Unglauben.

18. April

Apostelgeschichte 16,31

Glaube an den Herrn Jesus Christus und du wirst gerettet werden, du und dein Haus.

(Freie Übersetzung)

Der Heilige Geist sagt zu mir:

Menschen denken, Glauben und Vertrauen ist eine Sache des Herzens.

Ich aber sage dir, Glauben und Vertrauen ist eine Sache der Existenz, des SEINS.

Es hat nichts zu tun mit momentanen Erlebnissen, sondern mit einer fundamentalen Entscheidung. Jede Entscheidung zum Glauben hat weitreichende Folgen für dich, deine Familie und eure Zukunft. Kein Mensch ist für sich.

Ihr seid wie ein Geflecht, ähnlich einem Spinnennetz, miteinander verbunden.

Zieht man an einer Seite, spürt man es im ganzen Netz.

Deshalb hat absolut ALLES was du glaubst Konsequenzen, die deine Mitmenschen beeinflussen. ALLES. Es gibt keine unabhängige Entscheidung.

Es gibt nur Entscheidungen aus den vorbereiteten Werken Gottes, oder eben nicht.

Wir, dein Gott, haben dein Wohl und das Wohl aller im Sinn. Wenn du dich uns anvertraust, an Jesus glaubst, mehr als alles Andere und aus dem Fluss des Lebens heraus lebst, bringst du dieses Wohl in dein Leben und das Leben deiner Umgebung.

Wir lieben das Leben.

Einstiegsgebet:

Jesus, du liebst das Leben, voller Überfluss, voll Freude, Frieden und Gerechtigkeit.

In diesem Leben will ich voll Vertrauen schwimmen.

19. April

Apostelgeschichte 15,31

Und als sie (die Gemeinden) es gelesen hatten, freuten sie sich über den Trost.

(Schlachter 2000)

Der Trost ist:

Die Zeit des unschuldigen Blutvergießens ist vorbei,

keine Beschneidung am äußeren Menschen,

keine Religion und Satzung und Tradition

soll den Menschen in eine oberflächliche Form des Gottesdienstes zwingen.

Die Last Jesu ist ein williges, gehorsames Herz,

dass die Liebe kennt

und sich ohne Furcht dem heiligen Thronraum des Vaters nähert,

weil es die Gewissheit der absoluten Annahme durch das eben absolute Opfer Jesu hat.

Ein beschnittenes Herz liebt die Heiligkeit,

weil es den Trost erlebt hat, dass Jesus alle Lasten nimmt.

Einstiegsgebet:

Gott sei Dank,

für immer und ewig, dass Jesus sich verschenkt,

dass er uns den Zugang zum Heil und Heiligkeit leicht gemacht hat.

Niemals soll meine Seele die Liebe Jesu vergessen,

der bis in den Tod liebt für mich.

20. April

Markus 8,37

Oder was kann ein Mensch als Lösegeld für sein Leben geben? (Schlachter 2000)

Der Geist, der uns gegeben ist, sagt mir:

Ein Mensch kann nur geben, was ihm gegeben wurde!

Sei dir dessen bewusst, dass du nichts hast und nichts bist,

solange ICH nichts aus dir mache:

Ich nehme tote Materie und hauche Leben hinein, sodass ein Mensch ist.

Ich forme den Bauplan deiner Existenz.

Du bist, weil ich es wollte und ich sage, du bist sehr gut.

In deiner Anlage ist die vollkommene Verbindung mit mir.

Du bist geschaffen, um Teil eines großen Ganzen in Christus zu sein und es ist deine

Entscheidung zu jeder Zeit innerhalb des Bewusstseins deiner Abhängigkeit oder

außerhalb des Bewusstseins deiner Abhängigkeit zu Leben -

du bist und bleibst ein abhängiges Wesen,

denn Liebe macht sich abhängig, nicht auf eine krankhafte, sondern auf eine gesunde Art.

So wurde der Mensch geschaffen.

Nimmst du diese Wahrheit an, damit ich dir die Freiheit der Liebe zeigen kann?

Einstiegsgebet:

Die Abhängigkeit von dir befreit mich von jeder anderen Form der Abhängigkeit.

Danke Jesus für diese Erkenntnis.

21. April

Lukas 16,27

So bitte ich dich, Vater Abraham, dass du Lazarus in das Haus meines Vaters sendest.

(Freie Übersetzung)

Der Geist, der Leben bringt, spricht dazu:

Abraham, der Vater des Glaubens, hat seine ihm verheißenen Nachkommen gesehen, wie sie mit den Verheißungen von Gott umgegangen sind.

Sie murrten und jammerten, verloren ihr Land, weil sie selber Götter machten anstatt dem Einen - dem Gott Abrahams - zu glauben und zu vertrauen.

Sie wurden geschlagen im Krieg, vertrieben und versklavt.

Und immer wieder hat sich der Gott ihrer Väter erbarmt.

Abraham weiß aufgrund dieser Erfahrung, dass alle Zeichen und Wunder nur wenig im Herzen der Menschen bewirken - entweder ein Mensch entscheidet sich aufgrund eines Wortes, oder eben nicht.

Das ist auch heute noch so, und wird bis ans Ende dieser Zeit so sein.

Darum kommt zuerst der Glaube und dann das Wunder - nicht umgekehrt.

Weil Gott weiß, sobald der Glaube in ihn fest und unerschütterlich ist, bewirkt ein Zeichen oder Wunder Ermutigung und Freude.

Sollte das Zeichen oder Wunder als "Beweis" Gottes für irgendetwas sein, besteht die Gefahr, dass der Mensch nicht auf die Person Gottes vertraut, sondern die Auswirkungen der Person Gottes. Das bewirkt dann in Folge:

Hören die Wunder und Zeichen auf, hört der Glaube auf.

Gott aber will geliebt und angenommen sein, um das was er IST,

um seinetwillen, und nicht um das was er KANN.

Stell dir vor, du bist unendlich reich, würdest du wollen, dass die Leute die du liebst,

sich nur wegen deinen Möglichkeiten mit dir abgeben?

Sicher hast du kein Problem damit deinen Reichtum mit denen zu teilen,

die dich wirklich lieben.

Vertrauen/Glaube und Liebe gehören zusammen!

Einstiegsgebet:

Vater Gott, es ist schwer für mich zu unterscheiden, ob ich dich um deiner selbst willen liebe,

oder weil du so viel geben kannst, da ich ja abhängig bin von dir.

Schenke mir eine Liebe zu dir, die nichts erwartet, was unangemessen ist:

Reine, ungeheuchelte Liebe.

22. April

Psalm 38,23

Eile mir zur Hilfe, o Herr, mein Heil! (Schlachter 2000)

Der Geist Gottes sagt mir:

Oh wenn du doch begreifen könntest, dass du gar nichts brauchst, außer meine Hilfe.
Ich habe alles, ich bin alles, in mir ist alles was du jemals benötigen könntest.
Ich bin keineswegs die Hilfe zur Selbsthilfe, denn ich weiß, dass du es allein nicht schaffen kannst. Ich weiß auch, dass jede Hilfe die du außerhalb von mir suchst,
nicht bieten kann, was du erhoffst. Warum kommst du nicht gleich zu mir?
Lauf doch nicht im Kreis um am Ende dort zu sein, wo du am Anfang warst - nur enttäuschter und ausgelaugter. Meine Hilfe ist nachhaltig, meine Hilfe ist ganzheitlich.
Meine Hilfe ist zu 100% auf dich abgestimmt und meine Hilfe kommt nie zu spät.
Menschen können dir keinen dauerhaften Halt und Sicherheit oder Liebe geben.
Darum baue ganz auf mich. Ich bin dein Heil und kann dir ein festes Fundament bieten.
Ich halte dich, ich schütze dich, ich bleibe immer bei dir, ich liebe dich, ich trainiere dich, ich kenne dich, ich verstehe dich, ich will dich.
Meine Hilfe ist die Grundlage deiner Existenz, nicht die Krücke.
Berge dich in mir.

Einstiegsgebet:

Gott, ich bekenne, dass ich dich brauche. Ich brauche deine Hilfe mehr als mir bewusst ist.
Ich brauche dich mehr als irgendetwas oder irgendjemand sonst.
Verzeih mir, wenn ich an anderer Stelle suche, was nur du geben kannst.

23. April

Psalm 38,7

Ich bin tief gebeugt und niedergedrückt, ich gehe trauernd einher den ganzen Tag

(Schlachter 2000)

Der Heilige Geist sagt mir:

Wer behauptet, einem Nachfolger Jesu muss es immer gut gehen, lügt,

und wer behauptet, einem Nachfolger Jesu muss es immer schlecht gehen, lügt.

Hat der Herr deinen Mund fröhlich gemacht, so lobe den Herrn,

und wenn der Herr ich niederdrückt, dann stöhne und seufze und weine vor dem Herrn.

Bedenke in all dem, im nächsten Augenblick kann der Herr alles wenden,

dein Schicksal liegt ja in seiner Hand.

Du darfst sein wer du bist und du darfst sein wie du bist vor deinem Gott.

ER kennt deine Gefühle - was willst du vor ihm verbergen?

Deine Trauer wird sich in Freude verwandeln,

so sicher, wie die Sonne aufgeht am Morgen, nach der Nacht.

Dafür ist Jesus gestorben.

Du bist wertvoll.

Wir werden dich nicht im Staub liegen lassen.

Der Vater, der Sohn und ich - wir sind uns einig, den Menschen soll geholfen werden.

Einstiegsgebet:

Du hilfst mir auf. Ich will nicht so tun als wäre ich anders als ich bin.

24. April

Kolosser 1,5b+6

Das Wort der Wahrheit ist zu euch gekommen, und es ist auch in der ganzen Welt, bringt Frucht und wächst, auch in euch, von dem Tag an, an dem ihr die Gnade Gottes in Wahrheit gehört und erkannt habt. (Freie Übersetzung)

Der Geist sagt mir:

Das Wort der Wahrheit bringt Frucht - unaufhaltsam und beständig.

Wenn du das Wort aufnimmst, wird es wachsen und nichts und niemand kann es aufhalten.

Es hat seine eigene Zeit, niemand kann es voranbringen.

Es tut wozu es auf die Erde kam. Immer.

Sei nicht wie ein kleines Kind, das einen Samen in die Erde steckt

und dann nicht mehr von dem Platz weggeht, weil es die Pflanze wachsen sehen will.

Manche Samen brauchen 20-30 Jahre.

Willst du wirklich warten bis diese eine Saat aufgeht?

Oder leben und spielen und neue Samen setzen?

Vertrau mir, ich mache alles richtig.

Bei dir und bei den Anderen.

Einstiegsgebet:

Danke, dass dein Wort immer gute Frucht bringt

und danke, dass ich nicht verantwortlich bin wann und wie die Frucht aufgeht.

Sei du Herr über Wind und Erde, ich geh lieber spielen.

25. April

Kolosser 1,5b+6

... das Wort der Wahrheit des Evangeliums, das zu euch gekommen ist, wie es auch

in der ganzen Welt (ist) und Frucht bringt, so wie es auch in euch, von dem Tag an,

da ihr von der Gnade Gottes gehört und sie in Wahrheit erkannt habt. (Schlachter 2000)

Der Heilige Geist sagt mir:

Man kann die Gnade Gottes nur im Geist und in der Wahrheit hören und erkennen.

Dieses Wort ist in der Wahrheit und aus der Wahrheit.

In dir, der du diese Wahrheit gehört und angenommen und geglaubt hast,

lebt die Herrlichkeit der Ewigkeit.

Die Frucht ist sowohl in der Welt, als auch in dir. Das kann nicht verhindert werden.

Niemand kann sie dir nehmen, nichts kann sie zerstören.

Das Wort der Wahrheit wurde gepflanzt und die Frucht wächst.

Lass dir an meiner Gnade genügen, ich bin in den Schwachen mächtig.

Ich lasse dich hören und erkennen.

Glaube, vertraue und ruhe in diesem Vertrauen.

Niemand kann mich der Meinen berauben.

Ich bin groß und stark.

Einstiegsgebet:

Ja, ich will mir an deiner Gnade genügen lassen.

Du bist mir alles Herr.

Ich will aus Geist und Wahrheit leben und beten.

26. April

Jeremia 1,9

Und JHWH streckte seine Hand aus und rührte meinen Mund an;

und JHWH sprach zu mir:

Siehe, ich lege meine Worte in deinen Mund.

(Schlachter 2000)

Und der Heilige Geist sagt mir:

Nicht du hast mich erwählt, sondern ich habe dich erwählt.

Was ich will, das tue ich sagt JHWH.

Und weil ich bin, bist du was du bist,

und was ich will, kann ich in dir tun,

wenn ich dich anrühre, bist du verwandelt.

Aber ich setze meinen Willen nicht durch, um meines Rechts willen.

Ich gebrauche meine Macht nicht gegen dich, noch gegen deinen Willen,

sondern für dich und mit deiner Zustimmung.

Einstiegsgebet:

Danke Gott, dass du nicht manipulierst, deine Macht nicht gegen uns verwendest.

Du bist gekommen zu retten und zu heilen.

27. April

Jeremia 1,17a

...steh auf, sage ihnen alles, was ich dir befehle! (Freie Übersetzung)

Der Heilige Geist sagt mir:

Weißt du warum so viel Durcheinander ist,

bei all dem was die Leute - auch meine Kinder - glauben, dass ich sage?

Teilweise, weil ihr mit mir "Stille Post" spielt - das was ich dem Einen sage,

ist nicht verständlich für den Anderen, und so entstehen Missverständnisse.

Teilweise, weil die Person, der ich etwas sage, meint,

sie habe mich verstanden und gibt etwas weiter, das ich so nicht gesagt habe.

Teilweise, weil alles richtig verstanden wurde, aber nur die Worte,

nicht der Sinn.

Doch ohne Kommunikation geht es auch nicht, oder?

Einstiegsgebet:

Es tut mir leid Herr Jesus,

dass wir nicht richtig zuhören,

nicht genau lesen,

dich zu wenig kennen.

Danke, dass du die Kommunikation aufrecht erhältst

und danke, dass ich dadurch besser zuhören, genauer lesen, und dich mehr kennen lerne.

28. April

1. Johannes 3,20

Wenn unser Herz uns verurteilt, Gott ist größer als unser Herz und er weiß alles.

(Freie Übersetzung)

1. Johannes 3,16-23

Daran haben wir die Liebe erkannt, dass Er sein Leben für uns hingegeben hat; auch wir sind es schuldig, für die Brüder das Leben hinzugeben. Wer aber die Güter dieser Welt hat und seinen Bruder Not leiden sieht und sein Herz vor ihm verschließt - wie bleibt die Liebe Gottes in ihm? Meine Kinder, lasst uns nicht mit Worten lieben noch mit der Zunge, sondern in Tat und Wahrheit! Und daran erkennen wir, dass wir aus der Wahrheit sind, und damit werden wir unsere Herzen vor Ihm stillen, dass, wenn unser Herz uns verurteilt, Gott größer ist als unser Herz und alles weiß. Geliebte, wenn unser Herz uns nicht verurteilt, dann haben wir Freimütigkeit zu Gott; und was immer wir bitten, das empfangen wir von ihm, weil wir seine Gebote halten und tun, was vor ihm wohlgefällig ist. Und das ist sein Gebot, dass wir glauben an den Namen seines Sohnes Jesus Christus und einander lieben, nach dem Gebot, das er uns gegeben hat. (Schlachter 2000)

Der Heilige Geist zeigt mir:

Gott ist größer als unser Herz. Er weiß warum wir etwas tun oder lassen und was die Motivation unseres Herzens ist, warum wir wieder aufstehen.

Wenn unser Herz uns verurteilt, weil wir zu hart zu uns sind, oder weil wir nicht vergeben können - uns selbst und Anderen - dann spricht sein Wort und sein Geist uns zu: "Beruhige dich, sei still in meiner Liebe und meiner Annahme.

Wenn du dich selbst nicht magst: Ich liebe dich.

Wenn du unruhig bist, leg deine Last bei mir ab. Ich trage dich und deine Lasten."

Gott weiß, dass wir entweder ZU WENIG oder ZU VIEL von uns erwarten.

Er hat den RICHTIGEN MASSSTAB und er sagt:

"Wenn du tust, was mein Wort sagt und mir vertraust, dann ist die Wahrheit:

DU KANNST NICHT VERSAGEN.

Du kannst nur weiterwachsen in Freimütigkeit zu mir, mich mehr als Vater sehen,

mehr und mehr lernen noch mehr zu vertrauen,

noch mehr zu tun, was mein Wort sagt. Mehr und Mehr aus Liebe leben."

Einstiegsgebet:

Ich will mehr und mehr aus Liebe leben, es klingt verheißungsvoll

in Freimut zu dir kommen zu können und weiterzuwachsen.

Zeig du mir, was nötig ist, damit ich ruhig werde in dir.

Ich werde mir befehlen still zu werden und in deiner Liebe zu baden.

Wasche mich rein, meine Augen um zu sehen, und meine Hände um zu helfen.

29. April

Jesaja 26,16

Herr, in der Drangsal suchten sie dich, sie flehten leise in ihrer Bedrängnis,
als deine Züchtigung sie traf. (Schlachter 2000)

Der Heilige Geist sagt mir:

Erachte es als lauter Freude, wenn du in mancherlei Bedrängnis kommst, denn so wirst du geprüft und an der Prüfung wird erkannt, was wirklich in dir ist. So wie die Pickerl/TÜV Überprüfung beim Auto zeigt, ob es verkehrstauglich ist, zeigt meine Prüfung, ob das, was du gelernt hast, lebenstauglich ist. Verzage nicht in der Bedrängnis, denn sie ist nur ein Härtetest! Wenn die Prüfung kommt, bedeutet das, ICH traue dir zu, dass du die Prüfung schaffst. Ich war dein Lehrmeister, ich habe dich darauf vorbereitet. Traust du mir zu, dass ich auch weiß, wann du bereit bist für die Prüfung? Ich frage dich nicht um deine Meinung, ob du dich bereit fühlst, ich frage dich, ob du mir mehr vertraust als deinen Fähigkeiten, dich einzuschätzen. Ich weiß, dass du mit deiner Einschätzung daneben liegst, und wenn du versuchst die Prüfung mit deiner Kraft und deinem Wissen zu bestehen, ist das Ergebnis nicht mehr wert als ein Furz - lies einen Vers weiter in Jesaja. Aber ICH bringe dich zum Leben. In meiner Kraft und Weisheit und Autorität wirst du gute Frucht bringen.

Einstiegsgebet:

Jesus, ich mag Bedrängnis und Angst nicht, doch beides hast du vorausgesagt.
Doch du sagst auch, hab keine Angst, denn ich habe die Welt überwunden.
Ich gehe durch die Bedrängnis mit dir, und du bringst mich durch die Prüfung.
Du weißt was in mir steckt und ich vertraue auf das, was in dir steckt.

30. April

Jesaja 28,18a

Und euer Bund mit dem Tod wird außer Kraft gesetzt und euer Vertrag mit dem Totenreich hat keinen Bestand. (Schlachter 2000)

Und der Herr sagt:

Es muss dir klar sein, liebes Kind:

Was ich tue, das tue ich, und was ich nicht tue, das tue ich nicht.

Dein Gebet soll nicht sein: Herr, tue dies und tue das. Es sei denn ich zeige es dir.

Dein Gebet soll sein: Herr, dein Wille geschieht. Die Frage ist nur, ob du meinen Willen erkennen kannst und in meinem Willen bleiben kannst, auch dann, wenn er gegen all deine Vorstellungen und gegen deinen Willen ist. Hilf dir selbst, dann hilft dir Gott -

das sagt ihr, und das stimmt nur in einem Bereich: Gebet. Im Warten auf mich und meine Offenbarung empfängst du Kraft, und wenn du deine Freude, deine Leidenschaft, an mir hast, dann werde ich dir geben was dein Herz begehrt.

Wie das möglich ist? Durch das Gebet um meinen Willen, verändert sich dein Herz

- nicht meines - und du wirst wollen, was ich will und ich will dir ja alles Gute geben.

Wenn du nicht nach meinem Willen fragst, wirst du meinen Willen nicht erkennen,

und der Bund des Todes tritt in Kraft: Deine Selbstsucht zerstört dich und Andere.

Einstiegsgebet:

Danke, dass du den Bund des Todes durch Jesus außer Kraft gesetzt hast. Dein Wille geschehe. Ich will ruhen in dem Wissen, dass dein Wille sowieso geschieht.

1. Mai

Maleachi 2,5a

Mein Bund mit ihm war Leben und Frieden und ich verlieh im beides. (Schlachter 2000)

Der Geist Gottes sagt mir:

Ich bin es, der Frieden gibt, ich bin es, der dir persönlich Frieden gibt, aber ich bin es auch, der einem Land Frieden gibt.

Lass dich nicht vom Schein trügen, nur weil kein Krieg ist, ist noch nicht Frieden!

Friede beinhaltet Ruhe und Vertrauen in allem.

Friede bedeutet vollkommen Eins sein mit Gott.

Dafür brauchst du mich.

In mir hast du Leben und Frieden.

Einstiegsgebet:

Schenke uns echten Frieden, sei du mein Friede, sei du der Friede in meinem Land.

Jesus, sei du mein Friedefürst und mach mich zum Friedensbringer.

2. Mai

Maleachi 2,6

Das Gesetz der Wahrheit war in seinem Mund und nichts Verkehrtes wurde auf seinen Lippen gefunden, er wandelte mit mir in Frieden und Aufrichtigkeit und viele brachte er zur Umkehr von der Missetat. (Schlachter 2000)

Der Heilige Geist spricht zu mir:

Wer seine Zunge im Zaum hält und nichts Falsches sondern nur Recht spricht, ist ein wahrhaft vollkommener Mensch. Wie Adam und Eva wandelte Jesus mit Gott in Frieden und Aufrichtigkeit auf der Erde. Die Schöpfung atmete auf, als Jesus das Gesetz der Wahrheit verkündete und nun wartet sie voll Sehnsucht auf den Tag der Erfüllung. Jesus ist dieser vollkommene Mensch, sein Wort, er, das Wort, bringt die Umkehr. Hörst du das Wort?
Das Wort der Umkehr, das zur Sünderin spricht: "Ich verurteile dich auch nicht." Wer Ohren hat der höre! Und zum Gelehrten: "Du musst von neuem geboren werden."
Erkennst du es nicht, meine Liebe?
Das Wort der Wahrheit kannst du nicht annehmen ohne mich.
Ich bin der Geist der die Schlüssel zur Erkenntnis deiner Selbst gibt, dass du die Sünde, die Gesetzlichkeit und die Unbelehrbarkeit in dir siehst und umkehrst.
Du sollst geheilt sein von deiner Missetat, du bist die makellose Braut Christi.

Einstiegsgebet:

Vollkommener, wahrhaftiger und ewiger König Jesus! Von dir will ich gefunden und in deiner Liebe gegründet sein. Hebe mich zu dir empor, wie ein Bräutigam seine Braut, und nimm meine Hand. Ich will gebadet sein in Wasser und Öl, in Wahrheit und Geist.

3. Mai

Maleachi 2,9

Darum habe ich euch (die Priester) beim ganzen Volk verächtlich und unwert gemacht, weil ihr meine Wege nicht bewahrt, sondern bei der Anwendung des Gesetzes die Person anseht. (Schlachter 2000)

Der Heilige Geist sagt:

Ich warne dich, in dem Bereich, in dem du meine Gebote nicht beachtest, und eigennützige Motive über mich stellst, wirst du fallen.

Das ist Hochmut, zu denken, du kannst es besser oder du bist besser, denn was du kannst, habe ich dir gegeben und was du bist, ist ein Geschenk.

Verachte niemand!

Einstiegsgebet:

Jesus, du bist für alle Menschen gestorben, lässt auf alle regnen und die Sonne scheinen.

Deine Gnade ist beständig.

Vergib mir Hochmut und Verachtung. Bitte nimm dich meiner an.

4. Mai

Jesaja 60,20b

Die Tage deines Trauerns werden ein Ende haben. (Elberfelder 1871)

Der Heilige Geist fragt mich:

"Ist dein Bräutigam da?"

Meine Antwort ist: "Nein, nur in meinem Herzen."

Der Heilige Geist sagt mir:

Ja das ist so. Deshalb hast du noch Leid und Trauer und Angst,

weil dein Bräutigam noch nicht da ist.

Voller Freude, Hoffnung und Sehnsucht wartest du auf sein Kommen.

Du weißt, er wird dich nicht sitzen lassen.

Noch hat dein Bräutigam nicht alles wiederhergestellt, und darum faste und bete.

Nimm die Not deiner Familie auf, und bringe sie zum Königshaus.

Als Verlobte hast du alle Rechte.

Einstiegsgebet:

Ich werde mich als würdige Braut erweisen.

Jesus ist meine Hoffnung für die Menschen.

5. Mai

Jesaja 26,3

Einem festen Herzen bewahrst du den Frieden, den Frieden, weil es auf dich vertraut.

(Schlachter 2000)

JHWHs Geist sagt mir:

Wer auf mich vertraut und dabei bleibt,

der bewegt sich in seinem Geist dort wo mein Geist ist.

In der Atmosphäre des Himmels, das ist ein Teil des Reiches Gottes, gibt es keine Zweifel.

Durch den Glauben überquerst du die Brücke in mein Königreich, dort bist du bewahrt

von mir in Frieden, Hoffnung, Geduld, Erkenntnis Gottes, Ruhe und Selbstbeherrschung.

All das gehört schlicht und ergreifend zur guten Luft in meinem Reich,

die von meiner Gegenwart erfüllt ist.

Gibst du der Lüge Raum in deinem Denken, zweifelst du und gehst über die Brücke zurück,

in die natürliche, sterbliche, materielle Welt des Vernunftdenkens,

das fleischliche Sicherheit braucht. Das führt zu Sorge, Unruhe, Rastlosigkeit

- also Stress, Triebhaftigkeit - die zu Süchten führt, Anklage und in Folge Selbsthass.

Stück für Stück verlierst du dann Friede, Freude und die Hoffnung,

weil sie dir in der schlechten Umgebung geraubt werden.

Trainiere dein Denken an meine Zusagen zu binden, sodass dein Herz stabil auf mich schaut.

Einstiegsgebet:

Du prüfst mein Herz, ob es fest ist, Herr, ich halte an deinem Wort fest, zeige mir die Lügen,

die sich eingeschlichen haben und mir das Leben rauben wollen.

6. Mai

Jesaja 26,4

Vertraut auf JHWH allezeit, den Jah, JHWH ist ein Fels in Ewigkeiten. (Schlachter 2000)

Und der Heilige Geist sagt mir:

Vertrauen kannst du nur jemandem, den du kennst.

Jemandem zu vertrauen, den du nicht kennst, ist Leichtsinn.

Vertrauen hat mit vertraut sein zu tun.

Gott erwartet nicht, dass du in dem vertraust, was neu ist, wenn es keine Fallbeispiele gibt, du der oder die Erste wärst, wo Gott Vertrauen verlangt. Nur das gibt es nicht. Nicht bei euch. Was ich bei euch tun möchte, habe ich zigmal getan, ich habe mich bewiesen und als treu erwiesen. Wenn du jemanden beauftragst ein Bild zu malen, kennst du schon seine Bilder und sie gefallen dir. Du kennst mein Werk schon, du weißt was ich tun kann, du weißt was ich vorhabe - nicht im Detail, doch genug, dass Vertrauen wachsen und bleiben kann.

Du weißt, ich bin der Fels der Ewigkeiten, den ICH BIN ist mein Name,

ich bin der Herrscher der Heerscharen und hast du es bemerkt:

Ich bin Jahwe, aber dir stelle ich mich mit meiner Kurzform vor, meinem Spitznamen.

Weil ich mir wünsche, dass du mir vertraust, weil du mich kennst und liebst.

Einstiegsgebet:

Es gibt viele ungleiche Freundschaften, die Freundschaft zwischen dir, Gott und den Menschen ist so eine. Lass diese Freundschaft wachsen, du magst uns, bist für uns.

Ich darf Jah zu dir sagen... mein Freund.

7. Mai

Jesaja 26,5

Denn er hat erniedrigt die Bewohner der Höhe, die hochragende Stadt, er hat sie niedergeworfen, er hat sie zu Boden gestürzt, hat sie herabgestoßen bis in den Staub.

(Schlachter 2000)

Und der Heilige Geist sagt mir nichts dazu.

Deshalb kommt jetzt das Einstiegsgebet und er spricht vielleicht später.

Einstiegsgebet:

Jesus, es heißt Hochmut kommt vor dem Fall. Du warst nicht hochmütig, du warst demütig und bist vom Vater bestätigt und erhöht worden. Lieber beuge ich meine Knie in Demut vor dir - denn du bist mir Freund und Bruder, aber du bist auch König und Erlöser - als dass ich zu Boden gestoßen werde. In vielem gebe ich dir nicht die Ehre die dir gebührt, verzeih. Doch jetzt, in diesem Moment gebe ich dir alles Lob, das ich habe; denn du bist gewaltiger Herrscher, Schöpfer aller Dinge, wunderbarer Heiland, einzigartiger, einzig wahrer Gott und König über alles, die sichtbare und unsichtbare Welt, und jedes Knie wird sich beugen vor dir. Ich will meine Niedrigkeit erkennen, nicht schmeicheln oder schönreden. Du siehst mein Herz und kennst mich besser als ich mich selbst. Prüfe du mein Herz, Herr, erforsche mich, ob ich wahrhaftig bin vor dir und nimm alle Ungerechtigkeit aus mir, so dass ich dir mit reinem Herzen diene. Aus Liebe, aber auch aus der Anerkennung,
dass du größer, mächtiger und ehrfurchtgebietend bist.

Der Heilige Geist antwortet:

Sich zu demütigen und vor Gott zu beugen, bedeutet sich seiner Güte anzuvertrauen. (Sela)

8. Mai

Apostelgeschichte 6,8

Und Stephanus, voll Glauben und Kraft, tat Wunder und große Zeichen unter dem Volk.

(Schlachter 2000)

Und der Heilige Geist sagt zu mir:

Anita, versuche nicht, Glauben zu ergründen.

Frage nicht, wie es funktioniert. Glaube funktioniert nicht, ist keine Maschine,

dessen Parameter du messen kannst, Glaube hat keine Skala.

Großer Glaube ist nicht messbar, wie du es gerne hättest. Glaube ist vergleichbar mit einem Abenteuer, du weißt nicht was kommt, und wie. Du gehst einfach drauf los, ohne Karte, ohne Kompass, auf einem Weg, den jemand nur für dich in die Landschaft gezeichnet hat. Du weißt nicht, was hinter dem nächsten Berg liegt, noch wo der Weg hingeht.

Großer Glaube ist der Mut, singend und mit festem Schritt ohne Zaudern und Zögern diesen Weg zu gehen. Dieser Weg ist Jesus und die Entscheidung mutig diesen Weg zu gehen, ändert gar nichts daran, dass du nicht weißt, wo er hingeht, aber es ändert deine Einstellung zum Weg und zu dem was dir auf dem Weg begegnet, weil du das Ziel kennst.

Und du hast die zuversichtliche, unerschütterliche Hoffnung: Der Weg führt zum Vater.

Einstiegsgebet:

Herr Jesus, lass mich voll Glauben und Kraft deinen Weg gehen,

meinen Weg auf dir (dem Weg), aufgebaut auf deine Taten, dir nachfolgend, mit dir.

Ich will mutig diesen Lebensweg gehen, den du für mich vorherbestimmt hast,

denn ich vertraue dir, ich weiß deine Wege sind gut für mich.

9. Mai

Johannes 7,3

Da sprachen Jesu Brüder zu ihm: Brich doch auf von hier und zieh nach Judäa, damit auch deine Jünger die Werke sehen können, die du tust! (Schlachter 2000)

Und der Heilige Geist sagt mir:

Siehst du die Geschichte Josephs in den Worten der Brüder Jesu?

Jesus war seinen Brüdern peinlich und sie scheuten nicht davor zurück, ihm einen möglicherweise tödlichen Rat zu geben. Jakobus, der Bruder Jesu, der Verfasser des Jakobusbriefs im Neuen Testament war auch dabei. Er hat Vergebung angenommen.

Den eigenen Bruder hintergehen und verraten, und doch gilt Jesu Opfer auch für ihn, den Bruder, der unter einem Dach mit ihm lebte und ihm den Tod wünschte. Fühlst du dich ausgeschlossen, bist du denen die dich lieben sollten, peinlich oder nervig? Du bist in bester Gesellschaft. Jesus versteht dich. Dein Schmerz ist ihm nicht unbekannt. Ablehnung und Zurückweisung ist ihm sehr vertraut. Er kann trösten wie kein Anderer, er versteht deine Not.

Einstiegsgebet:

Jesus, niemand kann uns mehr verletzen, als die Menschen, die wir lieben. Lass uns miteinander reden wie Leidensgenossen. Dir ist mein Schmerz nicht fremd. Ich bin enttäuscht, traurig und wütend über das Unrecht, das mir angetan wurde. Es ist falsch und gemein. Ich entscheide zu vergeben, mit deiner Hilfe. Aber Jesus, auch mir ist manchmal jemand den ich lieben sollte, peinlich oder nervig. Auch ich habe dich ausgeschlossen, indem ich ausschließe, die du liebst. Wenn ich mir wünsche, dass jemand nicht da ist, ist es fast so als würde ich ihm den Tod wünschen. Trotzdem gilt auch mir deine Vergebung.

10. Mai

Philemon 1,3

Gnade sei dir und Friede von Gott, dem Vater, der uns gegeben ist,

und dem Herrn Jesus Christus. (Freie Übersetzung)

Der Heilige Geist sagt mir:

Der Vater gibt Identität, der Sohn gibt Freiheit.

Es gibt Frieden der natürlichen Art, und Frieden der übernatürlichen Art.

Wir lassen euch den natürlichen Frieden, und schenken euch den Frieden

in der Identität und Freiheit zu Ruhen, in dem Frieden übernatürlicher Art.

Diesen Frieden, den man nur in der Gnade empfangen und leben kann.

Meine Gnade, sagt Jesus, überströmt alles Schwere in deinem Leben,

und durch diese Gnade strömt die Liebe.

Einstiegsgebet:

Schenk mir mehr Erkenntnis über deine Gnade,

dass ich in ihr und aus ihr heraus Leben kann.

Vater gib uns deinen Frieden.

Dein Friede sei mit uns in allem, Jesus.

11. Mai

Jakobus 1,3

...da ihr ja wisst, dass die Bewährung eures Glaubens standhaftes Ausharren bewirkt.

(Schlachter 2000)

Der Heilige Geist fragt mich:

Anita, wünscht du dir nicht unerschütterliche Standhaftigkeit in deinem Glauben?

Natürlich wünschst du dir das.

Warum bist du dann so "upset" (englisch für: aufgebracht, verärgert)

über die Bewährung deines Glaubens durch Prüfungen?

Ich denk mir "Touché" (französisch für: Volltreffer, Erwischt!),

da ich mich bei Gott beschwert habe, warum mein Leben nicht einfacher sein kann...

Einstiegsgebet:

Ich will und ich werde, durch deine Gnade Herr Jesus,

mit der Hilfe des Heiligen Geistes,

und wenn nötig der Unterstützung des Vaters durch Engel,

aber auf jeden Fall mit seinem Wohlwollen, jede Prüfung irgendwann bestehen,

weil ich glaube, was du sagst, Gott.

Ich werde dieses standhafte Ausharren haben.

In Jesu Namen.

Amen

12. Mai

Epheser 4,16

Von Christus aus vollbringt der ganze Körper, zusammengefügt und verbunden durch alle Gelenke, einander zu helfen (Handreichungen zu tun) nach dem Maß der Leistungsfähigkeit jedes einzelnen Gliedes zur Auferbauung in Liebe. (Freie Übersetzung)

Der Heilige Geist sagt mir:

Das ist eine Herzenssache, keine Kopfsache. Das heißt, wenn es dich am Unterschenkel juckt, wirst du dir nicht überlegen, ob es jetzt vernünftig ist zu kratzen. Außer, du hast nicht die Freiheit dazu. Wenn du nämlich gerade in einer wichtigen militärischen Übung bist und du strammstehen musst, kann dein Verstand dich zu Selbstbeherrschung zwingen, damit du dich nicht kratzt. Das ist aber eher die Ausnahme als die Regel.

Sag mir, woran liegt es, dass du kaum Erbarmen hast mit meinem Leib?

Ich habe mich mit euch verbunden, damit der Leib zusammengefügt ist, in Liebe.

Ich gebe dir Leistungsfähigkeit, zur Erbauung, zur Ermutigung für den ganzen Leib, doch ich erlebe, dass die eine Zelle, durch mich gesegnet zum Verteilen, so fett wird, dass sie krank wird, und die Zelle gleich daneben verhungert, als wäre SIE ein Krebsgeschwür, das ausgehungert werden muss, und alle rundherum schauen zu.

Das ist eine Herzenssache. "Liebst du mich?" fragt Jesus, "dann liebe deine Brüder."

Einstiegsgebet:

Jesus, verzeih mir mangelnde Liebe und Erbarmen, weil ich Not gesehen habe und mich gefragt habe, ob es vernünftig ist zu Helfen - anstatt einfach ohne nachzudenken das Richtige zu tun.

13. Mai

1. Mose 22,8a

Und Abraham antwortete: "Mein Sohn, Gott wird für ein Lamm zum Brandopfer sorgen."

(Schlachter 2000)

Und der Heilige Geist spricht zu mir:

Schau welches Vertrauen Abraham hatte! Er wusste, dieses Kind ist meine Verheißung.

Und er hat gewusst, Gott kann alles. Gott wird für alles sorgen.

Du verstehst Gott nicht? Sorge dich nicht, er sorgt für dich!

Manche sagen: "Ich warte seit Jahren, dass sich meine Verheißung erfüllt."

Warte weiter, mit Zuversicht, denn Gott ist treu.

Manche sagen: "Ich habe noch nicht einmal eine Verheißung!" Bete und arbeite,

der Herr wird dir geben, was dein Herz begehrt, denn an ihm wirst du deine Freude haben.

Und manche sagen: "Gott hat mir gegeben, aber Gott hat es mir nicht erhalten."

Lobe den Herrn, denn du bist erwählt; sei bereit das Beste zu opfern, lass los,

denn dann erst bist du bereit für die Segnungen des Herrn.

Einstiegsgebet:

Du bist gut, du bist gut zu mir.

Nicht nur theoretisch, sondern auch ganz praktisch. Du wirst

1. dafür sorgen, dass ich täglich habe was ich brauche und

2. das tun, was du versprichst, damit die Welt dich sehen kann.

Danke, mein Gott.

14. Mai

Maleachi 3,7b

"Kommt zurück! Dann werde ich mich euch zuwenden", spricht JHWH der Heerscharen, aber ihr fragt: "Wo sollen wir umkehren?" (Freie Übersetzung)

Und der Heilige Geist sagt mir dazu:

Was fehlt, ist die geistliche Beurteilung auf geistliche Art. Warum sonst muss das Volk fragen: Wo sollen wir umkehren, was haben wir denn getan? Aber hab Mut! Gott selbst wird dich lehren. Er beantwortet die Fragen des Volkes und ich liebe es dir die Fragen des Glaubens zu beantworten. Der Schlüssel liegt in der Umkehr. Ich verhalte mich wie der abgelehnte Liebhaber. Zwei bis drei Mal versucht er seine Traumfrau für sich zu gewinnen, manchmal sogar ein viertes Mal, aber dann, wenn sie nicht will und auf sein Werben nicht eingeht, wendet er sich ab. Merkt sie dann, dass sie einen Fehler gemacht hat, muss sie den ersten Schritt machen, sonst hat sie verloren. Ein selbstbewusster Mann wird nicht noch einmal auf sie zugehen, bis sie sich gedemütigt hat und deutlich Interesse zeigt. Ich bin ein Gott, nicht dein Schoßhund! Wie oft habe ich Gnade gezeigt und bin dir nachgegangen, weil ich wusste, du kannst nicht. Aber wenn du kein, oder wenig Interesse an mir hast, warum sollte ich dir nachlaufen? Nur wenn du deine Dummheit einsiehst, und du dich mir zuwendest - wie gerne wende ich mich dir auch wieder zu! Denn ich liebe dich von Grund auf!

Einstiegsgebet:

Heiliger Geist, wir haben dich missachtet und sogar missbraucht. Wir haben deinen Namen in den Schmutz gezogen. Ich habe all das getan. Ich habe dich nicht in Ehren gehalten. Ich habe geredet, wenn ich schweigen hätte sollen, und geschwiegen, wenn ich reden sollte. Bitte wende dich mir wieder neu zu, wende dich uns wieder neu zu.

15. Mai

Epheser 3,8

Mir, dem Allergeringsten unter allen Heiligen, ist diese Gnade gegeben worden, unter den Heiden den unausforschlichen Reichtum des Christus zu verkündigen. (Schlachter 2000)

Der Heilige Geist spricht zu mir:

Jeder, der diese seine Gnade empfängt, weiß, dass er der Allergeringste
unter allen Heiligen ist, weil er die allergrößte Gnade empfangen hat.
Die Gnade die dir erwiesen wurde, ist die Größte für dich, weil sie sich DEINER erbarmt und dich sieht, erlöst und liebt. Und beschenkt, denn die Liebe hat viel zu geben. Sie hat grenzenlose Ideen, wie sie den Anderen erfreuen kann, begeistern kann, den EINEN,
denn die Liebe sieht die Person, nicht die Menge. Der unerforschliche Reichtum des Christus besteht in der grenzenlosen Hingabe seiner Selbst. In unerschütterlicher Fürsorge besteht sein priesterlicher Dienst als Fürsprecher für die SEINEN. Jeden Einzelnen sieht er,
als würde es keinen Anderen geben. ER ist NUR FÜR DICH DA. VOLLKOMMEN auf deiner Seite. ER ist das Gegenteil vom Verkläger. Er hat nichts anzuklagen, vorzuwerfen, vorzuhalten, denn er hat alle Anklage, jeden Vorwurf, jede Vorhaltung die dir galt und jemals gelten wird auf sich genommen. ER stellt sich schützend vor dich.
ER verteidigt dich nicht, nein, er trägt deine Schuld. Und du erbst seinen Reichtum.

Einstiegsgebet:

Geliebter Jesus, jeder weiß, dass ich deiner nicht würdig bin. Und jeder weiß,
dass ich um deinetwillen angenommen bin. Was kann ich sagen, außer DANKE?
Niemals werden meine Worte reichen, für alles was du gibst.

16. Mai

2. Thessalonicher 3,13

Ihr aber Brüder, werdet nicht müde Gutes zu tun. (Schlachter 2000)

Der Heilige Geist sagt mir:

Nur durch die Auferstehung kannst du wahrhaft Gutes tun.

Lass die Kraft Gottes in dir wirken, nichts sonst schafft das Gute, das du tun kannst.

Deine Aufgabe ist es, die Kraft Gottes wirken zu lassen, mehr nicht.

Das ist mehr als genug.

Es ist mit dem Verstand nicht fassbar.

Lass mich einfach wirken.

Einstiegsgebet:

Heiliger Geist ich bitte dich um deine Kraft in meinem Leben. Komm du,

der du wehst wie du willst.

In Jesu Namen bitte ich.

Aufgabe:

Nimm dir mindestens 5 Minuten Zeit um die Gebiete in deinem Leben aufzuschreiben,

wo du Gottes Kraft brauchst, wo du müde geworden bist.

Gott wird dir in diesen Gebieten begegnen. Ich rufe seine Herrschaft aus über diese Gebiete.

17. Mai

Ruth 2,3a

Und so ging sie (Ruth) hin, kam und las Ähren auf dem Feld, hinter den Schnittern her. (Schlachter 2000).

Und der Heilige Israels sagt mir durch seinen Geist:

So wie Ruth ging und diese mühsame Arbeit tat,

so rufe ich auch dich, eine Ähre nach der Anderen aufzuheben.

Denn aus viel wird wenig, und aus wenig wird viel.

Wenn du denkst du bist arm, und deine Mühe wird wenig Ertrag bringen,

so hoffe auf den Herrn der Ernte. Er wird dir das Wenige vervielfachen.

Jede einzelne Ähre sieht er, jeden Handgriff honoriert er.

Nichts was du für ihn tust, bleibt vor ihm verborgen,

alles was du aus Liebe tust, wird Segen bringen, so wie bei Ruth.

Einstiegsgebet:

Danke für die Geschichte von Ruth.

Danke, dass du diese moabitische Witwe so gesegnet hast

für ihre Treue und Liebe zu dir, und deinem Volk.

So wie mit ihr, handelst du mit allen, die dich lieben Jesus.

18. Mai

2. Könige 6,1

Und die Prophetensöhne sprachen zu Elisa:

Siehe der Ort, an dem wir wohnen ist uns zu eng! (Freie Übersetzung)

Und der Geist der Herrlichkeit spricht zu mir:

Ich habe dein Gebiet erweitert.

Ich habe dich aus der Enge herausgerufen,

sodass du neue Wege gehen, neue Dinge tun,

und an einen anderen Ort gehen musst.

Halte Ausschau nach dem Guten.

Wenn man Ausschau hält, ist der Blick nach vorne gerichtet.

Hab keine Angst vor dem Neuen, denn es ist gut, weil ich gut bin.

Einstiegsgebet:

Danke für deine guten Pläne mit einem untreuen Geschlecht.

Die Menschen sind nicht gut, ich bin nicht gut, aber du machst alles gut, auch mich.

19. Mai

1. Thessalonicher 4,1

Weiter nun, ihr Brüder, bitten und ermahnen wir euch in dem Herrn Jesus,
dass ihr in dem noch mehr zunehmt, was ihr von uns empfangen habt,
nämlich wie ihr wandeln und Gott gefallen sollt. (Schlachter 2000)

Und der Heilige Geist fragt mich:

Bist du ein Vorbild?
Was empfangen deine jüngeren Glaubensgeschwister von dir, wie sie wandeln und Gott gefallen sollen? Es gibt immer jemanden, der jünger im Glauben ist als du. Sei eine Ermutigung, die bittet und ermahnt auf dem Weg des Glaubens an Jesus, noch einen weiteren Schritt zu tun. Vielleicht einen ganz kleinen Schritt.
Manchmal gibt es ganz kleine, aber sehr mutige Schritte, zum Beispiel auf einer Hängebrücke: Ein zu großer Schritt bringt nicht nur dich, sondern auch Andere ins Schwanken. Denk nicht zu groß von dir, ich habe Verständnis für kleine Schritte. Denk nicht zu klein von dir, viele kleine, aber sichere Schritte führen auch zum Ziel. Dein Leben mit tausend kleinen, aber unbeirrbaren Schritten kann eine große Ermutigung sein für viele, die deinen Pfaden folgen auf dem Weg zur Errettung.

Einstiegsgebet:

Danke Herr Jesus, dass deine Geschwindigkeit meine Geschwindigkeit ist und dass du es nicht eilig hast. Danke, dass du mir Ermutiger gibst, die mir zeigen, wie ich Glaubensschritte gehen kann, dass ich Glaubensschritte gehen kann. Im Glauben nehme ich an, dass mein Vater Freude an mir hat, und ich ein Vorbild deiner Nachfolge bin durch dich Jesus.

20. Mai

2. Könige 25,27

Und es geschah im 37. Jahr der Wegführung Jojachins, des Königs von Juda, im zwölften Monat, am 27. des Monats, da erhob Ewil-Merodach, der König von Babel, in dem Jahr, als er König wurde, das Haupt Jojachins, des Königs von Juda, und führte ihn aus dem Gefängnis. (Elberfelder 2006)

Und der Geist Gottes spricht zu mir:

Du weißt nie was kommt. Du weißt nie was vor dir liegt. Ich verberge deine Zukunft vor dir, weil ich dein Vertrauen gewinnen möchte, und wenn ich dir deine Zukunft offenlege, dann weil ich dein Vertrauen gewinnen möchte. Was wann wie passiert liegt vollkommen in meiner Hand und ich habe Zeit und Zeitpunkte längst vorherbestimmt. Mein Ratschluss steht fest, und meine Pläne sind unveränderlich. Das hat nichts damit zu tun, dass du Entscheidungen triffst, die ich nicht beeinflusse. Du musst wissen, was du willst - mir nachfolgen in allem, oder nicht, ob du mit mir reden willst, oder nicht. Das ist deine Entscheidung. Ich kenne dich nur schon und ich weiß, was du denkst, bevor du es denkst und treffe meine Entscheidungen aufgrund dessen was ich weiß. Aber das ist dir zu hoch. Für dich ist nur wichtig zu wissen: Ich habe alles in der Hand. Du kannst mir vertrauen, und ich will deine freie Entscheidung.

Einstiegsgebiet:

Vater Gott, du willst meine Entscheidung, du begegnest mir auf Augenhöhe,
obwohl du so groß bist und ich so klein, in jeder Hinsicht. Meine Entscheidung ist:
Ich will dir Jesus nachfolgen, ich will dir mehr vertrauen, dich mehr lieben,
die Kommunikation mit dir nie unterbrechen.
Ohne deine Hilfe kann ich das nicht, bitte hilf mir dabei. Danke für dein Ja zu mir, Gott.

21. Mai

1. Chronik 15,17

Da bestellten die Leviten Heman, den Sohn Joels, und von seinen Stammesgenossen Asaph, den Sohn Berechjas, und von den Nachkommen Meraris, ihren Stammesgenossen, Ethan, den Sohn Kusajas. (Textbibel 1899)

Und wieder fragt der Heilige Geist mich:

Wer sind alle diese Männer? Habe ich sie nicht geschaffen? Habe ich sie nicht begabt und ihnen Gunst unter ihrem Volk gegeben? Kann irgendjemand etwas gegen meine Vorsehung tun? Wir haben sie geschaffen, wir haben sie begabt, unser Ratschluss war es. Und so wie damals ist es heute. Kein einziges Haar fällt auf dieser Erde zu Boden, ohne dass wir es nicht zuvor schon gewusst hätten und es zugelassen haben. Es gibt einen guten Grund warum der Vater, Gott der Schöpfer, bedingungsloses Vertrauen einfordern kann.

Er weiß absolut alles über dich, kannte deine Vorfahren bevor sie geboren wurden zurück bis zu Sem, Ham und Jafet. So hat er es geplant, dass du heute bist, wer du bist und wie du bist.

Kennst du deine Ur-Ur-Urgroßeltern? Kannst du mir ihre Lieblingsspeise nennen?

Ich schon. Ich kenne dich. Du kannst mir vertrauen und gehorsam sein,

denn ich weiß was das Beste für dich und diese Welt ist,

ich habe sie ja gemacht und ich liebe sie, meine Schöpfung ist mir nicht egal.

Einstiegsgebet:

Ich beuge mich in Demut vor dir, allmächtiger Gott!

Ich ringe um Vertrauen, obwohl mein Verstand begreift, du bist wirklich vertrauenswürdig.

Du willst erhalten, was du liebst und geschaffen hast.

22. Mai

1. Chronik 17,27

David sprach: So lasse es dir nun wohlgefällig sein, das Haus deines Knechtes zu segnen, dass es ewiglich vor dir sei; denn was du, JHWH, gesegnet hast, das ist auf ewig gesegnet! (Schlachter 2000)

Und der Heilige Geist sagt mir:

Sämtliche Gaben des Himmels wurden in Christus über dich ausgeschüttet.
Nur Gutes wird vor Gott über dich gesprochen. Laut Gesetz ist nichts Anderes zulässig.
Als angenommenes Kind bist du völlig gerechtfertigt. Für ewig, also alle Zeiten, bist du gesegnet, das heißt rechtlich gesprochen stehen der Braut Christi, von der du ein Teil bist, alle Besitztümer des Himmels, des Königreichs Gottes, zu. Es war JHWH wohlgefällig, das Haus Davids auf ewig bei ihm zu haben. Jesus kommt aus dem Haus Davids. Er ist der rechtmäßige Erbe und du, ekklesia (griechisch für: die Herausgerufene) des Höchsten, bist seine Braut. Und als Brautleute teilt man alles was man hat. Deine Schulden hat dein Bräutigam beglichen, und sein Reichtum ist unermesslich groß. Jesus hat Gefallen an dir.
Er fühlt sich wohl in deiner Nähe. Dem Gesetz ist Genüge getan. Nun kann er seine Liebe genießen. Er hebt deinen Kopf, sodass du sein Gesicht anschauen kannst.
Davids Gebet hat sich erfüllt. Wir erwarten die Erfüllung von Jesu Gebet.

Einstiegsgebet:

Danke für deinen Tod Jesus, den du an meiner statt durchlitten hast, das Lösegeld, dein Blut, das für deine Braut, von der ich Teil bin geflossen ist. Danke für deine Liebe, die stärker ist als der Tod, sodass er dich nicht halten konnte. Für alle Zeit und Ewigkeit bin ich dein.

23. Mai

Jeremia 3,15

Und ich will euch Hirten nach meinem Herzen geben,

die sollen euch weiden mit Erkenntnis und Einsicht. (Schlachter 2000)

Der Geist des Guten Hirten sagt mir:

Ich kann durch alles reden. Ich kann dich durch die Umstände deines Lebens führen,

und ICH führe dich durch die Umstände und ich FÜHRE dich durch die Umstände

und ich führe DICH durch die Umstände und ich führe dich DURCH die Umstände

und ich führe dich durch DIE UMSTÄNDE. (Sela)

Ich bin Gott. Ich kann alles. Und bei meinen Schafen überlasse ich NICHTS dem Zufall.

Ich finde dich. Ich finde dich, denn ich suche, bis ich gefunden habe.

Mehr Vertrauen in meine Fähigkeiten würde zu weniger Not in deinem Leben führen,

denn dann könntest du dich unter allen Umständen freuen, weil ich in allen Umständen bin

und deine Umstände nie das letzte Wort haben. Das letzte Wort habe nämlich ich.

Das ist Einsicht und Erkenntnis.

Sei einsichtig und erkenne, dass ich Gott bin, denn du sollst meine Schafe weiden.

Einstiegsgebet:

Jesus, du hast große Pläne mit mir, ich soll deine Schafe weiden. Du führst mich

durch widrige Umstände hindurch, und du führst mich durch die Umstände.

Meine Lebensumstände müssen deinen Plänen dienlich sein,

und ich verlasse mich darauf, dass du mich findest, wenn ich mich verlaufen habe.

In meinem Leben überlässt du nichts dem Zufall.

24. Mai

Kolosser 2,7

Sei in Jesus Christus verwurzelt, gegründet, fest im Glauben. (Freie Übersetzung)

Der Heilige Geist sagt mir:

Ein Baum der feste, tiefe Wurzeln hat und der sogar in Fels gegründet ist,

den wirft kein Sturm um.

Jesus ist der Fels, der Halt gibt, und

Jesus ist auch der, der dich ernährt,

der Boden auf dem Liebe und Kraft wachsen kann.

Sei gegründet heißt, du kannst auch nicht gegründet sein.

Es ist eine Aufforderung.

Grabe tief.

Lass dich ein.

Forsche, suche, bitte,

und deine Wurzeln werden sich in den Felsen deines Heils hineingraben,

ins Herz Gottes, sodass du felsenfest stehst, stehen kannst, auch im Sturm.

Einstiegsgebet:

Du Jesus bist mein Grund und Boden. Meine Hoffnung, mein Halt, mein Erbe, mein Heil,

ich baue auf dich und will mich tief verwurzeln in dein Herz, deine Liebe, dein Wesen,

dort finde ich wonach ich suche, meine ausgehungerte Seele findet dort Nahrung,

die sie dringend braucht.

25. Mai

Hebräer 4,7b

Heute, wenn ihr seine Stimme hört, verhärtet eure Herzen nicht. (Elberfelder 2006)

Der Herr sagt mir:

Noch ist nicht die Zeit des Donners, noch ist nicht die Zeit des Gerichts.

Jesus sagt:

Versöhne dich auf dem Weg zur Verhandlung mit deinem Widersacher (Gegner, Kreditor),

damit du nicht ins Gefängnis geworfen wirst.

Ich bin der Richter der Herzen und Gedanken.

Ich sage dir: Du kannst deine Schuld nicht bezahlen,

doch ich begegne dir heute noch als Erlöser, ich zahle deine Schulden.

Sei nicht stolz und nimm mein freundliches Angebot an.

Du weißt nie wann es zu spät ist.

Einstiegsgebet:

Jesus, du guter und gerechter König, ich preise dich,

dass der Tag der Gerechtigkeit, des Gerichts, kommt.

Es ist ein Tag der Abrechnung und ein Tag der Rache,

doch für mich ist es der Tag des Triumphs.

Durch dein Blut bin ich frei.

26. Mai

Psalm 23,1

JHWH ist mein Hirte; mir wird nichts mangeln. (Schlachter 2000)

Der Heilige Geist spricht:

Mangel haben ist mehr, als dass etwas fehlt zum Glück.

Mangel ist die Erscheinung von "NICHT-HABEN" ohne Hoffnung.

Nicht Mangel bedeutet ALLES HABEN mit HOFFNUNG.

Hoffnung ist nicht positiv Denken,

sondern ohne Hoffnung gibt es kein positiv Denken. Positiv Denken ist Gutes erwarten.

Der Glaube ist die feste Zuversicht auf das, was man nicht sieht.

Die Hoffnung ist das Wissen um den Glauben.

So kannst du wissen, dass du eine feste Zuversicht hast auf das was ist,

aber noch nicht sichtbar wurde. Und daraus resultiert positives Denken.

Darum sei dir gewiss, dass du alles hast, im Wissen um die feste Zuversicht.

Du hast keinen Mangel, denn du hast die Fülle in Christus.

Mit Jesus ist die Fülle allen Lebens in dich und um dich gekommen.

JHWH, der alles sieht, alles hört und alles weiß, ist dein Hüter. Darum erwarte das Gute!

Einstiegsgebet:

Ich bin überwältigt von deiner Güte Herr! Ja, ich bekenne,

ich habe alles; alles was ich brauche. Denn ich habe Hoffnung, weil ich glaube.

Mir fehlt nichts, denn ich vertraue deinem Wort mehr, als dem was ich sehe.

27. Mai

Psalm 27,1

Der Herr ist die Kraft meines Lebens: Vor wem sollte ich bangen? (Einheitsübersetzung 1980)

Der Herr über die Elemente sagt mir:

Die Religionen können nicht anders,

als von Meinem nehmen und es mit der Lüge durchmischen.

Denn ich durchdringe alles: Ich bin im Erdbeben, ich bin im Feuer, ich bin im Sturm,

ich bin in der Flut. Täusche dich nicht! Ich bin ein gewaltiger, schrecklicher Gott,

der die Meere mit eiserner Hand beherrscht! Ich gebiete und alles muss gehorchen.

Doch ich halte meine Gewalten zurück, denn ich will dein Leben. Ich will deine Freude und

mein heiliger Zorn konzentriert sich nicht auf dein Verhalten, sondern auf die Sünde hinter

deinem Verhalten. Da die Sünde ja den Tod bringt, ich aber das Leben für dich will,

kann ich die Sünde nur hassen. Hasse die Sünde mit mir!

Ich habe den Tod überwunden, denn die Liebe ist stärker als der Tod.

Die Liebe fürchtet nichts, sie verachtet alles, was sich gegen sie und den Geliebten stellt,

das ist die Kraft des Lebens.

Liebst du mich, so kennst du mich, und wenn du mich kennst, fürchtest du mich,

und wenn du mich fürchtest, verachtest du die Angst, weil ich dich liebe.

Einstiegsgebet:

Gewaltiger Herrscher, ich erkenne deine Macht deiner Liebe.

In dieser Liebe will ich verankert sein.

Nichts was sich zwischen uns stellt, kann Bestand haben.

28. Mai

Jesus Sirach 50,23

Er gebe euch Weisheit ins Herz / und der Friede sei mit euch. (Einheitsübersetzung 1980)

Der Geist des Friedens sagt mir:

Wo die Weisheit Gottes das Leben bestimmt, ist Friede.

Jeder von euch hat große und kleine Entscheidungen zu treffen.

Manche kleine Entscheidungen haben große Auswirkungen, die für euch unabsehbar sind.

Und deshalb ist es so wichtig, die Weisheit um Rat zu fragen. Die Weisheit ist nicht nur klug, sie ist auch schön, und wo sie anzutreffen ist, breitet sich Schönheit und Eleganz, Anmut aus.

Sie spricht in Ruhe und Frieden und strahlt Würde, Freundlichkeit und Sicherheit aus.

Wo immer die Weisheit hingeht, der Friede wird ihr folgen,

aber die Gottesfurcht geht ihr voraus.

Schau dich nicht ängstlich um nach Hilfe! Fürchte Gott! Er ist der Helfer in jeder Not.

Darum bin ich gekommen, um dir die Weisheit Gottes zu erschließen. Ich bin der Geist der Wahrheit und des Friedens. Die Weisheit Gottes ist Torheit vor den Menschen, darum suche meinen Rat, und nicht den Rat der Menschen. Menschlicher Rat macht unruhig und unsicher und abhängig. Mein Rat macht ruhig, sicher, frei.

Einstiegsgebet:

Danke Herr für die Weisheit, die von oben kommt.

Danke, dass du dich an uns verschenkst und weißt, dass wir Hilfe und einen guten Ratgeber brauchen. Du schenkst uns Rat und Hilfe, gerne und umsonst.

Lehre uns, und hilf, dass wir dich fragen Heiliger Geist, und nicht Menschen.

29. Mai

Psalm 52,11

Ich danke dir, Gott, in Ewigkeit, denn du hast das alles vollbracht. (Freie Übersetzung)

Der Heilige Geist sagt mir:

Du fragst dich, was ist "das alles"? Ja, es sind die Sterne, die Berge und das Meer, aber so wie der menschliche Körper, gibt es neben dem was du siehst, vieles was da ist, aber niemand sehen kann, z.B. der Grund warum das Herz schlägt, Gedanken, Verhaltensweisen.
Aber es gibt auch noch einiges, wie zum Beispiel die Knochen, das Gehirn, die inneren Organe. Und so wie der menschliche Körper Verborgenes und nicht Erklärbares enthält, ist es mit dem gesamten Universum und allem was darin geschieht: Manches ist sichtbar, einiges nicht offensichtlich, aber erklärbar, und vieles unsichtbar und unerklärbar für dich.
Und dafür will Gott geehrt werden, denn er ist in Ewigkeit und hat alles vollbracht.
Ewigkeit ist nicht lange Zeit, und vollbracht ist nicht zu Ende gebracht. Ewigkeit ist zeitlos und vollbracht ist erwirkt. Für dich bedeutet das letztlich, er hat alles zu einem guten Ende gebracht - auch deine Zukunft, aber für mich bedeutet es viel mehr. Danke Gott dafür, dass dein Herz schlägt und du denken kannst, aber danke ihm noch mehr dafür, dass er alles vollbracht hat, du kannst alle drei Dinge nicht nachvollziehen, doch das ER alles vollbracht hat, ist das Größte für immer. ER ist Jesus.

Einstiegsgebet:

Danke Jesus, dass mein Herz schlägt, danke, dass ich denken kann und du deine Gedanken in mich hineinlegst. Danke vielmals, dass du alles vollbracht hast und du nicht erwartest, dass ich versteh, sondern dass ich glaube und gehorche.

30. Mai

Römer 14,19

Lasst uns also nach dem streben, was zum Frieden und zum Aufbau...beiträgt.

(Einheitsübersetzung 1980)

Ich frage: "Wie kommt man zu Frieden und Aufbau, und was ist Streben? Wir wissen, dass ein sich Mühen nicht zu Frieden führt, und falsche Selbstverleugnung zu Autoaggression."

Antwort:

"Geistliches Lernen ist ein bewusst werden deiner Stellung in Christus. Selbstverleugnung ist die Bejahung von Christi Kraft der Demut in dir. Das führt zu einer Überwindung deiner menschlichen, selbstsüchtigen und selbstgefälligen Natur. Streben bedeutet wiederholtes geistliches Lernen bis zur Vollkommenheit, bis der Geist die menschliche Natur besiegt, überwunden hat in dir. Friede fließt von innen nach außen. Wenn die menschliche Natur überwunden ist, indem du beständig alle Bereiche deines Lebens in die Hände des Vaters legst, und in seiner Gegenwart, seinem Wort, Antworten auf deine Fragen und Nöte suchst, wirst du wissen, dass die Antworten diametral zur menschlichen Vernunft stehen.
Dann wirst du auch wissen, dass Gottes Wort Wahrheit ist, und seine Antworten ohne den Heiligen Geist nicht verständlich und deshalb nicht machbar sind. Nur mit dem Heiligen Geist kannst du Entscheidungen treffen, die menschlich unvernünftig sind, aber Frieden und Aufbau in dein Leben und das Leben Anderer bringt."

Einstiegsgebet:

Ja, ich werde Streben, ich werde wiederholt geistlich lernen, was nötig ist, um den Aufbau in mein Leben und das Leben Anderer zu bringen. Dass dein Reich kommt und dein Wille geschieht durch mich, und das ist jede Selbstverleugnung wert. In Jesu Namen.

31. Mai

Matthäus 5,3

Selig, die arm sind vor Gott; / denn ihnen gehört das Himmelreich.

(Einheitsübersetzung 2016)

Der Heilige Geist sagt:

Vor Gott arm zu sein heißt, wissen wer man ist und was man hat.

Der Stolz verhindert dieses Eingeständnis.

Lass es nicht zu, dass dein Stolz dich daran hindert irgendetwas von dem zu empfangen, was Gott dir geben möchte, weil du nicht bereit bist - der Stolz macht es unmöglich - einzugestehen, dass du Hilfe, Gottes Hilfe, dringend nötig hast.

Achte darauf, dass der Stolz gerne wandern geht.

Hat er in einem Bereich deines Lebens keine Chance mehr,

verzieht er sich in einen anderen Bereich,

so erlebst du Gottes Freiheit in manchen Bereichen, in Anderen aber nicht.

Einstiegsgebet:

Heiliger Geist, ich brauche deine Hilfe sogar dazu, den Stolz meines Herzens aufzuspüren.

Danke Gott, dass du uns reich machen möchtest, wir wollen deine guten Gaben annehmen.

1. Juni

Lukas 10,20b

...freut euch darüber, dass eure Namen im Himmel verzeichnet sind!

(Einheitsübersetzung 2016)

Der Heilige Geist sagt mir:

Nichts ist größer als das.

Kein Reichtum, Gesundheit, keine Gabe, kein Geschenk, kein Wunder ist größer als dieses.

Dein Name ist verzeichnet, bekannt.

Du bist vom Vater angenommen, gerechtfertigt, durch und in Jesus.

Erlöst, befreit von deinem alten Leben zu einem neuen, befreiten, ewigen Leben.

Nichts und niemand kann dich dessen berauben.

Du bist frei. Bleibe, lebe, glaube - frei.

Einstiegsgebet:

Geliebter Jesus, mit deinem Blut wurde mein Name geschrieben.

Ohne deinen Tod kann ich nicht leben,

dürfte ich nie ins Paradies - nach Hause zum Vater - zurück.

Du hast diesen Weg für uns geebnet.

Es war der Plan des Vaters.

Wie könnte ich je aufhören dir und dem Vater zu danken?

Ewig werde ich mich darüber freuen, und heute fange ich damit neu an.

2. Juni

Lukas 1,45

Und selig die, geglaubt hat, dass sich erfüllt, was der Herr ihr sagen ließ

(Einheitsübersetzung 2016)

Der Heilige Geist sagt mir:

Maria hat nicht sofort gemerkt, dass sie schwanger ist.

Denkst du, sie hat sich nie gefragt,

ob sie sich das alles, was geschehen ist, nur eingebildet hat?

Denkst du, dass es für irgendjemand leichter ist zu glauben, als für dich?

Wenn ja, dann denkst du falsch.

Vertrauen ist, gegen die menschliche, fleischliche Natur zu handeln.

Der Mensch will Kontrolle.

Aber selig, glücklich zu preisen bist du, wenn du glaubst, auch wenn du noch nicht siehst,

dass sich erfüllt, was ich dir sagen ließ. Du fragst dich: "WAS hat mir Gott gesagt?"

Lies mein Wort, liebes Kind, und lies es mit dieser Frage: "Was sagt mir Gott."

Denn ich habe dir viel zu sagen. Möchtest du lernen zu hören und zu glauben,

was du hörst und darauf beharrlich warten und tun was nötig ist damit es sich erfüllt?

Gib mir das Wenige, das du hast. Ich mache mehr daraus, als du dir jetzt vorstellen kannst.

Einstiegsgebet:

Heiliger Geist, ja, ich will hören und glauben und tun was ich kann. Ich gebe dir die Kontrolle und bleibe beharrlich dabei auch wenn es keinen Sinn macht. Du kennst meine Zweifel und meine Fragen, im richtigen Moment wirst du tun was du versprochen hast. Danke Vater.

3. Juni

Jesaja 43,10a

Ihr seid meine Zeugen (Schlachter 2000)

Und der Heilige Israels sagt mir:

Kann euch das Fernsehen, Internet, sagen, was die Zukunft bringt? Und der Wetterbericht, wie oft liegt er richtig oder falsch? Sie können messen und berechnen, was sie wollen, auf mein Wort hin kommt der Fallwind oder das Hoch. Mit einem Wort wische ich alle Berechnungen vom Tisch. Was helfen Horoskope und Wahrsager? Genauso gut könnt ihr die Farbe eures Harns oder den Geruch eurer Scheiße um Rat fragen! Das ist euch zu obszön? Staub bist du und Erde und wo dein Auswurf hingeht, wird dein Körper folgen! Warum achtest du die Worte derer, die das gleiche Schicksal haben werden wie du, mehr als meine Worte? Sieh genau hin! Kann eure Sauberkeit, die ordentliche Kleidung, eure Bildung, und essen mit Messer und Gabel, ändern wer du bist? Ist es nicht so, dass du genauso wie der Ungebildete, Verachtete und Nackte sterben musst? Der Mensch ist dem Menschen gleich. Sei weise und folge meinem Gebot: Liebe mich! Hänge an meinen Worten, nichts sonst bringt dir Leben! Erwarte das Gute von mir, und meine Hand wird dein Geschick lenken und du wirst mein Zeuge sein. Denn ich nähre dich, ich habe Zeit und Ort deines Lebens bestimmt. Bevor du nicht diese Wahrheit als Grundlage deines Lebens erkennst, baust du auf Treibsand und dein Zeugnis über Jesus wird dich zu Fall bringen. Ich bin JHWH, der Gott Israels, dein Gott, und ich verändere mich nicht!

Einstiegsgebet:

JHWH, Elohim Adonai, wir beten deine Größe an, handle nach deiner Güte an mir.

4. Juni

Lukas 24,29

Bleib doch bei uns; denn es wird bald Abend, der Tag hat sich schon geneigt. Da ging er (Jesus) mit hinein, um bei ihnen (seinen Jüngern) zu bleiben. (Einheitsübersetzung 1980)

Der Heilige Geist sagt mir:

Es ist da Schönste, Beste und Erhabenste für mich, wenn ich gelehrige Ohren finde,
die sich belehren lassen und ein Herz, das sich freut über mein Reden.
Und wenn ich dann gebeten werde von den Meinen,
dann geht mein Herz über vor Freude und Liebe.
Warum versteht ihr nicht, dass ich handle
wie ein zutiefst enttäuschter und gedemütigter Ehemann?
Meine Frau, meine Geliebte, sie hat mich verlassen, Geschenke, die ich ihr in meiner Liebe gab, hat sie verkauft oder in den Dreck geworfen. Schamlos prahlt sie damit, dass sie sich jedem um den Hals wirft, der ihr Unterschlupf bietet. Doch in Sicherheit ist sie nicht.
Ich liebe sie und wenn sie zu mir zurückkommen würde,
so nähme ich sie zurück, würde ihre Ehre wieder herstellen und sie beschützen.

Einstiegsgebet:

Oh Gott verzeih mir meinen Treuebruch.
Danke, dass du schnell bist, in Vergebung und Wiederherstellung.
Du stellst meine Ehre wieder her, und schützt mich, denn das braucht meine Seele.
Ich möchte dich erfreuen damit, dass mein Herz sich freut über dein Reden.

5. Juni

Matthäus 5,9

Selig die Frieden stiften; / denn sie werden Kinder Gottes genannt werden.

(Einheitsübersetzung 2016)

Ich höre den Geist reden:

Friede, Friede, sagen sie, die mir fern sind, genauso wie die, die mir nahe sind.

Aber wo ist der Friede? Leben können sie ihn nicht.

Ich schwöre dir, bei meinem heiligen Namen: Wer den Frieden nicht bei mir sucht, und lebt, hat keinen Frieden, denn er hat eine bittere Quelle.

Vielleicht ist das Wasser sogar wohlschmeckend und frisch und klar, aber im Magen wird es dem der es trinkt wie Gift und verursacht Schmerzen. So ist der, der Frieden ohne das Heil Gottes verkündet. Im Frieden liegt die Ruhe JHWHs. Ohne diese Ruhe ist der Friede kein Friede. Ich weiß es genau, denn ich bin der Schöpfer. Der Friede der von den Kindern Gottes ausgeht, ist in der Sicherheit ihrer Identität gegründet, kommt also von innen heraus, aus einem grunderneuerten Wesen. Der Friede den die Welt bewirbt und proklamiert, kommt von außen und wird wie eine Tapete über eine verschimmelte, nasse Wand geklebt.

Wie lange wird die Fassade halten?

Liebes Kind, reiß die Tapeten ab, erst in deinem Leben und dann rund um dich herum!

Werde heil und bringe Heilung. Stifte Frieden.

Einstiegsgebet:

Du Geist des Friedens, siehst meine Unruhe, meine Rastlosigkeit, meine Unvergebenheit, Bitterkeit und Härte. Ich werde heil in deiner Ruhe.

6. Juni

Lukas 10, 23

Selig sind die, deren Augen sehen, was ihr seht! (Freie Übersetzung)

Der Geist des Ewigen verkündet mir:

Vor euren Augen hat sich erfüllt, was kein Auge gesehen, und kein Ohr gehört hat und niemand sich vorstellen konnte:

Das Volk Israel wurde gesammelt aus allen Ländern in das ich es zerstreut hatte und ich sammle es immer noch. Wie sollte ich, wenn ich dieses Unfassbare tun kann, nicht alles erfüllen, was ich gesagt habe? Meine Gedanken sind Gnade und Erbarmen und meine Weisheit ist Vergebung und Erlösung. Das Problem ist: Der Mensch will sich nicht erlösen lassen. Er lehnt meine Vergebung ab, mein Erbarmen erachtet er als Schwäche und meine Gnade tritt er mit Füßen. Doch die Meinen sehen mich, den Auferstanden, den Retter in der Not, als den der den Sturm stillt. Seit es die Menschen gibt, rufe ich sie zu mir, wer will es hören? Wer will mich sehen und in meiner Gemeinschaft bleiben? Dein Innerstes ist dazu geschaffen, beständig in meiner Nähe zu bleiben, danach sehnt sich dein Herz und mein Herz, dann bist du zu preisen, weil sich meine Zuneigung an dir erfüllen kann.

Einstiegsgebet:

Ich will sehen Herr, was du mir zeigen willst, und hören was du mir sagst. Deine Nähe soll mir näher sein, als das was meine Hände greifen können und mein Körper spüren kann.

7. Juni

Psalm 59,17

Ich aber will deine Macht besingen, will über deine Gnade jubeln am Morgen.

(Freie Übersetzung)

Der Heilige Geist erklärt mir:

Du bestehst zum größten Teil aus Wasser, nicht Erde.

Dein Atem besteht zu einem großen Teil aus Wasser,

auch wenn die Luft um dich völlig trocken ist.

Ich bin Ruach, der Atem Gottes. Von Gott kommt das Wasser des Lebens.

Wie hat wohl der Atem Gottes Leben in den Menschen gebracht, als er ihn angehaucht hat?

Ich bin in jeder deiner Zellen, ich bin das Wasser,

das dich am Leben erhält und nicht austrocknen lässt.

Wenn du das Lob über deinen Schöpfer singst,

singt jede deiner Zellen mit, weil sie sich an den Hauch Gottes erinnert,

der sie zum Leben brachte.

Wenn du über Jesus jubelst, dann jubelt alles in dir mit,

weil das Wasser deinen Jubel überträgt.

Wir haben dich geschaffen, wir wissen,

wie du funktionierst und was du brauchst zum Leben.

Freue dich, singe, juble; auch wenn dir grad nicht danach ist. Du brauchst das.

Einstiegsgebet:

Ich will singen meinem Herrn mein Leben lang...

8. Juni

Johannes 19,28

Jesus... sagte: ..."Mich dürstet." (Freie Übersetzung)

Der Heilige Geist zeigt mir:

Auch wenn Jesus hier von dem körperlichen Entzug von Wasser spricht,

meint er etwas Anderes, denn er kennt die Speise, die nicht von dieser Welt ist.

Als Jesus am Kreuz hing, dürstete ihn nach Wasser des Lebens,

unter dessen Strom er immer stand.

Um deinetwillen dürstete ihn,

damit dir geschehen kann, was er der Frau am Jakobsbrunnen sagte:

"Wer von meinem Wasser trinkt, wird nie mehr dürsten."

Einstiegsgebet:

Wie die Frau am Jakobsbrunnen sage ich: "Gib mir dieses Wasser."

Und ich weiß, Jesus, dass deine Antwort ist: "Schöpfe so viel du willst,

das Wasser des Lebens wird ewig fließen, und aus mir zu schöpfen ist keine Anstrengung."

Jesus! Ich preise dich dafür, dass du diese Anstrengung auf dich genommen hast,

damit ich freien Zugang habe zur Quelle des Lebens.

9. Juni

Jesaja 55,4a

Seht her: Ich habe ihn zum Zeugen für die Völker gemacht (Einheitsübersetzung 1980)

Der Heilige Geist sagt mir:

Gott hat Jesus zum Zeugen gemacht, und sein Zeugnis ist wahr.

Jeder konnte es damals sehen, und auch heute bleibt dieses Zeugnis glaubwürdig.

Gott hat immer wieder bewiesen, dass er alles irgendwann tut, was er sagt.

Nur ER bestimmt die Zeitpunkte. Jetzt bezeuge ich dir, dass sein Wort in deinem Leben zur Wahrheit wird. Das Wort ist schon Wahrheit, aber nur für den der glaubt, wird die Wahrheit Wirklichkeit, denn die Wahrheit ist noch nicht Allen offenbart worden.

Einem Lügner glaubt man nicht! Doch wenn du jemand für einen Lügner hältst, der die Wahrheit sagt, wie kannst du dieser Wahrheit glauben? Jesus vollendet sein Werk der Wahrheit durch mich in dir. So bin ich ein Zeuge für dich in dir, und durch mich bist du Zeuge für die Völker, bis das gesamte Werk Gottes vollendet ist und die Wirklichkeit und Wahrhaftigkeit Gottes allen Menschen gezeigt wird. Wie ein Detektiv kann jeder die Wahrheit suchen, und er wird sie in UNS finden. Der Vater zeugt von Jesus, Jesus zeugt von mir und dem Vater, und ich zeuge von Gott, dem Vater und Jesus. Und du zeugst von uns.

Wie das geht? Wir kennen dich und du kennst uns, denn wir wohnen in dir! Noch etwas:

Die Völker sind für dich all jene Menschen, denen DU auf deinem Lebensweg begegnest.

Einstiegsgebet:

Danke für das Wort der Wahrheit, dein Werk in mir,

und dass du Herr dich in mir und durch mich offenbarst.

10. Juni

Jesaja 41,13

Fürchte dich nicht, ich werde dir helfen. (Einheitsübersetzung 1980)

Der Heilige Geist sagt mir:

Es gibt keinen Grund sich zu fürchten. Es ist berechtigt, dass ihr Angst habt,

so wie auch die Jünger Angst hatten in diesem Obergemach.

Denn immerhin wussten sie, die Menschen wollen auch sie töten, wenn sie weiter behaupten, dass Jesus der Messias ist. Und ihr wisst das auch.

Ihr wisst, wenn ihr bei der Botschaft bleibt, und konsequent danach lebt, wenn ihr mit dem Geist aus der Höhe erfüllt seid, dann wollen eure Feinde euren Tod.

Das ist die schlechte Nachricht - die gute Nachricht ist: Gott ist größer.

Niemand kann euch antasten, und nichts euch passieren, wenn Gott es nicht zulässt.

Die beste Nachricht ist:

Jesus hat den Tod überwunden und diese Auferstehungskraft lebt in dir.

Pfingsten hat alles geändert. Mit dem Geist erfüllt, hast du nicht nur den Mut für Jesus zu leben, sondern auch den Mut für ihn ausgelacht, nicht ernst genommen, gemobbt, verspottet zu werden, und sogar den Mut für ihn zu sterben.

Fürchte dich nicht vor dem, was in deinem Leben noch kommt. Ich werde dir helfen.

Einstiegsgebet:

Danke Herr, dass deine Hilfe besser ist als wir uns vorstellen können.

Danke, dass dein Geist jede Zelle meines Körpers durchdringt. Die Auferstehungskraft Gottes schenkt mir Mut bei der Botschaft zu bleiben, dass Jesus der Messias ist.

11. Juni

Lukas 1,13

Fürchte dich nicht...dein Gebet ist erhört worden (Schlachter 2000)

Der Heilige Geist sagt:

Du kennst dieses Gefühl so gut, diese Beschämung, und den Schmerz, dass es etwas, oder vieles, gibt in deinem Leben, das du nicht oder nur schwer ändern kannst, dir aber das Leben manchmal schwer macht, du dich minderwertig oder schlecht fühlst, oder du genau weißt, wie zerstörerisch diese Situation ist.

Ich sage dir, es gibt endlos viele solcher Sätze, die so eine Beschämung auslösen und zu dem eigenen Schmerz über die scheinbar ausweglose Lage, noch bittere, giftige Pfeile in deine Seele stoßen. Doch ich sage dir auch: Ich werde diese Sätze in deinem Leben beenden und ich werde denen, die sie aussprechen, das Maul stopfen.

Ich liebe es, dem Feind zu zeigen, dass meine Kraft größer ist, als die des Feindes.

Am meisten liebe ich es, meine Kinder zu hegen und zu pflegen, und es ihrer Seele wohl gehen zu lassen, ihren verzweifelten Schrei zu hören und zu erhören.

Doch es gibt so manche Hindernisse, die verhindern, dass Gebete erhört werden, z.B.:

Mein Kind schreit gar nicht zu mir; es will seinen Willen und nicht meinen Willen durchsetzen; bevor ich das Gebet erhören kann, muss noch Anderes erledigt werden; usw.

Schaffe nur Raum, ich will erhören. Hab Mut, dein Gebet ist gehört worden!

Einstiegsgebet:

Danke, ich weiß, es ist vollbracht, und du hast den Sieg. So habe ich den Sieg mit dir über alles, was mich beschämt, schmerzt und ich nicht ändern kann. Du kannst. ...

12. Juni

Jesaja 61,10

Von Herzen will ich mich freuen über JWHW, meine Seele soll jubeln über meinen Gott.

(Freie Übersetzung)

Ich lese den Vers und frage Gott: "Worüber soll ich mich freuen, worüber jubelt Jesaja?"

Und der Heilige Geist sagt:

"Lies nach." und ich lese in der Bibel:

Jesaja 61,10+11

"Ich freue mich sehr in JHWH, und meine Seele ist fröhlich in Gott;

denn er hat mir Kleider des Heils angezogen,

mit dem Mantel der Gerechtigkeit mich bekleidet,

wie der Bräutigam sich den priesterlichen Kopfschmuck anlegt und

wie eine Braut sich mit ihrem Geschmeide schmückt.

Denn gleichwie das Erdreich sein Gewächs hervorbringt und

ein Garten seinen Samen sprossen lässt,

so wird der Herr, JHWH, Gerechtigkeit und Ruhm hervorsprossen lassen

vor allen Heidenvölkern." (Schlachter 2000)

Und ich sage: "Ja, daran kann ich mich freuen."

Und der Heilige Geist antwortet:

"Denk daran, wie ein Bräutigam und eine Braut sich kleiden:

Mit Stolz, Bedachtsamkeit und Würde,

voller Ahnung über die Bedeutsamkeit des Augenblicks.

Dein Kleid des Heils steht für deine Identität,

der Mantel der Gerechtigkeit steht für deinen Status.

Deine Identität ist in Heil gekleidet,

und dein Status vor Gott und den Menschen, ist Gerechtigkeit.

Hast du schon einmal einem Samen beim Wachsen zugesehen? Das kann man nicht.

Plötzlich ist die Pflanze da. Plötzlich ist Gerechtigkeit und Ruhm da.

Vor den Augen der Menschen werde ich dich ehren,

denn du ehrst mich vor den Augen aller Menschen, auch deiner Seele."

(Gott ehrt uns und unsere erneuerte Seele,

wenn wir ihn gegenüber den Menschen und mit unserer Seele ehren)

Einstiegsgebet:

Mit Jesaja möchte ich ausrufen:

Ich freue mich sehr in JHWH und meine Seele ist fröhlich in Gott,

denn er hat mir Kleider des Heils angezogen,

mit dem Mantel der Gerechtigkeit mich bekleidet.

13. Juni

Galater 2,20

Nicht mehr ich lebe, sondern Christus lebt in mir. (Einheitsübersetzung 2016)

Und der Heilige Geist sagt mir:

Mit diesem Vers ist es so, wie mit dem Spruch, den du gerade gelesen hast:
Schokolade ist fein, aber Schuhe haben keine Kalorien.
Es macht deutlich, dass es etwas gibt, dass man nicht ablehnt, aber es gibt noch etwas viel Besseres. Es ist gut, wenn du dein Leben mit mir lebst, mich einbeziehst in deine Pläne, um meine Hilfe für deine Angelegenheiten betest.
Das ist etwas sehr Gutes, das ich nicht ablehne.
Aber wenn du mich fragst, dann hätte ich lieber Schuhe ;)
Das heißt: Für mich gibt es etwas Besseres, als dass du mich einbeziehst, nämlich wenn ich durch dich im Sinne Christi leben darf; durch dich handle, wie Jesus handeln würde; meine Pläne deine Pläne werden; und du um Hilfe für MEINE Angelegenheiten betest, sagt der Heilige Geist. Wenn nicht mehr du dein Leben lebst, sondern Christus sein Leben in dir lebt. Das ist meine Freude.

Einstiegsgebet:

Das klingt gut. Dein Angebot, dass du durch mich lebst erscheint mir fast zu gut um wahr zu sein. Ich gebe dir mein Leben heute neu. Bitte zeig mir heute, was du heute durch mich, in mir, leben möchtest Jesus, und dann morgen für morgen, und dann so weiter für die Zukunft. Ich denke, alles Andere würde mich jetzt gerade überfordern.

14. Juni

Psalm 147,12a+13b

Rühme…JHWH…Denn er hat die…Kinder in deiner Mitte gesegnet. (Elberfelder 2006)

Der Heilige Geist sagt mir:

Es ist in der menschlichen Natur, die Gott geschaffen hat,

dass man mehr für die Kinder sorgt, als für sich selbst.

Hauptsache den Kindern geht es gut.

Auch wenn die Eltern Mangel haben, sie versuchen den Kindern das Beste zu geben.

Wenn Gott sagt, die Kinder in deiner Mitte sind gesegnet, bedeutet das: Es gibt Überfluss.

Es bedeutet, es geht den Eltern gut, nur so kann es den Kindern wirklich gut gehen.

Einstiegsgebet:

Ich rühme den Herrn, denn der Herr sieht das Kleine, Geringe und segnet es.

Du bist ein fürsorglicher Gott.

15. Juni

Matthäus 6,34a

Sorgt euch also nicht um morgen; denn der morgige Tag wird für sich selbst sorgen.

(Einheitsübersetzung 2016)

Gebet:

Ich bin gesegnet Herr, weil du mir heute zusagst:

Es ist festgelegt, dass für morgen gesorgt ist.

Das bedeutet, dass für heute heute gesorgt ist und ich versorgt bin.

Und der Heilige Geist sagt mir:

Lass dir an meiner Gnade genügen,

selbst wenn die Dinge nicht so sind, wie du sie haben möchtest.

Lerne von den Kindern.

Lerne zu spielen,

das Leben leicht zu nehmen,

die Lasten abzuschütteln,

dich in deiner Tätigkeit zu verlieren,

Freude an den kleinen Dingen zu haben und zu staunen.

Lebe im JETZT. Das ist was du hast, und das ist gut.

Gebet:

Hilf mir Heiliger Geist, im JETZT zu leben, ohne Last und Sorgen.

Ich sehne mich nach Leichtigkeit. Das willst du schenken.

16. Juni

Sprüche 6,3

...so tue doch das, mein Sohn: Rette dich, denn du bist in die Hand deines Nächsten geraten! Darum geh hin, wirf dich vor ihm nieder und bestürme deinen Nächsten. (Schlachter 2000)

Der Geist des JHWH zeigt mir auf:

Jede Form der Ungerechtigkeit und Ungehorsam, Gott gegenüber, bringt dich in Abhängigkeit deinem Nächsten gegenüber. Diese Form der Abhängigkeit ist nicht gottgewollt, und führt dazu, dass ein Mensch gerechtfertigterweise Macht über dich ausüben kann. Du aber sollst frei sein. Das ist der Wille Gottes für dich. In Sprüche 6 geht es um Bürgschaft, aus der du dich befreien sollst. Doch es gibt nicht nur eine Bürgschaft des Geldes, es gibt auch eine Bürgschaft des Charakters, oder eine Bürgschaft der Seele. Du bist für das Handeln einer anderen Person nicht verantwortlich, sei es Vater, Mutter, Ehemann, Ehefrau, Kinder, Freunde oder Geschwister. Diese Bindungen, ob durch Ungerechtigkeit, Ungehorsam, Worte oder Verträge der Bürgschaft durch falsch verstandene Verantwortlichkeit sind Manipulation. Sie müssen gelöst sein, damit du in der Freiheit Christi leben kannst. Die Lösung erfordert Mut: Tue Buße vor Gott, bitte Gott um Vergebung für dein Versagen. Und dann gehe in der Kraft des Geistes in den Kampf, und zerschlage die Werke des Feindes in Sanftheit und Demut, aber mit VOLLMACHT.

Einstiegsgebet:

Vater, bitte vergib, dass Worte und Taten von Menschen die ich lieb habe, mehr Einfluss auf mich hatten, als dein Wort. Ich löse mich jetzt von jeder Form der Manipulation, durch die Kraft deines Blutes. Du sprichst mich frei und in dieser Freiheit lebe ich, durch Jesus.

17. Juni

Lukas 21,14+15

So nehmt euch nun zu Herzen, dass ihr euch nicht sorgt...wie ihr reden sollt.

Denn ich will euch Mund und Weisheit geben. (Freie Übersetzung)

Und der Geist des Herrn sagt mir:

Mach dir keine Sorgen darüber, ob ich durch dich spreche.

Es ist eine Sache meine Stimme zu hören und ihr zu folgen,

und eine andere Sache, dass ich aus dir rede.

Wenn du zum Wasserhahn gehst und aufdrehst,

bist du ja auch überzeugt, dass Wasser herauskommt.

Je weniger du dir Gedanken machst, und stattdessen in mir bleibst,

dir meiner Gegenwart bewusst bist, umso mehr kann ich aus dir heraussprudeln.

Bete, dass dein Verstand mich nicht hindern kann, aber hab keine Angst -

ich will deinen erneuerten Verstand benutzen, nicht ausschalten.

Lies die Bibel, iss die Bibel. Du isst ja nicht nur einmal, sondern mehrmals täglich.

Kaue einen Vers mehrmals am Tag durch, bis dein Verstand ihn aufgenommen hat,

dann kann ich ihn leichter durch deine Kehle schicken bei Bedarf,

denn wovon das Herz, die Seele, voll ist, geht der Mund über.

Einstiegsgebet:

Heiliger Geist, gehorsam bete ich wie du sagst darum, dass mein Verstand dich nicht hindern kann, das auszusprechen, was du durch mich sagen möchtest. Ich widerspreche jeder inneren Blockade meines menschlichen Denkens. Du sprichst durch mich.

18. Juni

Epheser 4,28

Wer gestohlen hat, der stehle nicht mehr, sondern bemühe sich vielmehr, mit den Händen etwas Gutes zu erarbeiten, damit er den Bedürftigen etwas zu geben habe. (Schlachter 2000)

Der weise Geist des Vaters sagt mir:

Sag einem Kleptomanen er soll zu stehlen aufhören;

einem notorischen Lügner, er soll nicht mehr lügen;

oder einem Suchtkranken, er soll seine Sucht lassen.

Wir wissen, dass das so nicht funktioniert. Hier braucht es Hilfe und Befreiung.

Auf der anderen Seite ist Befreiung und meine Hilfe nutzlos bei faulen, gierigen Menschen, die aus Bequemlichkeit lügen, stehlen oder schlechte Gewohnheiten pflegen.

Doch eines gilt in beiden Fällen:

Zeige mir deine Werke, und ich sehe deinen Glauben.

Hab Glauben an meine Gnade für dich.

Es geht nur ganz oder gar nicht. Entweder, oder.

Entweder du verlässt dich, d.h. du glaubst, an deine eigene Kraft,

oder du verlässt dich, d.h. du glaubst, an meine Kraft.

Die Vorteile an meiner Kraft festzuhalten und sich auf mich zu verlassen überwiegen, und weil ich das Beste für dich will, gehe ich immer wieder auf dich zu.

Ich werbe um deine Hingabe.

Praktisch bedeutet das:

Erstens musst du dir eingestehen,

dass es unmöglich ist für dich, dein Herz bis in die Tiefe zu verändern.

Zweitens brauchst du die Erkenntnis,

dass du umkehren musst, weil es böse ist, zu denken, du kannst es ohne mich.

Und drittens musst du dich demütigen, indem du das Gute von mir annimmst.

Einstiegsgebet:

Heiliger Geist,

ich gestehe, dass es unmöglich ist für mich, mein Herz bis in die Tiefe zu verändern.

Ich erlaube dir, in allen Bereichen meines Lebens, wo ich mich auf meine eigene Kraft verlassen habe, einzugreifen und bitte um deine Hilfe und Befreiung.

Vergib mir meinen Hochmut. Ohne dich kann ich nichts tun, das erkenne ich an.

Ich nehme deine guten Gaben an, die Befähigung zu jedem guten Werk.

19. Juni

Psalm 115,12a+13

JHWH denkt an uns und segnet uns...er segnet, die JHWH fürchten, Kleine und Große.

(Textbibel 1899)

Und der Heilige Geist spricht zu mir:

Seele und Geist eines Menschen altern nicht in Jahren.

Der Geist eines Menschen altert gar nicht, er ist entweder tot oder lebendig. Die Seele, die Gott fürchtet, wird gesättigt mit Leben. Es gibt Babys, die im Leib ihrer Mutter beginnen, Gott zu loben, sie sind gesegnet von Anbeginn an. Wann immer du beginnst mich zu fürchten, spricht der Herr, wird deine Seele erneuert und ein Wiederherstellungsprozess beginnt, deine Seele, und dann dein Körper, wird verjüngt. Das ist die beste Schönheitskur, denn ich will eine Braut ohne Makel und Falten und Runzeln wiederherstellen. Du weißt ja, wenn du mich fürchtest, fürchtest du nichts Anderes. Die Furcht Gottes beginnt mit einem tiefen Respekt vor dem, wer er ist. Das kann jedes Kind und jeder Erwachsene lernen.

Es ist auch keine Frage von Status in der Gesellschaft. Wenn du mich ehrst und respektierst, indem du nicht schweigst oder zusiehst, wenn Unrecht geschieht, widersprichst, wenn mein Name verunreinigt wird, wenn du Recht für Recht und Unrecht für Unrecht erklärst, dann fürchtest du mich. Ich bin anbetungswürdig. Wenn du mich ehrst vor den Menschen, will ich dich ehren vor Königen und Engeln. Das ist mein Wunsch.

Einstiegsgebet:

Gott du ehrst mich, wenn ich dich ehre. Lehre mich, was es für mich im Alltag bedeutet, dich zu fürchten, damit ich von dir gesegnet bin.

20. Juni

1. Mose 2,2

Und Gott hatte am 7. Tag sein Werk vollendet, das er gemacht hatte;

und er ruhte am 7. Tag von seinem ganzen Werk, das er gemacht hatte. (Schlachter 2000)

Der Heilige Geist spricht zu mir:

Du arbeitest viel Menschlein. All die Einflüsse denen du heute ausgesetzt bist, müssen verarbeitet werden: Telefonanrufe, Gespräche, Musik die irgendwoher kommt, genauso wie vorbeifahrende Autos, der Lärm verschiedenster Art, Bilder auf Fotos, Videos, Werbung, dazu deine alltäglichen Aufgaben, Beziehungen, Verpflichtungen. Überlege wie ich den Menschen geschaffen habe und wie du heute lebst! Darum sage ich: Du arbeitest viel.

Wir haben uns täglich unser Werk angesehen - die Welt zu schaffen hat uns nicht erschöpft - wir haben täglich unser Werk bewertet. Die Welt zu schaffen, macht uns Freude. Mach es genauso, lerne von deinem Schöpfer! Schau dir dein Tagewerk an, nicht das was fertig geworden ist, nicht das was Ergebnisse erzielt, sondern das was du geleistet hast. Schau es dir an, und lass dich nicht erschöpfen, indem du es kritisch betrachtest.

Bewerte deinen Tag mit mir, sieh das GUTE, schau dir die tausend Gründe zum sich freuen und dankbar sein an. Freue dich und sei dankbar und dann gönne dir jede Woche einen Tag Pause von allem was du zu tun hast. Wenn ich das kann, kannst du das auch.

Einstiegsgebet:

Danke, dass du uns einen Ruhetag geschenkt hast.

Danke, dass wir unsere Arbeit positiv bewerten können, mit deiner Hilfe.

Danke, dass du uns durch Sanftmut und Demut lehrst, unsere Lasten bei dir abzulegen.

21. Juni

Lukas 10,40

Meister, sage doch du meiner Schwester... (Freie Übersetzung)

Der Heilige Geist warnt mich:

Auch wenn du es heute nicht so empfindest,

Jesus hat Martha nicht nur ermahnt, er hat sie gescholten.

Denn das was sie verlangte, war in doppelter Hinsicht gefährlich:

1. sollte Maria das tun was Martha will und nicht was Gott will

2. sollte Maria weg von Jesus.

Es ist ausnahmslos IMMER so, dass dich Menschen, die etwas Anderes von dir verlangen,

als mir nahe zu sein, falsch liegen.

Höre nicht auf sie!

Ich würde nie etwas befürworten, was dich von mir wegzieht.

Achte darauf, dass auch gut gemeinte, völlig verständliche Bitten,

die von liebevollen Geschwistern kommen, manchmal ein klares "Nein" benötigen.

Wenn man glücklich verheiratet ist, sagt man auch klar und deutlich "Nein",

wenn irgendjemand meint: "Hab doch Sex mit mir, das ist doch gut."

Was du nicht mit deinem Körper machst, mach auch nicht mit deiner Seele.

Lass dich nicht seelisch auf etwas ein, dass unsere Intimität (zer)stört.

Einstiegsgebet:

Herr, halte dich bei mir, halte mich bei dir.

22. Juni

1. Samuel 2,8

Er erhebt den Geringen aus dem Staub; aus dem Kot erhöht er den Armen,

damit er sie sitzen lasse unter den Fürsten und sie den Thron der Herrlichkeit erben lasse.

Denn die Grundfesten der Erde gehören JHWH, und er hat den Erdkreis auf sie gestellt.

(Schlachter 2000)

Der Herr sagt mir:

Weil die Erde mir gehört, erhebe ich den Niedrigen, und erniedrige ich den Erhabenen.

Weil ich Gott bin und alle Fäden in der Hand habe,

werde ich allen, die sich stolz über dich, und dadurch über mich,

lächerlich machen, in Grund und Boden stampfen.

Ist das hart? Nein, das ist gerecht.

Ich habe geliebt und gezogen.

Wer mich nicht will, den brauche ich nicht.

Wer mich aber will, den lasse ich Teilhaber meiner Herrlichkeit sein.

Einstiegsgebet:

Du lässt mich nicht nur deine Herrlichkeit sehen, sondern auch erben.

Deine Größe ist unermesslich.

23. Juni

Psalm 61,3b

Ach führe mich doch auf jenen Felsen, der zu hoch für mich ist. (Freie Übersetzung)

In mir steigt das innere Bild eines kleinen Kindes auf, das beide Hände hochhält zum Papa, damit er es hochhebt auf den Felsen, oder einen großen Stein.

Jesus sagt mir:

Du bist ziemlich begrenzt in deinen Möglichkeiten.

Was der Psalmist macht, ist sehr vernünftig.

Jemand bitten, bei dem zu helfen, was einem Selbst unmöglich ist.

So wie ein guter Vater, sind auch wir immer mit dir.

Wir greifen nicht immer in alles ein,

aber wenn es uns nötig scheint, oder wenn wir gebeten werden.

Ich liebe es mein Kind hochzuheben, um eine andere Perspektive zu geben.

Vielleicht will das Kind dann gar nicht mehr auf den Felsen - es ist auch nicht so wichtig.

Wichtig ist: Ich halte dich. Deine Bitte wird immer gehört.

Sei nicht frustriert, wenn du deinen Willen nicht bekommst.

Ich habe meine Gründe.

Einstiegsgebet:

Ich sehe weder über Häuser oder Berge,

noch sehe ich, was in der nächsten Sekunde sein wird.

Hilf mir Herr, meine Berge und Täler zu durchwandern im Glauben,

dass du mich hochhebst, wenn mir etwas zu hoch ist.

24. Juni

Jesaja 55,9

....so viel der Himmel höher ist als die Erde, so sind auch meine Wege höher als eure Wege und meine Gedanken als eure Gedanken. (Luther 2017)

Der Heilige Geist sagt mir:

Es gibt nichts, absolut gar nichts Göttliches,

das der Mensch außerhalb der Weisheit die in mir liegt, verstehen kann.

Daher ist es so wichtig für dich, dass du dich nicht auf menschliche Weisheit,

also deinen Verstand verlässt, sondern auf mich.

Selbst dann, wenn das, was dadurch geschieht, keinen Sinn macht.

Vertraue mir.

Verstehe, dass ich dir deinen erneuerten Verstand geschenkt habe,

damit du prüfen kannst, ob das was ich sage, Wahrheit ist und Wirklichkeit wird.

Der erneuerte Sinn geht durch die Zweifel des menschlichen Denkens hindurch.

Einstiegsgebet:

Du bist groß. Du tust große Wunder Herr, keiner ist wie du.

Dir sei Ehre und Anbetung.

Ich will deine Größe bedenken.

(Sela)

25. Juni

Epheser 4,5

...ein Herr, ein Glaube, eine Taufe,... (Neue Genfer Übersetzung)

Der Herr gab mir diesen Traum:

Ich war im Auto mit einer Frau aus der Gemeinde (Kirche) unterwegs auf einen Ausflug in ein armes, aber wunderschönes Land, voller Wiesen und Wälder.

Als wir an die Grenze von Österreich zu diesem Land kamen, merkten wir, dass die Straßen nicht mehr so gut waren, der Asphalt hatte große Risse und Löcher.

Deshalb ließen wir das Auto stehen und spazierten zu Fuß weiter. Neben uns an der Straße war ein Bach voller Fische, wir gingen im Halbschatten unter den Bäumen weiter, bis nur mehr hügelige Wiesen vor uns lagen. Dann kehrten wir um.

Beim Zurückgehen überlegten wir, ob wir nicht ein paar Fische mitnehmen könnten, für unsere Familien, nur ein paar. Wir wussten aber nicht, ob es erlaubt war oder nicht.

Trotzdem entschieden wir uns es einfach zu tun, entgegen unserem schlechten Gewissen.

Wir fingen an zu fischen und hatten viel Spaß dabei.

Zurück an der Grenze mussten wir die 5 Fische, die wir gefangen hatten, hergeben und Strafe zahlen.

Und der Herr sagte mir:

Wenn ihr den Schwachen nicht ehrt, stehlt ihr dessen Lohn.

Habt acht darauf, das Kleine, Arme, Unangesehene besonders zu loben.

Mein Reich ist nicht Macht und Stärke.

Mein Reich ist Liebe und Achtung.

Daraus kommen Macht und Stärke, besonders für die Kleinen.

Ich erhebe das Niedergedrückte.

Wenn du dich mit dem Kleinen eins machst, wirst du mit erhöht,

tust du das nicht, wirst du gestraft.

Du denkst du tust kein Unrecht, wenn du andere Erkenntnis hast und

du deinen Bruder oder deine Schwester überzeugen willst,

aber das ist nicht in der Wahrheit und Liebe, darin ist nicht mein Geist.

Einstiegsgebet:

Vergib mir meine Schuld. Ich will ehren, wen du ehrst und sehen, wie du siehst.

Herr Jesus schenk mir deine Urteilsfähigkeit.

26. Juni

Matthäus 6,8b

...euer Vater weiß, was ihr benötigt, ehe ihr ihn bittet. (Schlachter 2000)

Der Heilige Geist sagt mir:

Noch bevor du weißt, dass du etwas brauchst, ist die Versorgung schon bereitgestellt.

Warum du dann oft nicht hast, was du denkst, das du brauchst?

Weil du unrecht bittest und/oder weil du gar nicht brauchst, was du möchtest.

Wenn ein kleines Kind nach einem Eis fragt ohne zu bitten,

fragst du: "Wie heißt das?" um dem Kind Dankbarkeit zu lehren.

Es gibt vieles, was ich dir lernen möchte. Aber nicht bei notwendigen Dingen.

Keine guter Vater und keine gute Mutter, würde einem durstigen Kind Wasser vorenthalten,

weil es nicht anständig darum gebeten hat.

Vertraue meiner Liebe.

Ich will dich nicht berauben, noch dir etwas vorenthalten.

Noch bevor du weißt, was du brauchst, habe ich schon dafür gesorgt.

Immer.

Das ist meine Art.

Ich habe ja alles, warum sollte ich dir irgendetwas nicht geben, was gut ist?

Ich weiß ja alles, warum sollte ich dein Leben nicht in gute Bahnen leiten?

Einstiegsgebet:

Liebster Vater, vergib mir mein Misstrauen.

Danke, dass du immer für alles sorgst, was ich brauche.

27. Juni

Jesaja 40,29

Er gibt den Müden Kraft und Stärke genug dem Unvermögenden. (Luther 2017)

Der Heilige Geist sagt mir:

Lebe nicht aus deiner eigenen Kraft, und verlass dich nicht auf deine Stärke.
Das heißt nicht, dass du unvernünftig leben sollst, und deine menschlichen von Gott gegebenen Grenzen des Körpers missachten sollst, sondern es bedeutet:
Wenn ich es will, und nur wenn ich es will, kannst du ohne Schlaf, ohne Nahrung und ja, sogar ohne Sauerstoff leben. Probiere es nicht aus.
Ich spreche hier von der hypothetischen Möglichkeit, die dir bewusst sein soll,
weil ich dir sagen möchte, mir ist alles möglich, auch mit dir, oder durch dich.
Dass ich den Müden Kraft, und dem Unvermögenden Stärke gab,
bemerkt die Person durch die ich wirke, oft erst in Nachhinein,
damit sie mir, und nicht sich selbst, Ehre gibt.
Wenn du an den Punkt kommst,
wo deine Kraft nicht reicht, du mit deiner Weisheit am Ende bist, tritt zur Seite,
mach die Bühne frei für mich,
denn ich will und ich werde durch dich wirken.

Einstiegsgebet:

Wenn du Jesus, so durch mich scheinen willst und kannst, dann möchte ich gerne deine Kraft und Stärke erleben, wann immer du das willst, und dir so die Ehre geben.
Der Applaus meines Lebens gehört dir.

28. Juni

1. Samuel 16,4a

Und Samuel machte es so, wie es ihm JHWH gesagt hatte (Schlachter 2000)

Gebet:

Manchmal fühle ich mich nicht fähig zu dem, was du mit mir machen willst, Gott.

Manchmal bin ich innerlich noch nicht fertig mit dem, was geschehen ist,

und du erwartest, dass ich mich auf Neues einstelle, oder mich freue.

Manchmal verlangst du viel.

Und der Geist Gottes sagt mir:

Wenn es dir so geht, ist es am einfachsten einen Schritt nach dem Anderen zu tun.

Nicht weiter denken, nicht hinterfragen.

Dann wirst du sehen, wie dein Gehorsam belohnt wird.

Gebet:

Vertrauen ist hin und wieder echt herausfordernd,

doch ich will glauben und erleben, wie sich dein Wort vor meinen Augen erfüllt.

Also werde ich tun, was du mir aufträgst, so gut ich kann.

Einen Schritt gehen, nur einen, und dann den Anderen und so weiter.

29. Juni

Hesekiel 16,8b

...ich schwor dir's und schloss mit dir einen Bund, spricht Gott JHWH und du wurdest mein.

(Luther 2017)

Der Gott sagt mir:

Nicht um deinetwegen bist du mein.

Nicht das was du tust, oder sagst, oder glaubst, hat dich dazu ausgezeichnet,

sondern der Bund meines Blutes ist es.

Du willigst ein, in einen bereits bestehenden Vertrag, zwischen mir und meinen Sohn.

Und deshalb bist du mein.

Teuer erkauft, weil du mir wertvoll bist.

Dieser Bund besteht nun ewig.

Er reut mich nicht.

Ich stehe dazu.

Ich bleibe dabei, ich will dich nah bei mir.

Du bist Teil von mir, meinem Reich, meines Wesens.

Ich habe mich für ewig untrennbar mit dir verbunden.

Einstiegsgebet:

Danke, Gott, dass ich Anteil an dir habe, durch Jesus.

30. Juni

Hiob 26,2

Wie sehr stehst du dem bei, der keine Kraft hat, hilfst dem,

der keine Stärke in den Armen hat. (Luther 2017)

Im Heiligen Geist spüre ich:

Die Kraft, die Menschen haben, ermüdet schnell.

Sie ist mit Härte, Durchhalten, Verbissenheit verbunden.

Die Kraft, die von Gott kommt, schwächt den Körper nicht,

sondern hinterlässt das Gefühl von unendlichen Ressourcen.

Steig hinein in die Kraft Gottes.

Lass jede Form von Durchhalteparolen los, und lass dich fallen, in die Macht seiner Stärke.

Bitte Gott, dass er dir die Last abnimmt, die du so lange hoch gehalten hast, dass du nicht mehr weißt, wie du sie abgeben kannst.

Seine Kraft, seine Macht und Stärke steht uns erst dann zur Verfügung,

wenn wir selbst seine Kraft, Macht, Stärke auch haben wollen.

Niemand kann etwas nehmen, wenn er beide Hände voll hat.

Leere deine Hände von deiner Kraft, gestehe Gott deine Schwäche und dein Unvermögen ein.

Du wirst erleben, wie sehr er dem hilft, der keine Kraft hat, wie er rettet aus Unvermögen.

Einstiegsgebet:

Jesus ich gestehe dir meine Hilflosigkeit, meine Schwäche und gebe dir die Wut, die daraus resultiert. Bitte nimm mir meine Last ab, denn nicht einmal dazu, fühle ich mich fähig.

Du bist mächtig. Danke, dass du da bist um mir zu helfen.

1. Juli

Psalm 27,8

Mein Herz hält dir vor dein Wort: / "Ihr sollt mein Antlitz suchen."

Darum suche ich auch JHWH dein Antlitz. (Luther 2017)

Der Heilige Geist fragt mich:

Weißt du, warum es uns - Gott, der dein Vater ist, Jesus, deinen Retter und mich, der ich in dir wohne - so berührt, wenn du uns Gottes Wort vorhältst, wenn du Gottes Wort betest?

Ich bin vollkommen rein, vollkommen heilig, und in meinem Geist sprachen wir,

es werde Licht und es wurde Licht.

Dein Herz ist trügerisch; wenn du deine Worte betest, wird nicht Licht,

weder in dir, noch um dich herum.

Doch wenn du unsere Worte betest, aus mir heraus, durch mich, ist auch meine Macht in diesen Worten, und dein Reden ist Ja und Amen,

klar hinein gesprochen in die sichtbare und unsichtbare Welt. Unmissverständlich.

Wahrheit definiert nicht richtig oder falsch.

Wahrheit definiert sein oder nicht sein, Leben oder Tod.

Ich bin die Wahrheit und das Leben.

In meinen Worten sprichst du, wenn du betest, ewiges, unbändiges, unaufhaltsames, zeitloses, überfließendes, unerschöpfliches, kraftvolles, bedeutsames, heilendes SEIN über dir und die Menschen die du segnest aus, und das will ich.

Einstiegsgebet:

Ich suche dich Gott, mein Vater, Jesus mein Retter, und Geist der Wahrheit.

Ich brauche dich, ich sehne mich nach dir und möchte sein und bleiben in deiner Gegenwart.

2. Juli

1. Könige 17,1

Und Elia, der Tisbiter, von den Einwohnern Gileads, sprach zu Ahab:

So wahr JHWH lebt, der Gott Israels, vor dessen Angesicht ich stehe, es soll in diesen Jahren weder Tau noch Regen fallen, es sei denn, dass ich es sage! (Schlachter 2000)

Und der Heilige Geist sagt:

Es wird mir nie an einem Mann fehlen, der meine Botschaft verkündet,

meine Wege geht und meine Sache verkündet.

Die Frage ist nur, ob du das bist.

Ob du dich fürchtest vor Königen oder Priestern, Gewalten oder Stürmen.

Sei mutig und sei stark. Ich bin der Herr dein Gott, ich bin JHWH, der dich kennt.

Nicht jeder hat den Auftrag des Elia, aber jeder hat den Auftrag der Jünger Jesu:

Heile du die Kranken, treibe du die Dämonen aus,

mache du zu Jüngern und lehre sie alles zu halten, was ich euch geboten habe.

Das kannst du nicht? Habe ich dir nicht gesagt, dass du mutig und stark sein sollst?

Ich bin JHWH, dein Gott, und ich befehle dir mutig und stark zu sein.

Entweder du überwindest deine Furcht, oder deine Furcht überwindet dich!

Du aber bist mein.

Einstiegsgebet:

Ich stehe vor deinem Angesicht, nicht vor dem Angesicht der Menschen.

Dich muss ich fürchten und vor Augen haben, dann kann ich alles was du mir sagst.

3. Juli

Psalm 119, 73

Deine Hände haben mich gemacht und bereitet,
unterweise mich, dass ich deine Gebote lerne. (Luther 2017)

Der Heilige Israels sagt:

Charakter ist besser als Werbung. Natürlich weißt du, dass die Hochglanzbildchen auf Facebook, Instagram, Twitter, LinkedIn, Xing und so weiter, teilweise fake und teilweise Momentaufnahmen sind, für eine Welt die sich nur mehr für die Fassade interessiert.
Aber trotzdem betrifft es dich! Ist es nicht so, dass du mit dem, was du postest,
aber auch in der realen Welt, was du sagst, wie du dich gibst, einen Eindruck hinterlässt,
welcher der Wahrheit nicht entspricht? Ihr seid alle von Werbung verseucht!
Mehr denn je ist es wichtig, jemand zu sein, als wahrhaftig und ehrlich zu sein.
Ihr redet dann von Masken, aber davon rede ich nicht. Mir geht es nicht darum,
dass du dich schützen musst - was schlimm genug ist, denn ich bin dein Schutz -
es geht darum, dass du dich schämst, für das was du bist und wer du bist.
Ich verändere dich mehr und mehr. Und du lehnst ab, dass dein neuer Charakter weniger und weniger in deine alte, "nicht-christliche" Umgebung passt. Damit lehnst du das ab was ich dir schenke, wie ich dich verändere. Stop it! Das kränkt mich.

Einstiegsgebet:

Ich bin dein. Ich will dir gehören. Ja es stimmt, ich schäme mich für das was du aus mir gemacht hast und möchte es verstecken, wenn ich es unpassend finde. Vergib mir, denn mir wird klar, dass diese Momente oft der Zeitpunkt wären, dein Licht hell scheinen zu lassen. Das ist dann echter Glanz, echte Schönheit. Lehre mich wahrhaftig zu sein.

4. Juli

Epheser 3,11b+12

...in Christus Jesus, unseren Herrn, durch den wir Freimut und Zugang haben in aller Zuversicht durch den Glauben an ihn. (Luther 2017)

Der Geist des Vaters sagt mir:

Nicht was du tust, was du denkst, was du sagst.

Nicht wie du lebst, nicht einmal wie du glaubst, sondern allein, an wen du glaubst, schafft dir Freimut und Zugang zu der vielfältigen Weisheit Gottes, dem unausforschlichen Reichtum des Christus.

Da du im Glauben an die Person Jesus, deines Erlösers, Bürger des Königreichs Gottes bist, Familienangehöriger der Heiligen, ist es nur natürlich, selbstverständlich, dass du an dem großen Kuchen der Erkenntnis und Offenbarung an der himmlischen Tafel mitnaschen darfst. Aber erst verstehe,

du musst reichlich essen von der Liebe und der Güte und Freiheit, die dir gegeben wurde. Iss bis du satt bist, vom Brot, und trinke vom Wasser des Lebens, allem was Jesus für dich bereitgestellt hat: Freude, Frieden, Gesundheit, Vergebung, alles Heil -

bevor du Erkenntnis und Offenbarung suchst. Denn ohne die gute Grundlage der Liebe als feste Nahrung, wird dir vom Naschen schlecht.

Einstiegsgebet:

Jesus, aus der Fülle will ich Gnade um Gnade nehmen.

Alles was ich zum Leben brauche, ist zur Genüge bei dir vorhanden.

Du bietest mir viel mehr an als ich nehmen kann. Richte du mir den Teller.

5. Juli

1. Johannes 1,1

Was von Anfang war, was wir gehört haben, was wir mit unseren Augen gesehen...

was unsre Hände betastet haben vom Wort des Lebens (Schlachter 2000)

Der Geist Jesu sagt mir:

Tiefe Erfahrungen prägen sich mit allen Sinnen ein.

Ich habe diese Sinne gemacht, und ich wünsche mir, dass du mit allen Sinnen Gott erlebst,

dass du hörst, siehst, schmeckst, riechst und spürst, dass ich GUT bin zu dir.

Ich wünsche mir, dass du mit mir alle Worte des Lebens ergründest,

eintauchst in meine Welt der Herrlichkeit, Heiligkeit und des Reichtums des Königs.

Du bist Mensch, so wie die Menschen in der Bibel Menschen waren,

und ich will, dass du mich zuerst durch ihre Berichte kennenlernst,

und dann durch eigene Erfahrung.

Warum?

Weil du sonst, so wie Eva, getäuscht werden kannst.

Einstiegsgebet:

Heiliger Geist, schenk uns die Liebe zur Bibel,

dass wir die Worte des Lebens mehr brauchen, als unser tägliches Brot.

Lass uns erfahren, wie universell und gültig es auch heute für unseren Alltag ist.

6. Juli

2. Petrus 1,2

Gnade und Frieden werde euch mehr und mehr zuteil

in der Erkenntnis Gottes und unseres Herrn Jesus ! (Schlachter 2000)

Der Geist der Gottes Herz erforscht, sagt mir:

In der Erkenntnis Gottes und Jesus Christus liegt Gnade und Frieden.

Du kannst nie allein erreichen, was Gott in seinem Herzen an Gutem für dich geplant hat.

Lass dich fallen in seine liebevollen Arme.

Finde Gnade für dich selbst

und für deine Mitmenschen in seiner unendlichen Gnade

und bewahre dir den Frieden Christi unter allen Umständen,

denn er kennt keine Probleme oder Sorgen.

Dein Retter weiß, der Vater hat immer für alles vorgesorgt.

In seinen Armen kommt deine Seele zur Ruhe.

Und aus dieser friedvollen Ruhe heraus, kannst du dich jeder Herausforderung stellen.

Einstiegsgebet:

Vater, bei dir bin ich geborgen. In deiner Nähe erkenne ich wie du bist.

7. Juli

Josua 2,24a

Und sie sprachen zu Josua: "JHWH hat das ganze Land in unsere Hand gegeben;
auch sind alle Einwohner des Landes verzagt vor uns!" (Schlachter 2000)

Jesus sagt mir:

Ich habe das ganze Land in eure Hand gegeben, alle Einwohner sind verzagt vor euch. Warum habt ihr Angst? Meinst du wirklich, dass dein Chaos, und deine Krankheit, und deine Sorgen oder Nöte eine Rolle spielen, wenn du hinausgehst und im Glauben tust, was ich dir sage, ohne auf die Umstände zu blicken? Wenn ich dann im Leben der Menschen tue, was ich dir gesagt habe: Heile, befreie und neu mache. Denkst du, die geheilte, befreite, und erneuerte Person wird sagen oder denken: "Ach, wer ist das schon, der mit mir gebetet hat, der bekommt sein eigenes Leben ja nicht auf die Reihe!" Sicher nicht.
Diese Person wird dich als den oder die heilige/n Auserwählte/n sehen, der/die du bist.
Ausgestattet mit der Autorität, die Finsternis zu vertreiben.
Dunkel ist in deinem Leben, weil du die Flamme zudeckst, erstickst.
Lass dein Licht scheinen und du wirst selbst Licht haben. Das was du mir gibst; an Liebe, Zeit, Energie, und in Andere investierst, die ich lieben will, denen ich Zeit schenken will, die meine Kraft kennen lernen sollen; wird sie verzagt machen, und du wirst "Land gewinnen" in deinem Leben.

Einstiegsgebet:

Vergib, dass ich mich viel zu viel um meine Probleme drehe und mir der Mut fehlt, den Nöten Anderer zu begegnen. Du willst mir Land geben, ich muss es nur einnehmen. Danke Jesus!

8. Juli

Jeremia 30, 17a

Aber ich will dich gesund machen, und deine Wunden heilen, spricht JHWH

(Freie Übersetzung)

Der Heilige Geist sagt zu mir:

Die Israelis sagten ganz regelmäßig, als Brauch oder zur Verabschiedung:

"Nächstes Jahr in Jerusalem."

Denkst du, sie wussten nicht, dass dies unmöglich scheint?

Aber doch sprachen sie Hoffnung und Zukunft über sich und ihr Volk aus. Mach es genauso. Sprich Hoffnung über dich, deine Kinder, Familie, Freunde, dein Volk, aus. Auch dann, wenn es unmöglich scheint. Hoffnung ist die Entscheidung, nicht aufzugeben, sondern Hilfe und Besserung zu erwarten. Erwarte das Gute, wenn ich als liebender Vater, das zuspreche.

Ich segne dich mit der Hoffnung auf Heilung, Wiederherstellung, Rückerstattung.

Hab doch Mut. Ich bin viel, ja unendlich größer als deine Krankheit, dein Problem, deine Sorge, ja ich bin sogar viel größer als du. Ich kann alles mit dir machen, was ich will.

Ist das ein beängstigender Gedanke für dich? Dann hast du noch nicht verstanden, dass ich nur Gutes für dich will, und das nur in Beziehung mit dir.

Einstiegsgebet:

Herr, lass meine Worte mit deinem Willen übereinstimmen,

denn ich will das Wunder meiner, unserer Heilung und Wiederherstellung sehen.

Danke vielmals, dass du uns Mut machst und Hoffnung gibst,

wo wir Hoffnung verloren haben.

9. Juli

Nehemia 8, 10b

...seid nicht bekümmert; denn die Freude an JHWH ist eure Stärke. (Luther 2017)

Ich frage den Heiligen Geist: Was willst du mir sagen?

Er schweigt.

Und ich sehe mir die Geschichte hinter dem Vers an.

Ich lese die Bibelbücher Nehemia und Esra und stelle mir vor, was geschehen ist:

Esra, der Priester, darf mit etlichen Leuten zurück nach Israel, nach 70 Jahren in Babylon.

Sie fangen an den Tempel, Häuser, für sich zu bauen und die Stadtmauer wieder aufzubauen. Doch die Araber senden eine Nachricht an den König von Persien, dass die Juden die Mauer nur bauen, damit sie keinen Tribut mehr zahlen müssen.

Also verbietet der König den Weiterbau der Mauern und des Tempels.

Die Vorsteher beginnen ihr eigenes Volk zu unterdrücken, indem sie so viele Steuern verlangen, dass sich alles "kleine" Volk verschuldet.

Durch Nehemia, dem Mundschenk des Königs von Babylon, aus dem jüdischen Volk, sendet Gott Esra Unterstützung.

Nehemia baut die Stadtmauer auf und die Araber haben keine Chance mehr mit ihren Verleumdungen.

Nachdem die Stadtmauer aufgebaut ist, sammelt sich alles Volk und die Thora wird vorgelesen.

Das ganze Volk weint sehr über das Gesetz, die Anweisungen Gottes.

Denn sie erkennen,

die Sünden ihrer Väter hat alle Zerstörung und Schwierigkeiten über sie gebracht:

Die Gefangenschaft in Babylon,

die Zerstörung der Stadt,

der Streit und die Probleme mit den Arabern,

die ganze Arbeit die sie hinter sich hatten mit dem Wiederaufbau.

Und sie wussten, sie waren nicht besser.

DOCH Esra, der Priester des Herrn sagt:

"Seid nicht bekümmert, denn die Freude am Herrn ist eure Stärke."

Der Heilige Geist zeigt mir:

Wenn Erkenntnis, Buße, und Umkehr kommt,

ist es unsere Aufgabe zu feiern und uns an Gottes Gnade zu freuen.

Nach dem Fest kommt die Wiederherstellung, die sich zeigt in Taten, die Umkehr beweisen.

Umkehr (Buße), Trauer, Freude und Wiederherstellung gehören zusammen.

Bleib nicht in der Trauer stecken.

Einstiegsgebet:

Danke für deine Freude Herr, du bist Buße und schaffst die Möglichkeit zur

Wiederherstellung. Lass uns den ganzen Weg gehen.

10. Juli

Jesaja 43,19a

Denn siehe, ich will Neues schaffen, jetzt wächst es auf (Luther 2017)

Der Heilige Geist sagt mir:

Wenn etwas aufsprosst, kann es leicht sein, dass man es übersieht.
Wenn etwas Kleines beginnt, bemerkt man es oft nicht.
Junge Pflänzchen brauchen Achtsamkeit,
sonst tritt man sie zusammen, knickt sie um, und zerstört sie bevor sie richtig wachsen können. Wenn ich JHWH etwas schaffe, ist es genauso.
In dir keimt etwas auf, eine neuer Gedanke, eine neue Hoffnung, Glaube, Zuversicht, Wissen.
Achte darauf, pflege und hege das Neue -
es wird Wurzeln schlagen in deinem Herzen und kräftig werden, bis es nicht mehr aus deinem Herzen herauszureißen ist.
Lass dir das Neue, das ich in dir schaffe nicht rauben, indem du es kleinreden lässt.
Lass dich nicht entmutigen.
Sei mutig, auf das Heute zu zugehen, denn ich habe
einen Samen als Geschenk in dich hineingelegt, der wertvoller ist,
als du dir erträumen kannst. Alles was du brauchst und sein sollst, ist darin enthalten.

Einstiegsgebet:

Jesus, ich liebe das Neue, das auf mich zukommt. Es ist immer erfrischend und mitreißend und bringt mehr Stabilität und Sicherheit, selbst in unruhigen, unsicheren Zeiten.

11. Juli

Philipper 4,11b+13

Ich habe nämlich gelernt, mit jeder Lage in der ich mich befinde, zufrieden zu sein.

Ich kann alles durch den der mich stark macht. (Freie Übersetzung)

Gott sagt mir:

Wenn du denkst, du kannst in jeder Lage zufrieden sein, indem du dich anstrengst, vergiss es. Das funktioniert nur so lange, bis es an die Substanz geht. Spätestens, wenn es ums Überleben geht, Hunger, Kälte, Schmerzen so groß werden, dass du sie nicht ertragen kannst, ist es mit deiner Fähigkeit zufrieden zu sein vorbei. Doch ICH BIN die Kraft in dir, die weder Mangel noch Tod fürchtet. Die Angst und Furcht ist es, die dein Gehirn lähmt und dich in deinem momentanen Zustand hält. Doch ICH BIN Liebe, und ich führe dich in eine Freiheit, die du nicht fassen kannst. Die Schlange will dich mit der Angst hypnotisieren, aber wenn du lernst, deine Möglichkeiten, deine Bedürfnisse, deine Zufriedenheit in mir zu finden, kannst du an der Schlange vorbeigehen ohne sie eines Blickes zu würdigen. Warum? Weil sie keinen Blick wert ist. Deine Umstände, dein Leben, dein SEIN, ist sowieso mit Christus gekreuzigt. Also warum sollte ein Toter unzufrieden sein, Angst, Schmerz oder Hunger haben? ICH BIN der neue Mensch in dir. ICH BIN der auferstandene Gesalbte Gottes. Sei dir selbst gestorben, dann kann ich vollständig in dir auferstehen, und ich werde die ganze Auferstehungskraft verwenden um dich zu erlösen.

Einstiegsgebet:

Ich bekenne, ich bin mir selbst gestorben. Ich proklamiere: Christus lebt nun durch mich, und alles in mir muss sich seinem Willen, seiner Autorität, beugen.

12. Juli

2. Chronik 30,18b+19 a

...JHWH, der gütig ist, wolle gnädig sein allen, die ihr Herz darauf richten, Gott zu suchen (Luther 2017)

Der Heilige Geist sagt mir:

Dein Herz ausrichten, ist zu sein, wie eine Kompassnadel.

Egal wo du stehst, egal was du tust, immer, ausnahmslos immer,

auch wenn man dich rüttelt und schüttelt, soll sich dein Herz auf mich richten.

Ich bin eine Person.

Das heißt, genau so wie du deine Gedanken und dein Herz auf jemand lenken kannst,

den du siehst, du gut kennst - weißt du

wie diese Person riecht, redet, kennst ihren Kleidungsstil, ihre Bewegungen - kannst du

dein Herz und deine Gedanken auf mich ausrichten. Das wünsche ich mir von dir.

Ich bin eine Person.

Ich habe einen bestimmten Geschmack, eine bestimmte Art zu reden und zu handeln.

Je besser du mich kennst, umso leichter wird es, dich auf mich auszurichten,

aber von Anfang an gibt es in dir einen Magnet, der dich, dein Herz, zu mir polt:

Meine Liebe, meinen Frieden und meine Freude.

Meditiere über die Worte des neuen Bundes (das Neue Testament),

so lernst du mich besser und besser kennen.

Einstiegsgebet:

Ich will mein Herz auf dich ausrichten, ich suche dich. Lehre mich dir nahe zu bleiben Jesus.

13. Juli

Epheser 4,24

Zieht den neuen Menschen an, der nach Gott geschaffen ist,

durch Gerechtigkeit und Heiligkeit in Wahrheit. (Freie Übersetzung)

Der Heilige Geist sagt mir:

So wie Leinen und Baumwolle ihre ganz eigenen Eigenschaften haben,

wenn du Kleidung aus diesen Materialien trägst,

so habe auch ich gewisse "Materialeigenschaften".

Der alte Mensch ist sozusagen billig, von schlechter Qualität und Verarbeitung.

Mein Wesen in dir, der neue Mensch, ist Gerechtigkeit und Heiligkeit in Wahrheit.

Trage das!

Es steht dir gut, denn du bist für diesen neuen Menschen geschaffen worden.

Diese Kleidung war vorher da - denn du wurdest in sie hinein geschaffen.

Einstiegsgebet:

Vater ich danke dir, du kleidest mich mit deinen Wesenszügen.

14. Juli

2. Korinther 2,15

Denn wir sind für Gott ein Wohlgeruch des Christus unter denen,

die gerettet werden, und unter denen, die verloren gehen (Schlachter 2000)

Der Herr erklärt mir:

Wenn niemand verloren gehen würde, bräuchte es keine Rettung.

Sei dir klar darüber: Menschen können verloren gehen, die gerettet werden könnten.

Ich frage nach: "Herr, wie kann das sein?"

Er sagt mir: Ihr wolltet Verantwortung über Leben und Tod, jetzt habt ihr sie auch.

Aber sorge dich nicht. Ich habe Mittel und Wege, die ihr nicht kennt.

Dennoch bleibt es eure Verantwortung.

Fürbitte,

Gebet,

Glaube für eine verlorene Menschheit,

sind einige solcher Mittel, wodurch ich arbeiten kann im Unsichtbaren.

Vergebung und diejenigen segnen, die euch hassen, sind Weitere.

Gutes tun ohne etwas zurück zu erwarten,

Freundlichkeit,

Gastfreundschaft,

Herzlichkeit,

liebevolle Worte,

sind Zeugnisse für mich.

Wenn du all das in meinem Namen tust, bist du ein Wohlgeruch für mich.

Ich möchte es noch einmal in aller Deutlichkeit sagen:

Was auch immer du aus Liebe zu mir tust,

aus reinem Herzen - möge es noch so falsch sein, oder noch so klein -

es ist ein Wohlgeruch für mich.

Jede Arbeit, die du tust,

nicht für Menschen,

nicht, weil du sie sowieso tun musst, sondern wenn du sie für mich tust -

diese Arbeit wird im Himmel gesehen und sie wird dir ewige Frucht bringen.

Einstiegsgebet:

Ich will heute ein Wohlgeruch für dich sein,

egal wo ich hingehe,

was ich heute tue,

unter denen die Verloren gehen,

und unter den Geretteten,

will ich für dich ein Genuss sein, Herr Jesus und mein Vater Gott.

15. Juli

Hiob 30,26

Ja, ich habe Gutes gehofft und es ist Böses gekommen,

ich wartete auf das Licht und es kam Finsternis. (Freie Übersetzung)

Der Heilige Geist sagt mir:

Sei nicht wie Hiobs Freunde. Versuche nicht das Schicksal eines Menschen zu ergründen.

Versuche nicht mein Handeln zu verstehen, weder in deinem Leben, noch im Leben Anderer.

Erkenne, ich bin größer als du. Ehre mich, in dem du dich unter meine Hand demütigst.

Leide mit den Leidtragenden, bete mit den Kranken, weine mit den Weinenden!

Ich habe geweint über Lazarus, obwohl ich ihn auferweckt habe. Lernt von mir!

Sei nicht schicksalsergeben, sondern gib dich mir hin. Der Geist in dir ist wiedergeboren,

du hast das Leben in dir, und Gerechtigkeit. Es ist unrecht, jemand zu schlagen,

der am Boden liegt. Es ist unrecht, einem Kranken zu sagen, er habe zu wenig Glauben,

weil er nicht gesund wird. Es ist unrecht, einem Leidgeprüften zu sagen, er sei sündig,

sonst würde Gott das nicht zulassen.

Wer bist du, dass du denkst, mich durchschauen zu können?

Ich bin gnädig und barmherzig. Sei du gnädig und barmherzig, mit dir selbst und anderen.

Ich verurteile dich nicht. Verurteile du auch nicht!

Einstiegsgebet:

Du bist groß und mächtig, und dein Handeln an uns Menschen ist uns verborgen,

bis du es offenbarst. Danke für deine Offenbarung die schon ist, und die noch kommt.

Verzeih mir vorschnelle Urteile!

16. Juli

Jakobus 4,3a

...ihr bittet und bekommt nicht... (Schlachter 1951)

Jesus sagt:

Ihr tut so, als ob ich ständig nein sagen würde. Als ob ich alles was ihr euch wünscht, von euch fernhalten würde. Ständig wiederhole ich: Ihr habt nicht, weil ihr nicht bittet. Ich will euch geben, was euer Herz begehrt. Trachtet zuerst nach meinem Reich, und alles andere wird euch zufallen. Und so weiter. Ich bin nicht gegen dich oder das was du möchtest! Es ist nur so: Ich hab die Regeln, wie du zu dem kommst, worum du bittest, festgelegt und die sind unumstößlich, und erfordern Gehorsam. Es gibt nur drei Arten von Christen:

1. Die, die gehorsam sind in Allem.

Und mit Gehorsam meine ich nicht, dass sie gute Voraussetzungen hatten um Gehorsam zu sein. Gehorsam ist eine Entscheidung. Sie haben Sieg.

2. Die, die gehorsam sind, bis ihnen irgendetwas nicht passt. Das sind die Meisten.

Sie fügen sich der Tatsache, dass sie nicht bekommen, was ich versprochen habe.

3. Die, die kämpfen. Wenn sie nicht aufgeben, werden sie zu den Gehorsamen, wenn sie aufgeben zu den Ungehorsamen. Ich wünsche mir das Gute, die Herrlichkeit, den Sieg!

Und ich helfe dir gehorsam zu sein,

sobald du dich entschieden hast, dass du gehorsam sein willst um jeden Preis.

Einstiegsgebet:

Jesus, danke, dass der Gehorsam, den du forderst, das Beste für mich und meine Umgebung will. Ich vertraue dir.

17. Juli

Jakobus 4,3

Ihr bittet und bekommt nicht, weil ihr in böser Absicht bittet,
um es in euren Lüsten zu vergeuden. (Freie Übersetzung)

Jesus sagt mir:

Sei mal ehrlich, wie viel von dem was du bittest, kommt nur Anderen zugute?
Wie viel von dem was du bittest, bringt mir Ehre und nicht dir? Wie viel von dem was du bittest, hat ewigen Wert? Die böse Absicht ist nicht, dass etwas Böses in deiner Bitte ist, ich kenne dein Herz, du meinst es nicht böse. Aber aus egoistischer, egozentrischer Haltung heraus kommt die Bitte. Deine Absichten sind nicht rein, sondern stolz: Was DU möchtest; wie DU dastehst, wenn sich deine Bitte erfüllt; wie man DICH sieht. Bleib auf dem Boden der Tatsachen, du bist als Mensch nicht fähig, anders zu denken oder zu bitten.
Nur in der Erlösung liegt diese Fähigkeit. Wenn du selbstlos sein möchtest,
musst du dich deiner Selbst entledigen. Das bedeutet den Tod für deine Eigensucht, Selbstsucht. Erst wenn du die geistliche Wahrheit verstehst, dass nur eine Bitte erfüllt werden kann, die vollkommen in Geist und Wahrheit erbeten wurde, bist du deinem Selbst gestorben.Du kannst nicht tun, was nur der Geist bewirken kann.
Du kämpfst nicht gegen Fleisch und Blut, sondern gegen Geistliches, während du lernst, dein Wollen und dein Bitten durch den Heiligen Geist verändern zu lassen.

Einstiegsgebet:

Jesus, bitte lerne mir zu Bitten. Erlöse mich zu deiner Sicht der Dinge. Heiliger Geist, leite mich in Fürbitte (die Bitte für Andere oder mich selbst, ohne Selbstsucht).

18. Juli

Jesaja 51,23

Ich will den Kelch meines Grimms deinen Peinigern in die Hand geben, die zu deiner Seele gesprochen haben: Bücke dich, dass wir über dich wegschreiten können. (Schlachter 1951)

Jesu Geist spricht zu mir:

In Römer 5 steht, dass du, weil du durch mein Blut gerechtfertigt worden bist, nun auch vom Zorn erlöst bist. Dieser Zorn trifft nur die, denen du vergeben hast und die dadurch meiner Rache ausgeliefert sind, wenn sie nicht umkehren von ihrer Bosheit. Ich kenne das Herz jedes Menschen, und meine Güte und Langmut hält meinen Grimm zurück, bis an den letzten Tag. Genauso wie jeder Mensch an meiner Schöpfung erkennen kann, dass es einen Gott gibt, so kann auch jeder Mensch erkennen, was Recht ist in meinen Augen. Darum habe ich kein Mitleid mit denen, die die Lüge mehr lieben als die Wahrheit. Warum ich dir das sage? Weil dir klar sein muss: Wenn sie mich hassen, werden sie dich hassen. Was sie mit dir machen, haben sie mit mir schon gemacht. Demut, Güte, und Langmut sind in dir,
und begegnet den Menschen die mich verachten. Du bist gerechtfertigt und begnadigt.
Du trägst das Licht in dir und die Lüge liebt die Finsternis, Finsternis verabscheut das Licht.
Satan verabscheut dich. Darum ist es so wichtig, dass du nicht mit natürlichen Mitteln versuchst, das Übernatürliche zu bekämpfen. Deine größte Waffe ist meine Liebe.
Deine Aufgabe ist zu lieben. Und mein ist die Rache.

Einstiegsgebet:

Jesus, Morgenstern, ich will mich nicht mit Dingen abgeben, die mir zu hoch sind und beuge mich vor dir. Ich vergebe, mit der Kraft deiner Liebe überwinde ich das Böse mit dem Guten.

19. Juli

Jesaja 52,5

"Nun aber, was habe ich hier zu tun", spricht JHWH,

"dass mein Volk ohne Entschädigung beraubt wird? Seine Beherrscher jauchzen,

und mein Name wird beständig, den ganzen Tag, geschmäht." (Freie Übersetzung)

Der Heilige Geist sagt mir:

Es ist so mit meinen Gaben:

Wenn ich komme, lege ich viele Samen in dein Herz, manche gehen sofort auf,

manche später.

Nun kommen aber die Menschen,

die kein Verständnis haben und mein Wirken nicht erkennen,

und sagen: "Ich sehe keine Veränderung."

Dabei gibt es viele Zeichen für die kommende Ernte in deinem Leben.

Der Boden wurde umgepflügt, und die Fußtritte auf der Erde sind erkennbar.

So erkennst du auch mein Wirken in deinem Leben,

bevor der Same sprießt, bevor die Ernte kommt.

Lass dir den sprießenden Samen nicht zertreten, lass dich der Ernte nicht berauben,

durch Aussagen, die den Namen Gottes schmähen.

Einstiegsgebet:

Heiliger Geist, lass mich nicht ungeduldig werden,

bis dein Werk in uns vollkommen sichtbar wird.

Lass mich ein Ermutiger sein und dein Werk in Anderen sehen,

wenn sie es selbst nicht erkennen.

20. Juli

Jesaja 52,4

Denn so spricht JHWH, der Herr: Mein Volk ist vor Zeiten nach Ägypten hinabgezogen, um sich dort in der Fremde aufzuhalten; und der Assyrer hat sie ohne Ursache bedrückt. (Schlachter 2000)

Der Heilige Geist sagt:

Lerne meine Logik: 1 + 1 = Viele.

Aus Abraham schuf ich Nationen, denn ich sehe die Völker, bevor sie sind.

Ich lehre dich meine Gerechtigkeit:

Selbst wenn ich Israel gesagt habe, sie sollen nicht nach Ägypten ziehen, und ich ihnen gesagt habe, wenn sie das tun, werde ich die Assyrer gegen sie aufziehen lassen, befreit das die Assyrer nicht von ihrer Schuld, mein Volk (Israel) bedrückt zu haben.

Wenn es nicht so wäre, würde Jesus nicht für die ganze Sünde gestorben sein.

Die Assyrer haben ihre Schuld vererbt, Abraham seinen Glauben, Jesus seine Gerechtigkeit.

Einstiegsgebet:

Danke Herr für deine Logik, danke Jesus für deine Weisheit.

Du rechnest anders, doch es ist zu unserem Gunsten.

21. Juli

Römer 3,8

Müsste man dann nicht so reden, wie wir verleumdet werden und wie etliche behaupten,
dass wir sagen: "Lasst uns Böses tun, damit Gutes daraus komme?
Ihre Verurteilung ist gerecht!" (Schlachter 2000)

Jesus sagt mir:

Jeder der mir ernsthaft nachfolgt, muss mit Verleumdungen rechnen, die aus den eigenen Reihen kommen. Es ist ein nicht verstehen wollen derer, die den Schein der Heiligkeit tragen, getünchte Leichengräber sind sie. Strahlend schön. Doch diese Menschen bergen den Tod.
Sie wollen die Glaubwürdigkeit derer untergraben, bei denen sie Leben sehen,
denn das Leben hat das Licht, sie aber scheuen das Licht, denn das Licht bringt Wahrheit.
Alles in dir, das nicht ans Licht kann oder darf, ist totgeweiht. Es ist so einfach:
Bleibe in meiner Wahrheit. Wo meine Wahrheit, da ist Freude und Leben, selbst in Trübsal - und das bringt dir Leichtigkeit, Hoffnung, und einen positiven Ausblick in die Zukunft.
So wirst du selbst nicht zum Verleumder. Wenn dir Lüge und Unrecht ins Gesicht schlägt, dann hab Erbarmen mit den Menschen, und stopfe ihren Lügenmund,
indem du beständig das Gute tust, und sie mit Worten und Taten segnest.

Einstiegsgebet:

Liebster Jesus, ich halte mich fest an dich, denn nahe bei dir ist Licht und Wahrheit.
Du durchdringst meine Seele, und machst alles hell und klar.
Ich segne die, die mich hassen, und vergebe alles Böse, das mir Menschen angetan haben.
Bitte rette die, die in Irrtümern verstrickt sind, und auch mich vor allem Bösen.

22. Juli

1. Samuel 1,3

Dieser Mann ging nun Jahr für Jahr hinauf aus seiner Stadt, um JHWH der Heerscharen anzubeten und ihm zu Opfern in Silo. Dort aber waren Hophri und Pinehas, die beiden Söhne Elis, Priester JHWHs. (Schlachter 2000)

Jesus spricht zu mir:

Siehst du nicht die Treue dieses Mannes?

Er geht Jahr für Jahr für Jahr um mich zu ehren, und meinem Gebot zu gehorchen - ungeachtet der Tatsache, dass die Söhne des Eli verschrien waren unter dem Volk als Hunde; ungerechte, habgierige und lüsterne Männer, die weder Gott noch ihren Vater achten.

Die Männer waren die Priester, die das Opfer darbrachten. Und viele Gottesfürchtige gingen, meinem Gebot folgend, ihr Opfer von bösen Männern schlachten und opfern zu lassen.

Auch heute ist es noch so. Beachte die schlechten und bösen Priester, Pfarrer und Pastoren, Ältesten und Bruderräte nicht. Tue DU, was ich dir ins Herz gelegt habe, zu tun.

Sei gehorsam und demütig, sanftmütig und treu, auch wenn es sonst niemand mehr gibt, der es auch so macht. Dieser Mann wurde sehr gesegnet, denn er war der Vater von Samuel, dem Propheten. Genauso will ich dich segnen. Ich will dich zu Ehren bringen für immer, wenn du mir treu nachfolgst und mich ehrst, auch dann, wenn Andere es nicht tun.

Einstiegsgebet:

Jesus, immer wieder falle ich in alte Denkmuster und Gewohnheiten,

doch du sagst mir, ich darf umkehren, Buße tun und neu anfangen, das Alte vergessen.

Du nennst mich treu, du gibst mir die Chance treu zu sein, und ich will dir treu nachfolgen.

23. Juli

Jeremia 32,17

Ach, Herr, JHWH, siehe du hast den Himmel und die Erde gemacht mit deiner großen Kraft und mit deinem ausgestreckte Arm dir ist nichts unmöglich! (Schlachter 2000)

Gott zeigt mir:

Hier steht, dass ich Himmel und Erde mit meinem ausgestreckten Arm gemacht habe.

Am Anfang steht, dass ich die Welt mit meinem Wort schuf.

Was denkst du, wie ist es denn? Wort oder Werk?

Verstehe doch, dass es kein Wort ohne Werk, und kein Werk ohne Wort gibt.

Du musst wissen, was es bedeutet, dass ich dich nach meinem Ebenbild geschaffen habe.

Das bedeutet auch, dass die Art und Weise, wie du etwas schaffst, der Meinen gleicht.

Ich nehme mir etwas vor, ich rede darüber, ich arbeite daran, und dann ist es.

So geschieht es bei dir und so geschieht es bei mir.

Wenn in den Schriften steht, dass ich dich gebildet habe, bedeutet das,

ICH HABE DICH GEBILDET.

Im Hebräer steht, dass seit Grundlegung der Welt alle meine Werke beendet sind,

und doch sagte Jesus als er am Kreuz starb: "Es ist vollbracht."

Alles was ich mir vornehme, verheißen habe, kannst du als schon erledigt betrachten.

Glaube und handle danach.

Einstiegsgebet:

Gott ich habe nie darüber nachgedacht, aber ich weiß jetzt, ich kann in deinen Werken ruhen. Du tust, was du sagst, und du hörst nicht auf zu wirken, bis alles getan ist.

24. Juli

Jeremia 32,17

Ach Herr, JHWH, siehe du hast den Himmel und die Erde gemacht, mit deiner großen Kraft und mit deinem ausgestreckten Arm; dir ist nichts unmöglich. (Schlachter 2000)

Matthäus 28,18 Mir ist alle Macht gegeben im Himmel und auf Erden (Elberfelder 2006)

Römer 8,2 Denn die Macht des Geistes, der Leben gibt, hat dich durch Jesus Christus von der Macht der Sünde befreit, die zum Tod führt. (Neues Leben)

Der Herr spricht zu mir:

Wenn ich alle Macht im Himmel und auf Erden habe, dann kann ich geben wem ich will, oder?

Mir ist nichts unmöglich, und ich habe alle Autorität über Alles.

Wenn du das glaubst, hast du völlige Autorität über das Leben, das ich dir gegeben habe.

Du fragst dich immer noch, wie das möglich ist: Ich habe dir Vollmacht über die Sünde gegeben, damit hast du auch Autorität über die Folge der Sünde: Dämonen und Krankheit.

Sobald du zweifelst, spielt die Sünde mit dir.

Lerne in Autorität zu herrschen über dich, und die Erde die ich dir gegeben habe,
und genauso wie ein ungezogenes Kind, das merkt wann Schluss ist,
wird das Böse merken, wann Schluss ist.

Einstiegsgebet:

Vater, danke für deine Geduld mit mir, immer wieder schrecke ich zurück vor diesem Kampf um das Erbe, das du mir gegeben hast. Ich möchte das Land einnehmen, dieses Leben in Christus, aus seiner Kraft, in seiner Autorität leben.

25. Juli

1. Timotheus 6,8

Wenn wir aber Nahrung und Kleider haben, so wollen wir uns damit begnügen.

(Luther 2017)

Gottes Geist spricht zu mir:

Bevor jemand lernt, dass natürliche Ressourcen nicht unendlich zur Verfügung stehen, ist es gesund für diese Person zu erleben, dass sie jederzeit das hat und bekommt was sie braucht. Angenommen, du willst einem Kind nicht beibringen, wie es sparsam lebt, oder mit seinen Ressourcen gut umgeht - was es später mal lernen sollte - dann wirst du alles genau dann zur Verfügung stellen, wen es gebraucht oder gewünscht wird und keine Sekunde früher, oder? Sonst entsteht Angst vor Armut oder Mangel.

Ich bin DEIN guter Vater, begnüge dich damit, dass ich dir immer alles gebe, was du brauchst. Vertraue darauf, dass es dann zur Verfügung steht, wenn du es brauchst.

Aber erwarte nicht, dass du sofort alles bekommst, was du möchtest.

So oft sind meine Kinder zornig auf mich, weil sie nicht abwarten, bis ich sie beschenke, und denken, sie brauchen Alles JETZT SOFORT.

Das ist eine Lüge, die Satan benutzt, dass sie meine Wege verlassen und sich das was sie wollen, illegal besorgen.

Alles was außerhalb meines Willens für euch ist, ist nicht rechtens, also illegal.

Einstiegsgebet:

Ständig zahlst du meine Strafe und ich werde Mittäter mit Satan, indem ich deine Zeit, dein Geld, deine Ressourcen raube, die du mir anvertraut hast, weil ich deinem Wort nicht glaube.

26. Juli

Kolosser 3,15a

Und der Friede des Christus regiere (schlichte, vermittle) in eurem Herzen (Elberfelder 2006)

Jesus sagt mir:

Lass alles durch den Filter meines Friedens laufen,

was im Kontakt mit anderen Menschen passiert.

Du weißt, bei mir gibt es nur richtig oder falsch, da ist kein Wechsel oder Schatten.

So urteile ich über alles Handeln jeder Person.

Um was zu machen? Zu segnen oder zu vergeben.

Alles, was aus meinem Geist heraus geschieht, belohne ich, egal wie Menschen es beurteilen.

Und alles, was nicht aus meinem Geist ist, ist Sünde, und wird denen die glauben, vergeben.

Handle ebenso.

Lass dich von meinem Geist überzeugen. Lebe im Licht.

Vergib wo nötig.

Lass stehen, was du nicht verstehst, verurteile nicht, sondern

lass mir das Urteil

und segne, so hast du Frieden.

Einstiegsgebet:

Ich segne die, die mich verachten, verletzen und missverstehen.

Du Jesus bist mein Retter und mein Friedefürst.

27. Juli

Kolosser 3,15b

...zu dem auch ihr berufen worden seid in einem Leib (Elberfelder 2006)

Jesus sagt mir:

Ein Körper stoßt alles ab, was nicht naturgemäß zu ihm gehört,

die Reaktion auf Fremdkörper, z.B. im Blutkreislauf, kann heftig sein.

Deshalb brauchst du dir keine Sorgen machen,

denn ich weiß was zu mir gehört und was nicht.

Du bist transformiert, so dass du zu meinem Körper gehörst.

Du bist Teil von mir, so wie ich Teil von dir bin, genauso wie alle die an mich glauben.

Ihr seid auf eine Art verbunden die untrennbar ist. Durch und in meiner Liebe.

Einstiegsgebet:

Jesus, ich bin mehr in dir verankert, als mir bewusst ist.

Ich bete für deinen gesamten Leib, dass wir wachsen an Erkenntnis deiner Selbst.

28. Juli

Kolosser 3,15

Und der Friede Christi regiere in euren Herzen, zu dem auch ihr berufen worden seid in einem Leib UND SEID DANKBAR (Elberfelder 2006, Hervorhebung durch den Autor)

Der Heilige Geist sagt mir:

Jesus schafft Frieden in deinem Herzen. Der Geist des Friedens ist nicht außerhalb, sondern in dir, und deshalb ist er unabhängig vom Verhalten anderer Menschen. Kümmere dich nicht um die Meinung anderer. In dir wohnt die ganze Weisheit Gottes. Bleibe in meinem Wort, bleibe in der Wahrheit, und beachte dann, dass mein gesamtes Denken in dir verankert ist. Das ist ein Grund zur Dankbarkeit, unabhängig vom Verhalten anderer oder Umständen. Alles was gut, ehrbar, lobenswert, freundlich, friedvoll, geduldig, sanftmütig, demütig, gastfreundlich, großzügig, freigiebig, ehrlich, wahrhaftig und wohltuend ist, kommt von mir. Lass dich vom Geist leiten, und nicht von Gefühlen. Du hast die Gesinnung Christi, du kannst wissen, wer du bist und was Gott von dir will, wenn du mir mehr glaubst als allem Anderen. Ich stehe zu meinem Wort. Stehe du zu meinem Wort.

Einstiegsgebet:

Ich bin Botschafter an Christi statt, höchster Vertreter des Königreichs Gottes auf dieser Erde, durch den Heiligen Geist, der in mir ist. Danke dafür. Ich bin das, unabhängig davon, ob ich mich so benehme oder nicht, weil du mich dazu berufen hast. Jesus vergib, wo ich deiner Botschaft der Versöhnung in allen Bereichen nicht gerecht wurde. Ich will deinen Charakter repräsentieren, unabhängig von meinen Gefühlen. Danke, dass ich die Gesinnung Christi habe. Danke, dass ich wissen kann, wer ich bin, und was Gott von mir will.

29. Juli

Philemon 1,7

Denn wir haben viel Freude und Trost um deiner Liebe willen; denn die Herzen der Heiligen sind durch dich erquickt worden, lieber Bruder. (Schlachter 2000)

Der Heilige Geist sagt mir:

All die Jahre seit dem Jesus als der Christus offenbart wurde, sehne ich mich danach,
dass alle Nachfolger herzliche Gemeinschaft pflegen. Dass sie ihr Herz einander zuwenden,
und herzliches Erbarmen füreinander haben. Jeden der es hören kann, bitte ich:
Mach du einen Unterschied! Mache du den Unterschied, und lass meine Liebe, meine Gnade
- unverdiente Gunst - meine Barmherzigkeit, mein Mitleid, meinen Schmerz für die Armen
und Unterdrückten, zu deinen Geschwistern fließen.
Ich wirke in dir das Gute, ich möchte dich zu einer Quelle fließenden Wassers machen,
aber das bedeutet: Dein Herz darf sich vor Niemandem verschließen.
Groll und Bitterkeit verunreinigen dieses Wasser. Mach du den Unterschied:
Entscheide dich, alles vor mich hinzuwerfen, dein ganzes Sein und dein Leben,
dein Herz zu geben für mich. Schau, du gibst dein Herz mir - nicht der Menschen,
nicht den Geschwistern. Bei mir ist es geborgen, egal was Andere tun oder sagen,
denn bei mir kannst du den Müll abladen und sauber werden.

Einstiegsgebet:

Herr Jesus, ich gebe dir mein Herz. Ich möchte den Unterschied machen.
Lieben, wenn ich nicht geliebt werde, geben, wenn nichts zurückzuerwarten ist.

30. Juli

Psalm 63,2a

Gott, du bist mein Gott, den ich suche, es dürstet meine Seele nach dir (Luther 2017)

Jesus sagt (Johannes 7,37b)**:**

"Wen da dürstet, der komme zu mir und trinke!" (Luther 2017)

Durst ist die Sehnsucht nach Wasser.

Durst ist das Zeichen, dass du zu wenig Flüssigkeit im Körper hast.

Deine Sehnsucht nach mehr von mir, ist ein Zeichen,

dass du zu wenig in mir verwurzelt bist, dir Meiner nicht sicher bist.

Ich stille alle deine Sehnsucht, ich erfülle dich vollkommen.

Das ist mein Wesen - ich mache keine halben Sachen. Ich bin vollkommen.

Sei dir dieser Tatsache bewusst, dass ich gesagt habe: "Wer mich hat, hat das Leben."

Wenn du das glaubst, was ich bin und sage, dann hast du alles.

Dir fehlt nichts, und alle Sehnsucht hört auf.

Nur eine bleibt: die Sehnsucht nach meinem Kommen auf die Erde.

Aber DU hast mich schon. Glaube es nur!

Einstiegsgebet:

Jesus, wenn ich dich habe, habe ich alles. Jesus, ich habe dich,

du bist mein Gott, der in mir wohnt. Ich brauche nicht mehr zu suchen.

Ich habe dich gefunden und du bist mein und ich bin dein.

In dir hört alles Suchen und Streben auf.

31. Juli

Sacharja 8,19b

Liebt Wahrheit und Frieden! (Luther 2017)

Der Geist des Höchsten Gottes sagt mir:

Es ist so einfach, Gottes Gebot zu folgen. Es ist so einfach, seinen Weg des Lebens zu gehen. Es ist einfach, richtig und falsch zu unterscheiden, gute, lebensspendende Entscheidungen zu treffen: Liebe Jesus.

Liebe ihn mit jeder Faser deines Seins. Liebe ihn mit Herz und Verstand. Liebe ihn.

Du fragst dich: "Wie kann ich ihn lieben? Wie kann ich Jesus lieben, der unsichtbar und schwer zu greifen ist? Ich kann ihn nicht sehen, umarmen,

seine Antwort mit meinen Ohren hören." Ich sage dir: Wahre Liebe ist die, die tut, was der Geliebte wünscht. Zeige deine Liebe in Taten.

Alles was du tust, als für deinen Herrn, den du liebst.

Alle deine Gedanken mit der Frage: Würde das meinem Geliebten Jesus gefallen?

Verbanne jeden bösen Gedanken, nicht als MUSS, sondern aus Liebe.

Jesus ist die Wahrheit, und die Wahrheit wird dich frei machen.

Umarme Freiheit und Frieden für dich selbst und alle Menschen.

Schenke deiner Umgebung den inneren Frieden der kommt, weil du Jesus liebst.

Einstiegsgebet:

Ich liebe dich Jesus. Ich liebe Wahrheit, Frieden und Freiheit. Ich will diese Liebe leben. Gnädig sein, wenn mir Unrecht geschieht, vergeben. Mit Freude und fröhlich tun, was ich tun muss, für dich Jesus, dem König aller Könige, Friedefürst. Amen

1. August

1. Johannes 5,6a

Er ist es, der durch Wasser und Blut gekommen ist, Jesus der Christus (griech. für: Erlöser); nicht durch Wasser allein, sondern durch Wasser und durch Blut. (Schlachter 2000)

Durch den Heiligen Geist erkenne ich:

Jesus ist nicht nur aus Wasser geboren, weil das Wasser Reinheit verkörpert,
das Blut aber irdisches Leben.
Wenn kein Blut in einem Leben fließt, hat es keinen irdischen Geist.
Ein solches Wesen ist ein Geist-Wesen, also übernatürlich. Der Heilige Geist ist Wasser und Feuer und Hauch. Aber Jesus kam in unser Fleisch-Sein. Er hat die Welt überwunden, und besiegt als Mensch. Was er kann, kannst auch du, wenn sein Geist in dir wohnt.
Sobald Jesus dein Erlöser ist, hast du Vollmacht über die Welt zu herrschen.
Er hat dich befreit von den Begrenzungen, die durch die Sünde in die Welt kam, weil nicht mehr Adam, sondern Gott, dein Vater ist. Menschlichkeit beinhaltet Unvollkommenheit. Menschlichkeit bedeutet als Mensch geboren. Jesus ist in Vollkommenheit, aber auch in Menschlichkeit gekommen. Dadurch ist er unser Erlöser, weil seine Vollkommenheit uns überkleidet, und so können wir von Gott als Kinder angenommen werden.

Einstiegsgebet:

Jesus, ich lege jede Lüge ab. Ich widerspreche dem Spruch: "Ich bin auch nur ein Mensch." und damit ausdrückt, dass man sündigt, weil man Mensch ist. Jesus, du warst und bist auch nur ein Mensch. Und wenn du vollkommen bist, weil dein Vater vollkommen ist,
dann bin auch ich vollkommen, weil durch dich dein Vater mein Vater ist.

2. August

1. Johannes 5,6b

Und der Geist ist es, der Zeugnis gibt, weil der Geist Wahrheit ist. (Schlachter 2000)

Der Geist der Wahrheit bezeugt:

So wie Jesus, bin ich aus Wahrheit geboren.

In mir ist keine Falschheit, kein Betrug. Ich bin die Wahrheit, die dir Jesus offenbart in Liebe.

Alles was rein, gut, ehrbar, lobenswert ist, kommt aus Gott.

Ich bin ausgesandt, in dir das Göttliche zu entfalten.

Nicht auf eine mysteriöse Weise, sondern so, wie das Wort es sagt:

"Wenn du glaubst, wie mein Wort sagt, werden Ströme lebendigen Wassers aus dir fließen."

Du bist nicht die Quelle. Ich bin die Quelle. Jesus ist die Quelle.

Einstiegsgebet:

Jesus, in mir ist die Wahrheit und das Leben durch den Heiligen Geist.

Ich bete dich an, und danke dir für das Zeugnis des Geistes.

Heiliger Geist, danke, dass du die Quelle ewigen Lebens in mir bist.

3. August

1. Johannes 5,3

Denn das ist die Liebe zu Gott, daß wir seine Gebote halten,

und seine Gebote sind nicht schwer. (Luther 1912)

Der Heilige Geist sagt mir:

Nichts ist schwer, wenn man liebt.

Aus Liebe handeln, wenn man liebt, ist instinktiv,

und dann ist es möglich, Unmögliches zu tun, wie zum Beispiel ein Auto hochheben,

weil das eigene Kind darunter liegt, oder mit einem Bären kämpfen.

Die Kraft liegt in der Liebe.

Meine Kraft liegt in der Liebe.

Deine Kraft liegt in der Liebe.

Du bist geliebt, und darum kannst du lieben und Alles tun.

Denn die Liebe macht dich stark.

Einstiegsgebet:

Du verlangst nicht zu viel. Du erwartest nichts, dass ich nicht kann, denn du liebst mich.

Du gibst immer mehr als du nimmst, denn du liebst mich. Es ist schön geliebt zu sein.

4. August

1. Johannes 5,4

Denn alles, was aus Gott geboren ist, überwindet die Welt;

und unser Glaube ist der Sieg, der die Welt überwunden hat. (Schlachter 2000)

Der Geist, der die Welt überwindet, spricht:

Ich hasse alles, was die Welt bringt,

denn das was die Welt geboren hat und gebären wird, ist Sünde und Tod.

Glaube der Welt nicht! Auch nicht, wenn sie sich noch so heilig stellt. Sie bleibt

eine weiß getünchte Wand, hinter der religiösen, heuchlerischen Fassade ist sie so ekelhaft,

dass meine Worte nicht wert sind, um die Bosheit, Hochmut, Grausamkeit aufzuzählen.

Darum sei nicht blind, mein geliebtes Kind, wie sie meine Worte bis zur Unkenntlichkeit

verdrehen, um dich zu knechten, zu verurteilen, zu beschämen, deine Stimme auszulöschen,

mit der du die Worte des Sieges, der Herrschaft und des Ruhmes ausrufen sollst.

Erhebe dich Tochter Zions, lass deine Stimme hören! Erschrick nicht und steh auf,

denn der Tag deines Heils ist Nahe! Überwinde das Böse mit Gutem.

Lass dich nicht unterkriegen, denn ICH, der EWIGE, WAHRHAFTIGE, MÄCHTIGE,

stärkt deinen rechten Arm. Ich bin dein Rückgrat, die Verstärkung deiner Wirbelsäule.

Niemand kann dich zu Fall bringen, wenn ICH sage, du sollst stehen!

Einstiegsgebet:

Vater ich kehre um von einem Gottesbild, das Menschen, und

nicht der Geist der Wahrheit geprägt hat. Alle Unreinheit soll abgewaschen werden von mir,

und deine Schönheit und Ehre durch mich strahlen.

5. August

2. Samuel 3,17+18a

Abner hatte eine Unterredung mit den Ältesten von Israel und er sprach:

"Ihr habt schon früher danach getrachtet, David zum König zu machen. So führt es nun aus."

(Freie Übersetzung)

Geistlich höre ich:

Bevor in der Welt oder deinem Leben etwas geschieht, habe ich bereits darüber gesprochen.

Ich habe meine Pläne im Himmel besprochen,

und auch über die Pläne des Feindes weiß ich Bescheid,

sie sind einkalkuliert, und müssen letztlich dir dienen,

zum Besten der Welt für meinen Leib.

Nichts entzieht sich meiner Erkenntnis.

Euer Trachten und Wünschen ist mir nicht fern oder fremd.

Daraus ergibt sich,

dass niemals etwas geschieht, das aufgrund

meiner Allmacht und Allherrschaft in Liebe und Sanftheit

NICHT meinen Plänen zuträglich wäre, egal wie traurig und böse es ist.

Du MUSST verstehen, ich will das Böse nicht,

ich habe keine Lust am Tod der Ungerechten.

Doch wenn es denn so sein muss, dass das Trachten der Menschen böse ist,

tagaus, tagein, so ändern sich meine Pläne des Heils nicht im Geringsten.

Meine Strategie ist, aus dem Fluch Segen zu bringen, aus dem Tod Leben zu schaffen.

Machst du mit?

So wie Abner mit den Ältesten,

so hat der Heilige Geist eine Unterredung mit deinem Herzen,

dem Herrschaftsbereich deines Lebens:

Du hast schon früher danach getrachtet, Jesus zum König zu machen.

So führe es nun aus.

Mache meinen Gesalbten Jesus zu deinem König, des Herzens und des Lebens.

Einstiegsgebet:

König Jesus, ich lege meinen Herrschaftsbereich,

mein Leben, vor dir nieder.

Herrsche du!

6. August

Psalm 134,3

JHWH segne dich aus Zion, der Himmel und Erde gemacht hat! (Luther 2017)

Der Geist sagt mir durch sein Wort:

Im Lob des Herrn liegt eine große Kraft.

Mich zu loben und ehren erfordert Durchhaltevermögen. Dein Wille ist gefordert.

In der Suche nach mir, im Ausharren, Durchhalten, wirst du mich finden, und wenn du mich findest - sagt Gott - bist du gesegnet. Ich erwarte nicht von dir, dass du fastest, dir Zeit für Gebet nimmst, nicht deinen Vergnügen nachgehst am Abend, sondern stattdessen Zeit für Bibelstudium verwendest, und am Morgen deine ersten Gedanken bei mir sind.

All das verlange ich nicht.

Ich frage dich, was suchst du? Was willst du? Wo ist dein Herz?

Wenn du gesegnet sein willst, und meine Gegenwart suchst, dann muss dein Herz bei mir sein. Um dein Herz dazu zu bringen, sich mir zuzuwenden, brauchst du große Kraft.

Diese Kraft entspringt aus dem Lob und der Ehre für mich, die aus deinen Gedanken durch deinen Mund aus deinem Herzen kommen.

Du brauchst Fasten, Zeit für Gebet und Bibel lesen, Gemeinschaft mit mir, damit du verstehst, wer und wie ich bin. So kommt Lobpreis und Ehre aus deinem Mund, Segen und nicht Fluch, Glaube und nicht Unglaube.

Einstiegsgebet:

Lob und Ehre sei dir oh Gott, der du Himmel und Erde gemacht hast.

Ich will nachdenken über die Wunder deiner Schöpfung. (Sela)

7. August

Daniel 5,5

Im selben Augenblick erschienen Finger einer Menschenhand,

die schrieben gegenüber dem Leuchter auf die getünchte Wand des königlichen Palasts;

und der König sah die schreibende Hand. (Schlachter 2000)

Und der Geist, der in der Hand war, spricht:

Warte nicht, bis das Gericht kommt. Warte nicht, bis meine Hand eingreift,

dass du etwas änderst, von dem du weißt, dass du es ändern musst, sollst, wirst, willst.

Denn WENN meine Hand eingreift, ist es meist zu spät.

Ob es euch in eurer humanistischen Denkweise gefällt oder nicht, der Mensch ist nicht von

Grund auf gut, von sich aus, und aus diesem Grund sind Strafe und Schläge

wertvolle Mittel einer korrekten Erziehung. Es ist angemessen, einem chronisch

ungehorsamen Kind Schmerz zuzufügen, bevor es sich selber nachhaltig schadet,

oder für die Gesellschaft untragbar wird. Ihr habt nur oft nicht das richtige Maß.

Das macht mich sehr traurig, betont der Heilige Geist, **ich will euer Leid nicht.**

Ich will, dass jeder rechtzeitig zur Vernunft kommt, und keine Züchtigung notwendig wird.

Deshalb ermahne ich dich: Verharre nicht in Falschem, sondern lass dich zurechtweisen,

und lass das Böse. Tue stattdessen das Gute.

Einstiegsgebet:

Ich nehme deine Zurechtweisung an Heiliger Geist. Bitte hilf mir, im Guten zu bleiben

und nicht zurückzufallen in böses, schlechtes Verhalten und Denken.

Ich kehre jetzt um und folge deinem Rat.

8. August

2. Könige 7,7

So brachen sie (die Belagerer) in der Abenddämmerung auf und ergriffen die Flucht,

ließen ihre Zelte, Pferde, Esel und alles andere im Stich und rannten um ihr Leben.

(Neues Leben)

Der Herr der Heerscharen sagt mir im Geist:

Wenn der Feind dich belagert, dir Hoffnung und Freude nimmt, harre auf mich!

Warte auf meine Strategie, und bleib bei meinen Lösungen!

Wenn du das tust, werde ICH im Lager der Feinde Kriegslärm machen,

und sie werden alles zurücklassen.

Wenn du unter Druck stehst und angegriffen bist, verteidige dich nicht.

Wenn dein Herz belagert wird, warte im Gebet, auch wenn es schwer ist,

bis ICH dir sage, was zu tun ist, und du wirst erleben,

nicht nur deine Situation wird sich verbessern, sondern du wirst auch beschenkt,

denn wenn ICH den Feind in die Flucht schlage,

hat er keine Zeit mehr, seine Schätze mitzunehmen.

Wartest du nicht auf mein Eingreifen,

sondern versuchst mit deinen Lösungen auf den Feind loszugehen,

öffnest du ihm Tür und Tor um dich zu verwüsten.

Klage, aber klage mich nicht an, sei wütend, aber auf den Feind, und nicht auf mich -

in der Belagerung lernst du standzuhalten. Ich habe die Belagerung nicht gemacht.

Meistens hast du einen ungerechten Handel getrieben,

d.h. du bist einen faulen Kompromiss eingegangen

und jetzt steht der Feind vor deiner Haustür und fordert seinen Teil.

Kapituliere vor mir, und nicht vor dem Bösen (dem Feind), dann werde ich deine Hilfe sein.

Einstiegsgebet:

Ich werde mehr und mehr lernen, in jeder Lage zuerst deinen Rat zu suchen.

Ich werde mehr und mehr lernen, keinen faulen Kompromiss einzugehen,

sondern nach deinen Maßstäben zu leben, in Allem.

Ich werde mehr und mehr lernen, meinen Zorn nicht auf Gott zu richten,

oder auf Menschen,

sondern auf den Zerstörer und Verwüster.

Und ich werde auf dich warten, bis deine Hilfe kommt, mein Gott.

Im Namen Jesus.

9. August

2. Könige 8,1

Elisa hatte der Frau, deren Sohn er lebendig gemacht hatte, aufgetragen:

"Nimm deine Familie und ziehe an einen anderen Ort, denn der Herr hat beschlossen,

Israel eine Hungersnot zu schicken, die sieben Jahre dauert." (Neues Leben)

Jesus sagt:

Wer einen Propheten aufnimmt, bekommt eines Propheten Lohn.

Hier ist der Lohn eines Propheten beschrieben.

Elisa liebte diese Familie, weil sie sich gut um ihn kümmerte

und diese Familie liebte Elisa und diente ihm.

Der Dienst an einem Propheten ist nicht einfach,

er kommt und geht wie er will, wie der Geist ihn treibt.

Doch übe Gastfreundschaft,

auch wenn es nicht immer leicht ist, du könntest sogar Engel beherbergen.

Gastfreundschaft bedeutet auch, jemand im Herzen aufzunehmen.

Doch sieh dir den Lohn an: Die Familie der Schunemiterin war die Einzigen,

die Elisa so warnte...

Einstiegsgebet:

Ich entscheide mich, das Beste zu geben für meine Gäste, meine Geschwister,

und auch Fremde, denn du Gott willst mich segnen,

vielleicht auch durch unangemeldete Gäste.

10. August

Micha 3,6b

Darum wird Nacht über euch kommen, ohne Visionen und Finsternis,

dass ihr nicht wahrsagen könnt. (Freie Übersetzung)

Der Geist des Herrn sagt mir:

Würdest du den Schwätzern deine Geheimnisse anvertrauen,

und denen, die dich verraten haben,

die Schlüssel zu deinem Haus geben?

Ich mache das auch nicht.

Ich gebe dem Erkenntnis, der sich als mein Freund erweist,

und sich nicht nur mit Worten, sondern auch

mit dem Herzen und Taten als vertrauenswürdig erweist.

Darum wundere dich nicht,

wenn oft Leute, die keine bekannten und angesehenen Personen sind,

mehr über mich zu sagen haben, als Prediger, Apostel oder wie sie sich auch immer nennen.

Von mir kommen sie nicht. Nicht alle, die sich so nennen.

Und du bist auch mein Kind.

Komm näher, ich flüstere dir meine Geheimnisse ins Ohr.

Einstiegsgebet:

Danke für die Einladung, deine Geheimnisse hören zu dürfen.

Ich bete, dass ich mich als vertrauenswürdig erweise.

11. August

Hosea 8,5b

Wie lange sind sie noch unfähig zur Reinheit? (Schlachter 2000)

Der Geist des Heiligen Israels erklärt mir dazu:

Soll ich dich auch fragen, wie lange du noch unfähig bist zur Reinheit?

Die Reinheit in Christus ist nicht, und kann nie dein Werk sein.

Deine Bemühung und dein Eifer darf nie darin liegen, Gerechtigkeit, Freude, Friede, Wahrheit, Hoffnung oder Gastfreundschaft - also alle Früchte Gottes - zu entwickeln, denn es sind Früchte. Deine Bemühung und dein Eifer muss darin liegen, alle deine Anliegen vor mir auszubreiten, dein Leben mir als Opfer zu weihen, nichts für dich zu behalten, sondern in einem Akt der Hingabe beständig alles was du bist, durch mein Wort der Wahrheit prüfen zu lassen und läutern, das führt zu Reinheit.

Läutern bedeutet, unter allen Umständen - seien sie gut oder schlecht - den Willen des Vaters zu suchen, zu erkennen, und danach zu handeln.

Das ist Reinheit, die einen fruchtbaren Ackerboden für alle Früchte Gottes bieten, die sich durch mich, den Geist Gottes, entwickeln. Im Alltag bedeutet das:

Nicht alles was dir begegnet, geschieht, ist mein Wille.

Mein Wille und deine Herausforderung ist, darauf gemäß meines Wortes zu reagieren.

Sei ermutigt, dann siehst du, so bist du fähig zur Reinheit.

Einstiegsgebet:

Nicht ich, sondern du machst mich fähig zur Reinheit, mein Gott. Lass mich nicht abweichen von deinem Wort der Wahrheit, indem ich in mir selbst suche, was nur in dir zu finden ist.

12. August

Hosea 9,2

Tenne und Kelter werden sie nicht nähren, und der Most wird sie im Stich lassen.

(Schlachter 2000)

Der Heilige Geist sagt mir:

Wer sich auf Vorräte, Versicherungen, Geld oder Besitz verlässt, wird verlassen sein.
Wenn du glaubst, dass deine Arbeit oder dein Erspartes deine Sicherheit ist, wirst du bitter enttäuscht, denn der Mammon hält nie was er verspricht. Kurzzeitig scheint er gut zu versorgen, aber langfristig frisst er dich auf. Es ist besser, du verachtest Geld und Besitz, sodass du fähig bist, ohne all das zu leben. Versteh mich nicht falsch! Ich liebe es zu beschenken und Reichtum zu geben: Gute Arbeit, guten Lohn, Besitztümer und Genuss sind Teil meiner Segnungen, aber nichts davon kann dich als gesamte Person mit Geist, Seele und Leib sättigen und nähren. Was würde es bringen, wenn du alle Nahrung der Welt besitzen würdest, aber dein Magen verschlossen ist, und du nicht essen kannst? Was würde es bringen, wenn du allen Reichtum der Welt hättest, dich aber nicht daran freuen kannst? Verstehst du? Habe deine Sicherheit in mir, baue auf mein Reich, halte dich zu mir.
Denn ich nähre dich, ich versorge dich, ich, JHWH bin deine Sicherheit. So wirst du keinen Mangel haben und freiwillig verschenken, was ich dir gegeben habe, um andere zu versorgen.

Einstiegsgebet:

Danke, dass du uns täglich unser Brot, Nahrung für Körper und Seele, gibst.
Ein Dach über den Kopf, Kleidung und Freundschaft schenkst du. Danke für Arbeit, Sinnhaftigkeit unseres Schaffens, seelische Gesundheit. Es kommt von dir Vater.

13. August

Haggai 2,4

Aber nun sei stark, Serubbabel, spricht JHWH; auch du Jeschua, sei stark, du Sohn Jozadaks, du Hohepriester, und alles Volk des Landes, seid stark... und arbeitet! Denn ich bin mit euch, spricht JHWH der Heerscharen. (Schlachter 2000)

JHWH, der Gott der Kriegsmengen, spricht durch seinen Geist:

Du weißt, deine Stärke kommt nicht aus eigener Kraft, und in meiner Ruhe liegt deine Hilfe. Darum sage ich dir, so wie ich Serubbabel sagte: Das von mir Verheißene kommt bestimmt, und aus diesem Grund richte wieder auf, was von meinem Haus in Trümmern liegt.
Hab Mut und sei stark, wenn du Gedanken der Entmutigung widersprichst,
indem du dich daran erinnerst, WER dir die Zusage gibt, mit dir zu sein.
Dann hast du Sicherheit, genug Munition, gegen jeden Gedanken der Niedergeschlagenheit.
Ich selbst bin mit dir und spreche dir zu: Stärke deine Hand, kremple dir das Hemd hoch, und fang an zu arbeiten, stelle du wieder her, was zerstört wurde.
Du kannst das - nicht aus eigener Kraft, nicht mit Gewalt, sondern durch meinen Geist.
Keine Macht, keine Herrschaft, kein Mensch kann sich gegen dich stellen, wenn du in meinem Auftrag handelst, darum sei stark, du kannst das!

Einstiegsgebet:

Du mächtiger Streiter und Sieger über jeden Angriff, du stehst mir zur Seite in den Kämpfen meines Lebens. Dir will ich vertrauen, deiner Kraft und deinen Möglichkeiten.

14. August

Zefanja 1,1a+3,7

Das Wort JHWHs erging an Zefanja: "...Mich solltest du fürchten, nimm doch Züchtigung (Zurechtweisung, Erziehung) an!"- dann würde ihre Wohnung nicht vertilgt, so wie ich es... beschlossen habe; aber sie haben trotzdem beharrlich alles Böse getan. (Schlachter 2000)

Der Heilige Geist spricht mir zu:

Ähnlich wie ein schöner Nachtfalter von den hell glühenden Gitterstäben angezogen wird und verglüht, so ist es mit Menschen, die angezogen werden von der Sünde, die ihr Leben zerstört, als wären sie mit einem Gummiband verbunden. Sie bewegen sich zwar immer wieder weg, aber der Zug wird zu stark, und dann schnellt das Gummiband zurück in die Sünde. Das Heilmittel gegen so ein Verhalten ist die Furcht vor Gott. Diese Furcht vor Gott lernst du, wenn du das Kreuz betrachtest. Jesu grausames Sterben, sein Leiden wird durch deine Sünde verursacht, und wie ein Kind, dass die Hitze der Herdplatte scheut,
bist du, wenn du verstanden hast, wie sehr dein Erlöser dich liebt.
Meine Erziehung und Zurechtweisung, meine Züchtigung, besteht nicht darin,
dir ein schlechtes Gewissen zu machen, sondern dir deinen Erlöser und seine Tat vor Augen zu führen, so kommst du zu Umkehr und Buße. Das Gesetz der Gnade gilt für jeden,
der es annimmt, für alle Anderen ist beschlossen, dass sie nicht Teilhaber des Erbes sind und ihre Wohnstätte vernichtet wird.

Einstiegsgebet:

Jesus, ich danke dir, dass das Gesetz der Gnade das Gesetz des Todes überwindet. Genauso überwindet deine Liebe und Barmherzigkeit meinen Stolz, und die Lust an der Sünde.

15. August

Zefanja 3,9

Dann aber will ich den Volkern andere, reine Lippen geben, daß sie alle den Namen JHWHs anrufen, und ihm einträchtig dienen. (Schlachter 2000)

Der Heilige, Reine, sagt mir:

Reine Lippen bedeutet: denken wie ich denke, reden wie ich rede.

Keine Kompromisse mit der Halbwahrheit, denn sie ist Lüge. Man kann Sünde nicht so oder so sehen. Sie bringt immer den Tod, und reine Lippen sprechen die Wahrheit gegen die Lüge, und der Gedanke, mir durch falsche Aussage untreu zu werden, ist für meinen Diener mit reinen Lippen quälender, als alles was Menschen mit dem Körper oder der Seele tun können.

Sehnst du dich nach Frieden und Wahrheit?

Ich habe in diese Welt das Schwert gebracht, und in der Welt habt ihr Angst,

doch ich habe die Welt überwunden.

Das Überwinden der Welt geschieht in deinem Herzen.

Wenn es standhaft und fest in mir gegründet ist, hast du Mut und Tapferkeit

gegen die Angst, gegen die Mächte der Finsternis,

die sich in der Welt durch Lüge und ihre Auswirkungen manifestiert.

Meinen Namen anrufen mit reinen Lippen führt zu einem Gebet, das viel vermag,

es bringt Freiheit für Gefangene, Licht im Dunkel.

Einstiegsgebet:

Heilige und reinige meine Lippen. Ich sehne mich nach Frieden und Wahrheit. Gründe und festige mich in dir, Jesus. So wie dein Wort sagt. Auf dieses Wort will ich bauen.

16. August

Maleachi 1,5

Wenn eure Augen das sehen, werdet ihr sagen:

JHWH sei hoch gepriesen, über die Grenzen Israel hinaus! (Schlachter 2000)

Der Heilige Geist, der über den Wassern schwebte, sagt mir:

Wenn ich erfüllt habe, was versprochen wurde, wenn deine Augen das sehen,

was ich verheißen habe, wirst du mich preisen und verstehen.

Gesegnet bist du, wenn du glaubst, was ich sage,

und mich heute rühmen kannst für meine Taten von morgen, einfach,

weil du mir vertraust, dass ich Wort halte.

Ich habe nicht zu viel versprochen. Ich bin der, der ich behaupte zu sein.

Ich freue mich auf den Tag, an dem du mich lobst für das was ich getan habe.

Noch mehr freue ich mich, wenn du mich lobst für das was ich tun werde.

Einstiegsgebet:

Ich preise dich für deine großen Taten, die Vergangenen und die Zukünftigen.

Ich lobe dich, Gott, weil du hältst, was du versprichst.

17. August

Maleachi 3,1

Siehe, ich sende meinen Boten, der vor mir den Weg bereiten soll; und plötzlich wird zu seinem Tempel kommen der Herr, den ihr sucht, und der Bote des Bundes, den ihr begehrt, siehe, er kommt!, spricht JHWH der Heerscharen. (Schlachter 2000)

Der Heilige Geist, der Jesus in die Wüste trieb, sagt mir:

Sei nicht wie die, die sagen: "Hätte ich zur Zeit Jesu gelebt und ihn gesehen,
hätte ich an ihn geglaubt." Jede Zeit hat ihre eigene Versuchung die Propheten zu verachten
und dem Wort Gottes nicht zu glauben, weil der Mensch sich meinen Willen anders vorstellt.
Johannes und Jesus kamen nicht so, wie die Gelehrten es sich vorstellten,
wenn sie Maleachi lasen. Genauso wenig ist es für euch zu verstehen,
warum Jesus erst 40 Tage in der Wüste fastete,
nachdem ich seine Gottessohnschaft bezeugt habe.
Auch kannst du mein Wirken in deiner Zeit,
in deinem sozialen, wirtschaftlichen und kulturellen Kontext nur verstehen,
wenn du meinem ungewöhnlichen Wirken zustimmst,
und meinem außergewöhnlichen Reden zuhörst und
es nicht als Unsinn verwirfst.

Einstiegsgebet:

Gott, du wirkst anders als ich denken kann, es übersteigt mein Verständnis.
Hilf mir, dich nicht mit meinem Verstand verstehen zu wollen,
sondern mir vom Gott gegebenen Geist zeigen zu lassen, was du heute tust.

18. August

Sacharja 2,1+5

Und ich hob meine Augen auf und schaute, und siehe 4 Hörner

...und ich hob meine Augen auf und schaute, und siehe, da war ein Mann,

der hatte eine Messschnur in der Hand. (Schlachter 2000)

Der Heilige Geist sagt mir:

Fünf Tage lang sollst du dir Gedanken machen darüber das was du siehst.

Halte deine Augen rein, und lerne zu sehen, was ich sehe durch deine Augen.

Bete, dass ich deine Augen reinige, sodass du klar sehen kannst.

Bete, dass du geläutert wirst, sodass du Unrecht als Unrecht erkennst, Not als Not.

Bete, dass du nicht nur siehst mit deinen natürlichen Augen,

sondern dass die Augen des Herzens offen sind zu sehen,

was zu den Geschehnissen, die du siehst, geführt haben, und welche Beweggründe es gibt.

Sei neugierig!

Sei wissbegierig!

Lass die offenen Fragen zu, frag mich, aber erwarte nicht sofort eine Antwort.

Sei wie ein Detektiv - jedes Detail dessen, was du siehst ist wichtig.

Sei wie ein Künstler - jede Farbe, jede Form ist bedeutend.

Gehe mit offenen Augen durch die Welt, als hättest du noch nie irgendetwas gesehen,

und sei dankbar.

Lass dich auf dieses Experiment ein, werde wie ein kleines Kind.

Erobere deine Umgebung,

erforsche mit deinen Augen alles,

was du sehen kannst.

Ich habe dich mit Schönheit umgeben.

Kannst du sie sehen?

Einstiegsgebet:

Jesus, durch deinen Tod bin ich gereinigt und geheiligt.

Ich bete, wie der Heilige Geist mir sagt:

Reinige meine Augen, sodass ich klar sehen kann, wie du siehst, durch Augen der Liebe.

Ich bete, dass ich Recht und Unrecht erkenne, wenn ich es sehe, und Not.

Ich bete, dass meine Augen des Herzens offen sind,

dass ich sehen kann, was du mir zeigen willst.

Ich bete, dass ich Gefühle zulasse, bei dem, was ich sehe, die ich zuvor weggesperrt habe.

Und ich bete, dass ich die Schönheit sehen kann, die mich umgibt.

In Jesu Namen.

19. August

Sacharja 4,1a+2a

Da kam der Engel wieder, der mit mir zu reden pflegte,... und er frage mich: Was siehst du?

(Schlachter 2000)

Der Heilige Geist sagt mir:

Stell dir vor, du wirst von einem Engel den ganzen Tag begleitet, der dich immerzu fragt: "Was siehst du?"

Was siehst du, wenn du die Augen vom Schlaf öffnest? Worauf richtest du als erstes deinen Blick? Auf die Uhr? Auf dein Handy? Was siehst du, und wie deutest du das Gesehene? Was siehst du, wenn du deine Kleidung betrachtest, oder dein Gesicht im Spiegel? Was siehst du, wenn du auf dein Essen siehst, oder anderen Menschen begegnest? Was siehst du, wenn du auf deinen Kontostand schaust, die Einrichtung deiner Wohnung, Fotos, Bilder, Möbel? Was siehst du? Und was fühlst du dabei? Bin ich nicht viel mehr als ein Engel?

Ich bin immer bei dir, immer in dir, sehe alles was du siehst, und ich sehe wie du siehst, und was du fühlst bei dem was du siehst. Ich frage dich all diese Fragen, und noch viele mehr, nicht weil ich es nicht weiß, sondern weil du dir dessen oft nicht bewusst bist, und ich mit dir darüber reden möchte, über meine Sicht von dem was du siehst. Dein Blick auf dein Leben unterscheidet sich stark von meinem Blick auf dein Leben, und ich möchte dir mehr und mehr zeigen, was ich sehe. Ich möchte dir erleuchtete Augen des Herzens schenken.

Einstiegsgebet:

Heiliger Geist, ich gebe dir Erlaubnis, mit mir durch den Tag zu gehen und mich zu fragen: "Was siehst du?" Ich weiß, du wünscht dir Beziehung mit mir,

darum will ich deine Sicht der Dinge kennenlernen.

20. August

Sacharja 5,1

Und ich hob meine Augen wieder und schaute und sah: eine Buchrolle kam geflogen.

(Freie Übersetzung)

Der Heilige Geist sagt mir:

Erleuchtete Augen des Herzens verstehen die Symbolik von dem was sie sehen.

Erleuchtete Augen des Herzens suchen das Herz des Erlösers in jeder Sache.

Gib nicht auf zu suchen, wenn du etwas suchst. Ein Schatz wird nicht an einen offensichtlichen Ort gestellt, sondern an einem Ort, der nicht von jedem sofort gesehen wird.

Ich habe die Antwort auf alle Fragen, ich bin weise, ich bin die Weisheit.

Wissen ist nicht Macht, sondern Weisheit ist ein Schatz. Suche das richtige Verständnis, nicht oberflächliches Wissen. Sacharja flog ein Buch entgegen in dem göttliche Weisheit enthalten war. Wie leicht wäre ihm dieses Mittel zur Erkenntnis entglitten, wenn er sich nicht die Mühe gemacht hätte, seine Augen zu heben und den Himmel abzusuchen, nach dem was geschieht. Sei genauso.

Wenn in allem was du siehst das Beste für dich sein muss, weil du nach meinem Ratschluss berufen bist, dann muss das auch für dich erkennbar sein. Sollte es nicht erkennbar sein, dann grabe danach, suche den Schatz. Mach es zu deinem Lebensstil, meine verborgenen Schätze für dich zu finden. Erleuchtete Augen des Herzen sind fragende Augen.

Einstiegsgebet:

Jesus, ich will dein Herz in jeder Sache suchen.

Bitte verzeih, wo ich nicht mit vertrauensvollem Blick auf Jesus schaue,

sondern denke schon zu wissen, was ich wissen muss.

21. August

Sacharja 5,5

Und der Engel, der mit mir redete, trat hervor und sprach zu mir: Erhebe doch deine Augen und sieh was da herauskommt! (Schlachter 2000)

Der Heilige Geist sagt mir:

Erleuchtete Augen des Herzens sind fragende Augen.

Wenn du zwanzig Mal etwas siehst und es immer den gleichen Ausgang hat,

wird dir die Erfahrung sagen, dass es auch beim einundzwanzigsten Mal so ist.

Es ist im Natürlichen so, es wird im Geistlichen nicht anders sein.

Im Herbst fallen die Blätter, wenn es kalt wird.

Nach der Sommerhitze kommt Gewitter.

Wenn der Strom ausgeht, sind die Lichter in der Wohnung weg.

Einfache Erfahrungen, die dich deine Augen lehren.

Bei neuen, individuellen Erkenntnissen, die du NICHT durch Erfahrungen lernen kannst,

schicke ich dir einen Engel, der dir eine Botschaft bringt.

Aber ansonsten erwarte ich von dir, dass du deine Augen aufmachst und siehst,

was da herauskommt.

Beobachte doch mit deinen von mir erleuchteten Augen,

z.B. dass Gehorsam immer Kämpfe mit sich bringt, aber einen großen Lohn hat,

Ungehorsam führt jedoch immer zu Sünde und Zerstörung,

Liebe rechnet nie auf,

erfüllt keine Pflicht, sondern gibt gerne viel,

und deckt viele Sünden zu,

Friede der den Verstand übersteigt ist nur in der vertrauenden Ruhe zu finden,

die jede Sorge und Last dankbar bei Jesus abgelegt hat.

Das ist so logisch,

wie die fallenden Blätter im Herbst, das Sommergewitter nach der Hitze,

oder fehlendes Licht bei Stromausfall.

Einstiegsgebet:

Ach Herr, ich gebe zu,

dass ich im geistlichen Bereich immer wieder gegen jede geistliche Vernunft handle.

Immer wieder denke ich, diesmal wird es anders sein.

Obwohl ich sehe,

dass dein Königreich ein Ort ist, in dem alles so logisch ist, wie im Natürlichen.

Danke Jesus, dass du es vorgelebt hast

und sagst: "Ich tue nur das, was ich den Vater tun sehe."

Genauso zeigt uns der Heilige Geist was zu tun ist und wie du das, was ich sehe, beurteilst.

Danke, dass ich aus diesen Erfahrungen lernen darf,

und dass du mir Augen gibst, die Zusammenhänge sehen.

Danke, dass ich mich deinem Urteil anschließen darf.

22. August

Sacharja 6,1

Und ich hob wieder meine Augen auf und schaute und sah vier Streitwagen kamen zwischen zwei Bergen hervor, und die Berge waren Berge aus Erz. (Freie Übersetzung)

Der Heilige Geist sagt mir:

Erleuchtete Augen des Herzens sind demütige Augen. Sie glauben nicht alles sofort zu verstehen, sie nehmen sich Zeit zum Schauen, zum Ergründen, beobachten und fragen nach. Doch wenn sie etwas erkannt haben, dann wissen sie, was sie gesehen haben und bleiben dabei, weil sie sicher sind in dem was sie sahen. Erleuchtete Augen des Herzens vertrauen ihren Sinnen, weil sie wissen, ihr geliebter Vater wird sie nichts sehen lassen, was sie nicht sehen sollen. Ein Mensch mit erleuchteten Augen des Herzens, der seinen Erlöser gesehen hat, wird seine Erfahrung weder durch Drohung, noch durch Folter, widerrufen. Wenn die Augen des Herzens erleuchtet sind sehen sie klar, lassen sich nicht verblenden, das heißt, so ein Mensch kann nie geistlich erblinden. Sehnst du dich nach so einem Zustand? Nach Festigkeit und Klarheit? Die fünf Tage sind vorbei, doch du kannst weiter auf diesem Kurs bleiben. Ich begleite dich, beim Sehen und Erkennen, ich der Heilige Geist, denn ich sehne mich danach, dich in einen unerschütterlichen Zustand des Glaubens zu führen, in dem du weißt, was du gesehen hast, und du so wie die Apostel in der Bibel bezeugen kannst: Von dem was ich sah, spreche ich.

Einstiegsgebet:

Ja, ich sehne mich nach so einem Zustand. Zu beobachten, Erfahrungen zu sammeln, die mich fest machen in meinem Glauben an Jesus. Heiliger Geist, frag mich, was ich sehe.

23. August

3. Mose 3,6

Wenn aber seine Gabe, die er JHWH als Friedensopfer darbringt, vom Kleinvieh ist, es sei ein männliches oder weibliches Tier, so soll er ein makelloses herzubringen. (Schlachter 2000)

Der Heilige Geist sagt mir dazu:

Bring Gott das Beste.

Ehre ihn, indem du ihm nicht den Rest des Tages,

sondern deine wache, produktive Zeit des Tages opferst.

Gib ihm den ersten Teil deines Geldes, nicht das was am Ende des Monats übrig bleibt.

Auch wenn du denkst, du hast nicht genug,

erlebe wie gesegnet du bist, wenn du entscheidest, Gott die Ehre zu geben mit deinem Besten.

Er sieht auf das Herz, also die Qualität deiner Gabe, nicht auf die Menge, die Quantität.

Einstiegsgebet:

Jesus, du bist mein Bestes wert.

Mein schönstes Lied,

meine ersten Worte des Tages,

meine Gaben

sollen widerspiegeln, dass du Priorität hast.

24. August

Jesaja 51,4

So achte nun auf mich, mein Volk, und ihr, meine Leute, leiht mir eure Ohren; denn ein Gesetz wird von mir ausgehen, und mein Recht will ich zum Licht der Völker aufrichten. (Schlachter 2000)

Der Heilige Geist sagt mir:

Nicht nur deine Augen,

sondern alle deine Sinne sollen erkennen, dass mein Wort kostbar ist,

mein Gesetz das Brot des Lebens.

Du hörst es brechen, siehst das Brot für dich geteilt,

und fühlst meine ausgestreckte Hand, die es dir gibt,

du riechst den Duft und schmeckst es.

Mein Gesetz ist nicht du sollst, du sollst nicht, sondern Geist und Licht und Leben.

Einstiegsgebet:

Wie wenig habe ich von dir erkannt und verstanden!

Nimm alles von mir, das totem Gesetz - du sollst, du sollst nicht - gehorcht!

Ich widerrufe jede Form der Religion und nehme von dir das Brot des Lebens.

25. August

Jesaja 45,3

Ich gebe dir verborgene Schätze und versteckte Vorräte, damit du erkennst, dass ich JHWH bin, der dich bei deinem Namen ruft, der Gott Israels. (Elberfelder 2006)

Der Heilige Geist sagt mir:

Ich gebe, wem ich will. Und ich gebe so viel ich will.

Schau nicht neidisch auf Andere, denn ich habe verborgene Schätze und versteckte Vorräte, von denen niemand weiß, die ich dir geben will. Ich will den Vorhang auf die Seite ziehen, den Schleier von deinen Augen heben, deinen Blick reinigen vom Staub, dir die richtig Brille aufsetzen... Wie noch soll ich dir sagen, dass die Augen deines Herzens nicht sehen können, was ich für dich bereit habe, weil du nicht verstehst, dass ich WIRKLICH GUT BIN.

Wenn ich dir sage, ich gebe wem ich will, bedeutet das nie, dass du zu wenig bekommst. Es bedeutet, dass du nicht das bekommst, was jemand anderer hat, oder das was du erwartest. Es heißt, einen fröhlichen Geber hat Gott lieb. Warum ist das so? Weil ich der fröhlichste Geber bin der existiert. Ich liebe es zu geben. Erwarte doch das Gute. Aber erwarte nicht das, von dem DU denkst das GUT IST, du denkst fleischlich, menschlich. Ich schenke dir verborgene Schätze, versteckte Vorräte. Bitte spiel mit mir Blinde Kuh, Topfklopfen!

Ich will dich so gerne überraschen mit einem Leben, das du dir nicht einmal vorstellen kannst. Ich will dich in ein Leben führen, für das du geschaffen bist.

Voller Schätze und wunderbarer Wendungen.

Einstiegsgebet:

Dir zu vertrauen bedeutet wohl meine Pläne für mein Leben aufzugeben, damit ich deine Schätze finden kann. Mach mich bereit, ich will verstehen, dass du wirklich gut bist.

26. August

Philipper 2,1+2

Gibt es nun Ermahnung in Christus, Zuspruch der Liebe, Gemeinschaft des Geistes, Herzlichkeit und Erbarmen, so macht meine Freude vollkommen indem ihr eines Sinnes seid, gleiche Liebe habt, einmütig und auf das Eine bedacht. (Freie Übersetzung)

In unserem Haus leben viele verschiedene Menschen, mit unterschiedlichem kulturellen Hintergrund und individuellen Persönlichkeiten. Das führt zu Missverständnissen, Konflikten und Herausforderungen im Miteinander. Trotzdem wollen wir alle gemeinsam Jesus dienen. In dieser Hausgemeinschaft haben wir die letzten Jahre gelernt, dass Ehrlichkeit, Offenheit, Vergebungsbereitschaft und Geduld für jeden Einzelnen die Voraussetzung ist, um echte Einheit zu haben. Und wir erleben, dass jeder von uns immer wieder darin scheitert. Deshalb kann ich Paulus so gut verstehen, wenn er diesen Vers schreibt. Liebe lernt man nicht in der Theorie. Liebe lernt man durch Versuch und Irrtum, in jeder Beziehung. Der Heilige Geist fordert uns heraus, unser Herz zu öffnen, für echte Freundschaft miteinander. Nicht nur, wenn es leicht geht. Auch dann, wenn es an unsere Grenzen geht. Er freut sich, ist stolz auf uns, wenn wir ihn in unser Scheitern und unsere Erfolge mit einbeziehen. Wir brauchen auch Beziehungen, die den Heiligen Geist spiegeln.

Einstiegsgebet:

Jesus, ich danke dir, dass du die zwölf Jünger ausgehalten hast.

Du hast mit ihnen gelebt und gelacht, dich über sie geärgert und warst frustriert. Ich bitte dich, dass du uns Freundschaften schenkst, die deine Liebe, Annahme und Hingabe spiegeln. Wir wollen Philipper 2,1+2 wirklich leben können.

27. August

Hiob 26,13

Durch seinen Hauch wird der Himmel klar;

mit seiner Hand durchbohrt er die flüchtige Schlange. (Schlachter 2000)

Der Heilige Geist sagt mir:

Durch meinen Hauch verziehen sich Trauerwolken,

mein Hauch vertreibt Verwirrung, und du kannst klar denken.

Klare, schnelle, gute Entscheidungen kommen von meinem Hauch,

der träge, schwere, unsichere, beängstigende Gedanken wegbläst.

Beobachte den Wind und das Wetter, und du kannst mir beim Arbeiten zusehen,

denn genauso handle ich in dir. Die Möglichkeit, dass sich dunkle Sturmwolken oder

ein Nebel der Angst in ihren unterschiedlichen Formen einschleichen, besteht immer.

Sprich mein Wort der Wahrheit in deine Situation, so werde ich mich dir zuwenden,

und mit meinem Hauch die Angst vertreiben. Lerne die Angst zu verfolgen,

indem du zum Kreuz gehst, und dir zeigen lässt,

wo die Wurzel der Angst liegt, und wie du sie mit meinem Wort bekämpfen kannst.

Jesus hat die flüchtige Schlange für dich durchbohrt,

und du kommst durch das Kreuz in neue Freiheit.

Einstiegsgebet:

Ich preise dich, Vater, Schöpfer, der du für alles eine Strategie bereithältst, von Anfang an.

Der Wind zeigt mir das Wirken des Heiligen Geistes.

Er vertreibt meine Wolken der Sorge, Angst, Panik, Trauer, Depression. Danke.

Jesus hat die Schlange, den Teufel, auch für mich durchbohrt.

28. August

Philipper 2,3+4

Tut nichts aus Eigennutz und nichtigem Ehrgeiz,

sondern in Demut achte einer den anderen höher als sich selbst.

Niemand schaue auf das Seine, sondern jeder auf das des Anderen. (Freie Übersetzung)

Der Geist Gottes sagt mir zu:

Sobald du mit deinem Willen - das ist dein Herz - übereinstimmst, nicht auf dich, sondern auf Andere zu schauen in Demut und mit Freude, komme ich mit meiner Kraft und Hilfe, und beginne Eigennutz und falschen, unnützen Ehrgeiz aufzudecken in dir.

Lass dich davon nicht erschrecken, oder vom Guten abhalten.

Denn hier beginnt der Kampf: Fleisch gegen Geist. Ich ermutige dich, deine ungesunden Gedanken und ungesundes Verhalten zu bekennen. Ich bringe alles ans Licht, dass sich mit meinem Wesen nicht vereinbaren lässt. Der Feind wird kommen und dich anklagen;

dir einreden, dass du nicht gut genug oder würdig bist, oder zu schlecht, unfähig Gott zu gefallen, oder ihm zu dienen. Das ist eine gemeine Lüge!

Dein Bemühen ist mir wohlgefällig, ich freue mich an dir. Ich will dich reinigen und heiligen.

In diesem Prozess wird der Schmutz in deinem Herzen aufgewirbelt.

Lass dich davon nicht entmutigen. Du bist auf dem richtigen Weg.

Einstiegsgebet:

Danke, dass du mir hilfst zu verstehen, warum es manchmal so schwer ist,

den Anderen höher zu achten als mich selbst.

Danke, dass du mein Versagen anders bewertest als ich. Decke alles in mir auf.

Danke, dass du Gott, mir gerne vergibst, durch Jesus Christus, meinen Retter.

29. August

Philipper 2,5+8b

Denn ihr sollt so gesinnt sein, wie es Christus Jesus auch war,

der sich erniedrigt hat bis zum Tod, ja bis zum Tod am Kreuz. (Freie Übersetzung)

Der Heilige Geist sagt mir:

Jesus Christus hatte alles.

So wie du. In Christus hast du alles. Der ganze Reichtum des Himmels steht dir zur Verfügung. Ich will euch alles gegeben, sobald du die Gesinnung Christi hast.

Wenn du aus dem Gefühl des Mangels heraus agierst, hast du das Gefühl, du musst selbst sammeln und horten, sparsam sein, dich versichern oder absichern. Daraus resultiert Geiz.

Doch wenn du aus der Erkenntnis des Reichtums handelst, bist du auch sparsam, aber aus der Haltung der Erniedrigung heraus, aus der Gesinnung Christi.

Erniedrigung bedeutet Demut und Selbstaufgabe - Unterwerfung unter die Hand Gottes.

Erniedrigung geschieht freiwillig und aus eigenem Antrieb, nie aus Zwang, Druck oder fremdbestimmt, nicht aus Angst oder Sorge, sondern vom Tod zum Leben.

Erniedrigung aus der Gesinnung Christi nimmt dir keine Würde, sondern gibt dir Würde.

Für einen Juden, wie es Jesus war, gab es keinen schlimmeren Tod als den am Holz (Kreuz).

Jesus tat es freiwillig, und nun sieh, was sein Lohn ist.

So wird es auch bei dir sein. Wenn du dich erniedrigst, wirst du vom Vater erhöht.

Einstiegsgebet:

Jesus, mach mich bereit, für eine verlorene Welt alles zu geben.

In deiner Selbstaufgabe lag dein Sieg, und so will ich in deinem Sieg leben.

30. August

Philipper 2,9

Darum hat Gott ihn auch erhöht, über alle Maßen,

und ihm einen Namen gegeben, der über alle Namen ist. (Freie Übersetzung)

Der Heilige Geist sagt mir:

Es gibt die Zeit der Erniedrigung und es gibt die Zeit der Erhöhung.

Jesus war in allem Gehorsam.

Er hat weder die Demütigung, noch die Erhöhung abgelehnt,

sondern sich ganz in die Hände des Vaters gegeben.

Tue du es genauso.

Lehne die Erhöhung, die Beförderung (im geistlichen wie im natürlichen),

nicht ab in falscher Demut, wenn der Vater sie dir gibt,

und lehne dich gegen Demütigung nicht auf, wenn diese Zeit für dich ist.

So wie du im Winter nicht ernten oder säen kannst, kannst du nicht bestimmen,

welche Zeit für dich gekommen ist, und dein Versuch,

dich gegen Gottes Willen der Erhöhung oder Erniedrigung aufzulehnen, bringt dir nichts.

Es ist Energieverschwendung.

Einstiegsgebet:

Vater, du hast Jesus einen Namen über alle Namen gegeben,

und ich ehre deinen Sohn Jesus, meinen Erlöser. Aus deiner Hand will ich nehmen,

was du mir zugedacht hast, um deinen Sohn zu verherrlichen vor dir und den Menschen.

31. August

Philipper 2,10+11

...damit im Namen Jesus sich alle Knie beugen, die im Himmel und auf Erden und unter der Erde sind, und alle Zungen bekennen, dass Jesus Christus der Herr ist, zur Ehre Gottes des Vaters. (Freie Übersetzung)

Und der Heilige Geist bezeugt:

Die Mächte der Finsternis sind unter der Erde.

Auch sie beugen ihre Knie vor deinem Herrn Jesus, denn er ist auch ihr Herr.

Aber er ist nicht ihr Erlöser, Befreier! Sie sind seine Kriegsgefangenen, er ist ihr Eroberer.

Seine Feinde wissen das. Weißt du es auch?

Mit Christus IST DIR der Sieg über deine Feinde gegeben.

Jesu Feinde sind deine Feinde, und in seinem Namen kannst du sie in die Flucht schlagen, denn sie wissen, sie sind besiegt!

Durch Jesus, und weil du deine Knie beugtest, schlägt er dich zum Ritter, und in ihm bist du mehr als Überwinder.

Einstiegsgebet:

Jesus, alle Mächte und Gewalten, im Himmel und auf der Erde, erkennen früher oder später deine Herrschaft an, die dir vom Vater verliehen wurde.

Auch ich erkenne sie an. Ich akzeptiere keine andere Herrschaft über mir, als deine und widerstehe jeder Auflehnung gegen diese Wahrheit.

1. September

Philipper 2,12b

Darum meine Geliebten, wie ihr alle Zeit Gehorsam gewesen seid,...

verwirklicht eure Rettung mit Furcht und Zittern. (Schlachter 2000)

Der Heilige und Höchste Gott spricht durch den Geist zu mir:

Lies Philipper 2,1-11:

Nicht wahr, es ist euch wichtig, einander im Namen von Christus zu ermutigen?

Es ist euch wichtig, euch gegenseitig mit seiner Liebe zu trösten, durch den Heiligen Geist Gemeinschaft miteinander zu haben und einander tiefes Mitgefühl und Erbarmen entgegenzubringen? Nun, dann macht meine Freude vollkommen und haltet entschlossen zusammen! Lasst nicht zu, dass euch etwas gegeneinander aufbringt, sondern begegnet allen mit der gleichen Liebe und richtet euch ganz auf das gemeinsame Ziel aus. Rechthaberei und Überheblichkeit dürfen keinen Platz bei euch haben. Vielmehr sollt ihr demütig genug sein, von euren Geschwistern höher zu denken als von euch selbst. Jeder soll auch auf das Wohl der anderen bedacht sein, nicht nur auf das eigene Wohl. Das ist die Haltung, die euren Umgang miteinander bestimmen soll; es ist die Haltung, die Jesus Christus uns vorgelebt hat. Er, der Gott in allem gleich war und auf einer Stufe mit ihm stand, nutzte seine Macht nicht zu seinem eigenen Vorteil aus. Im Gegenteil: Er verzichtete auf alle seine Vorrechte und stellte sich auf dieselbe Stufe wie ein Diener. Er wurde einer von uns - ein Mensch wie andere Menschen. Aber er erniedrigte sich noch mehr: Im Gehorsam gegenüber Gott nahm er sogar den Tod auf sich; er starb am Kreuz wie ein Verbrecher.

Deshalb hat Gott ihn auch so unvergleichlich hoch erhöht und hat ihm als Ehrentitel den Namen gegeben, der bedeutender ist als jeder andere Name. Und weil Jesus diesen Namen trägt, werden sich einmal alle vor ihm auf die Knie werfen, alle, die im Himmel, auf der Erde und unter der Erde sind. Alle werden anerkennen, dass Jesus Christus der Herr ist, und werden damit Gott, dem Vater, die Ehre geben. (Neue Genfer Übersetzung)

Dann sagt der Herr zu mir:

Wo ist die Ermahnung in Christus? Zuspruch der Liebe? Gemeinschaft des Geistes? Herzlichkeit? Erbarmen? EIN SINN unter euch? Dein Ehrgeiz, deine Selbstsucht, verhindert alles das! Sei doch ehrlich! Würdest du eine

harte Zurechtweisung mit Freude annehmen?

Ich tue alles aus Liebe, und ich will dich aufbauen, und nicht zerstören,

aber ich kann nicht aufbauen, solange du nicht im Gehorsam deine Rettung

mit heiliger Ehrfurcht und hohem Respekt erwirkst.

Was denkst du denn, das ich bin?

Meine Hand ist gütig und voller Erbarmen, mächtig zu zerstören jede Macht der Finsternis, erhaben und gerecht. Nimm alles aus meiner Hand, auch das was dir nicht gefällt,

aber erwarte deine Wiederherstellung, denn ich bin vollkommen gut.

Ich sehe dich zu jeder Zeit in Liebe an, meine Geliebte, meine Braut.

Einstiegsgebet:

Gott führe mich den Weg zum Leben. In deiner Nähe finde ich ungetrübte Freude,

aus deiner Hand kommt ewiges Glück. So steht es in Psalm 16,11.

Doch dazu gehört tiefer Respekt vor deinem Wesen, und das Zittern vor dir, Gottesfurcht, denn nur du hältst mein Leben in der Hand. Lehre mich alles aus deiner Hand zu nehmen, und zu wissen, du zeigst mir, wie ich damit umgehen soll.

2. September

Philipper 2,13

Gott wirkt beides: den Willen und die Ausführung zu seiner Freude/seinem Wohlgefallen. (Freie Übersetzung)

Der Geist, der im Feuer Gottes ist, spricht zu mir:

Der Gott, der sowohl Willen und Ausführung bewirkt, handelt in deinem Leben nicht über dich hinweg, sondern mit dir zusammen. Ehrerbietung, Respekt, Gottesfurcht, Gehorsam, Demut und Vertrauen, kommen von deiner Seite; Zuspruch, Ermutigung, Ermahnung, Erziehung, Vorbild, Aufklärung, kommen von meiner Seite. Du wirst nicht von Neuem in Christus geboren, mit dem verstandesgemäßen Wunsch, nun in allem Gottes Willen zu entsprechen. Doch dein Geist ist auferweckt in die geistliche Welt, zu dieser Sicht. Dein Geist erkennt Gottes gute Wünsche für dich, die dich erst zu der Person machen, die du in Wirklichkeit bist. Dein wahres Wesen, von Gott zur Beziehung mit ihm geschaffen, will und KANN das tun, was Gott für dich will. Meine Aufgabe ist es, mit dir zusammenzuarbeiten, sodass dein Herz und dein Körper dein wahres Wesen zum Ausdruck bringen kann, sagt der Heilige Geist. Wir, Gott, haben Freude und Wohlgefallen an deiner Entwicklung zu dem Wesen, das wir geschaffen haben. Wir haben Freude und Wohlgefallen
an deiner wahren Person. Du entwickelst dich großartig!

Einstiegsgebet:

Danke, dass du mich ermutigst, aufbaust, lehrst. Danke, dass du mein wahres Wesen kennst, mich nicht nach dem beurteilst, was ich jetzt im Fleisch bin,
sondern nach dem, was ich im Geist bin, wo ich schon vollkommen bin.

3. September

Philipper 2,14+15a

Tut alles ohne Murren und Bedenken,

damit ihr unsträflich und lauter (rein, anständig, ehrlich) seid, untadelige Kinder Gottes

inmitten eines verkehrten und verdrehten Geschlechts. (Schlachter 2000)

Der Heilige Geist sagt mir dazu:

Sobald du anfängst zu hinterfragen,

warum DU jetzt das Gute tun sollst,

warum DU in diese Situation kommst,

warum DIR das passiert,

oder DU der Erste sein sollst, zum Vergeben, Entschuldigen, Teilen, etc.,

bist du dir MEINER nicht bewusst, bist du auf dem Weg deiner eigenen Selbstgefälligkeit,

wenn du es trotzdem tust.

Es ist dann besser du lässt es.

Denn dadurch wächst dein Stolz.

Wenn du aber mein Drängen spürst, und ein innerer Kampf stattfindet, dann tue das Gute,

denn so wirst du deinen Stolz los.

Du entscheidest dich gegen dein fleischliches Wesen, und siegst in Christus.

Dann bin ich stolz auf dich!

Überwunden hast du dich,

wenn du mit Freude und voller Hoffnung, froher Erwartung, ALLES tun kannst, von dem du weißt, dass es gut und richtig ist.

Das erreichst du durch üben, üben, üben.

Erkläre deiner Selbstgefälligkeit den Krieg,

und entscheide dich Gottgefällig zu sein.

Dahinter gibt es kein Geheimnis.

Es ist so einfach.

Der Lohn einer aufrichtigen Lebensführung vor Gott ist Weisheit.

Einstiegsgebet:

Heiliger Geist, mit einer Haltung von "Ich sollte, muss, als guter Mensch, das und jenes tun",

kann ich vor dir nicht bestehen. Wie oft tue ich, das was ich "für dich" tue,

aus Selbstgefälligkeit, um gut dazustehen, Lob oder Aufmerksamkeit von Menschen

zu bekommen? Aber jetzt ist Schluss damit:

Ich erkläre meiner Selbstgefälligkeit den Krieg.

Alles was ich tue, mache ich als für den Herrn

und mit gottgegebener Freude, Hoffnung und Erwartung auf ihn.

4. September

Philipper 2,15+16a

...ihr leuchtet als Lichter in der Welt, indem wir das Wort des Lebens darbietet.

(Schlachter 2000)

Der Heilige Geist sagt mir:

Licht biedert sich nicht an, es rennt dir nicht nach, es leuchtet nur.

Ob es blendet oder angenehm ist, liegt am Auge dessen, der es sieht.

Nimm es nicht persönlich, wenn jemand sich vom Wort des Lebens geblendet fühlt,

aber leuchte auch Niemandem ohne Vorwarnung mit der Taschenlampe ins Auge,

wenn er gar nicht will, dass der Splitter, den du siehst, entfernt wird.

So wie du mit einer Kerze oder einer hellen Lampe umgehen würdest,

so gehe mit meinem Wort um.

Setze es richtig ein, sei vorsichtig damit, aber nutze es, um Anderen Licht zu spenden, oder ein Feuer anzuzünden. Licht und Feuer sind dazu da, Helligkeit und Wärme zu bringen, nicht um zu zerstören, zu verletzen,

oder jemand zu wecken, der nicht geweckt werden will.

Nur mit meiner Hilfe setzt du mein Wort richtig ein.

Schmeiß nicht mit meiner Wahrheit wahllos um dich,

aber halte nicht zurück, wenn es Leben bringen soll.

Einstiegsgebet:

Dein Wort ist eine mächtige Waffe, wie Feuer, oder helles Licht gegen einen Dieb.

Lehre mich, es richtig zu gebrauchen.

5. September

Philipper 2,16b

...mir zum Ruhm, am Tage Christus', daß ich nicht vergeblich gelaufen sei, noch vergeblich gearbeitet habe. (Textbibel 1899)

Der Geist des Herrn sagt mir:

Nichts was du tust, sagst, lebst, um mir Ehre zu geben, ist vergeblich.

Dennoch wissen wir, der Vater, der Sohn, und der Geist, wie hart es ist, mit Menschen zusammen zu arbeiten, darum bitten wir dich, bleibe in der Gemeinschaft, auch, wenn so viel vergeblich mit ihnen ist. Deine Brüder und Schwestern brauchen dich.

Ihr seid euer gegenseitiger Dienst und Ruhm. Hier ist ein Geheimnis, und ich möchte es dir verraten: Die Worte, und jede Geste von dir, die in deinen Geschwistern Glaube, Mut, Hoffnung, Freude weckt, ist wie ein kleiner Diamant, der dir am Tage Christi überreicht wird. Manche Ermahnung oder Zurechtweisung, die zwar nicht gut aufgenommen wird, aber trotzdem ihr Werk getan hat, wird über die Jahre zu einer wertvollen großen Perle, die dir von der Person überreicht wird, die dir - weil du mir gehorcht hast, und Ablehnung von ihr um meinetwillen ertragen hast – überreicht wird. Du kannst dir die Dankbarkeit nicht vorstellen, die am Tag der Wiederherstellung unter euch Geschwistern sein wird. Trotz all dem was du siehst, geschieht jeden Tag ein wunderbares Werk der Einheit unter euch.

Einstiegsgebet:

Vater, danke für deine Sicht der Dinge. Bitte lass mich nicht vergessen, dich um Einheit unter uns zu bitten. Ich will meine Geschwister lieben, ehren und achten, auch wenn ich nicht in allem Übereinstimmen kann. Du einst uns in dir, Christus.

6. September

Philipper 2,17b+18

Dennoch bin ich froh und freue mich mit euch allen, genauso sollt auch ihr froh sein und euch mit mir freuen. (Freie Übersetzung)

Der Geist bezeugt mir:

Die Freude hält dich gesund.

Freude und Lachen schenken Lebensmut.

Freude ist nicht abhängig von den Umständen, sondern von deiner Einstellung.

Mehr denn je braucht ihr die Freude aneinander.

Freue dich an deinen Geschwistern, freue dich an Gemeinschaft im Geist,

freue dich an allem Wachstum in dem Leib, so wie ein Kind heranwächst

und man sich über jeden Fortschritt in der Entwicklung freut,

so freue dich, denn es gibt diesen Fortschritt in der Entwicklung,

besonders in schwierigen, harten Zeiten.

Einstiegsgebet:

OH mein Gott, lenke mein Herz weg vom

Negativen, Trostlosen, Hoffnungslosen, hin zu deiner Sicht der Dinge.

Trost, Hoffnung ist bei dir, und überschwängliche Freude.

7. September

3. Mose 24,2

Gebiete den Kindern Israel, reines Öl aus zerstoßenen Oliven zu dir zu bringen
für den Leuchter, damit das Licht beständig brennen kann. (Freie Übersetzung)

Der Geist sagt mir:

Ich bin das Öl, das aus einem zerschlagenen, demütigen Leben kommt.
Dieses Öl ist die Nahrung für das Licht, von dem Jesus spricht, das man nicht versteckt.
Sei eine reine Frucht, die sich bereitwillig zerstoßen lässt,
damit ich aus dir fließen kann, und meinen Zweck in dir erfülle.

Einstiegsgebet:

So wie Jesus will ich sagen:
Vater, nicht mein Wille, sondern dein Wille geschehe.
Lass dein Licht brennen in mir,
getränkt von deinem Geist, durch tägliche Hingabe und Heiligung.

8. September

Epheser 1,4+5

...In seiner Liebe hat Gott uns vorherbestimmt,... seine Kinder zu sein durch Jesus Christus...zu seiner großen Freude (Freie Übersetzung)

Der Heilige Geist fragt mich:

"Was erwartest du von guten Adoptiveltern? Wie denkst du, gehen sie mit ihrem von ihnen selbst bestimmten Kind um?" Ich antworte: "Ich stelle mir vor, wenn das Kind kommt, wird es als Erstes liebevoll herumgeführt, aber nicht mit zu viel Neuem überfordert.
Die Eltern werden es ganz viel beobachten, viel loben und die Regeln erklären, z.B. wir warten zusammen, bevor wir mit dem Essen beginnen, oder, wenn du etwas möchtest, frag mich bitte. Je nach Alter des Kindes. Logischerweise erwarte ich, dass die Eltern das Kind versorgen mit Allem, was es braucht, und fördern."
Dann fragt mich der Heilige Geist: "Und du? Was denkst du über Gott, als deinen Vater? Siehst du ihn so, wie du gute Adoptiveltern beschreiben würdest? Sagt die Bibel nicht, dass er ein besserer Vater ist als jeder Mensch? Glaubt dein Herz das? Wenn nicht, woher kommt dieses Misstrauen?"
Stille. Dann spricht er weiter: "Bist du bereit, Lügen, Misstrauen und Vorbehalte abzulegen, damit ich dir das Herz des Vaters für dich zeigen kann? Kommst du mit auf diese Reise?"

Einstiegsgebet:

Gott liebt mich. Gott liebt mich. Gott liebt mich.

Ich darf es glauben. Ich will es glauben und ich werde es glauben.

Ich bin bereit für diese Reise zum Vaterherz Gottes für mich, Heiliger Geist.

9. September

3. Mose 24,2

Gebiete den Kindern Israel, reines Öl aus zerstoßenen Oliven zu dir zu bringen für den Leuchter, damit das Licht beständig brennen kann. (Freie Übersetzung)

Noch einmal führt mich der Heilige Geist zu dieser Bibelstelle und sagt mir:

Dein Licht soll beständig vor deinem Gott brennen. Dein Leben soll aufgehen in ihm, und völlig verzehrt werden von ihm. So wie das Öl im Gleichnis mit den klugen Jungfrauen nicht ausgegangen ist, wird dein Öl, das Ergebnis deiner Hingabe, deine Freude an mir, nicht ausgehen, bis der Bräutigam kommt, wenn du zur richtigen Zeit, und die richtige Zeit ist jetzt, deinen Ölvorrat auffüllst. Lass dich von Gottes Feuer entzünden, und lass dein Herz für ihn brennen. Mein Ölvorrat ist unerschöpflich, und wenn du bei mir Vorrat holst, wirst du nie leer. Versuche nicht, in guten Zeiten "durchzukommen", sondern lerne, solange es die Zeit der Gnade gibt, aus meiner Kraft, meinem Öl, zu leben. Bist du darin geübt, deinen Ölstand zu prüfen, dann wirst du immer frühzeitig zu mir kommen, um es aufzufüllen. Ich lösche zwar den glimmenden Docht nicht aus, aber warum solltest du warten, bis es soweit ist? Lerne aus meiner Kraft zu leben. Tanke bei mir auf, und du wirst erleben, wie du ohne Mühe durch die bösen Tage kommst, wenn der Feind versucht dich auszulöschen. Dein Licht bleibt strahlend hell vor mir bestehen.

Einstiegsgebet:

Heiliger Geist, ich bitte dich, dass du mich mit der Sehnsucht nach mehr von dir erfüllst, nach deinem Öl, der Kraft zum Überwinden, zum Leuchten.

Ich will brennen mit Leidenschaft, für meinen Schöpfer und Vater, Erlöser und Retter.

10. September

Jakobus 3,4

Siehe, auch die Schiffe, so groß sie sind und so rau die Winde auch sein mögen,
die sie treiben - sie werden von einem ganz kleinen Steuerruder gelenkt,
wohin die Absicht des Steuermanns will. (Schlachter 2000)

Der Heilige Geist sagt mir:

Jesus ist auch ein Mensch. Seine Zunge lenkt die Worte die er spricht. Seine Zunge ist ein Schwert, und sein Wort ist Wahrheit. Der perfekte Mensch, der alles unter Kontrolle hat. Auch dein Leben, wenn du ihm nicht widersprichst. Die Worte deines Herrn durchschneiden die Lüge deiner Umstände. Du bist nicht gefangen in dem, worin du dich in deinem Leben befindest. Dein Schicksal bestimmt nicht, was mit dir geschieht. Du bist frei, dein Leben, deine Vergangenheit, deine Gegenwart und deine Zukunft aus den Worten deines Schöpfers zu lesen, und aus der Perspektive der Ewigkeit zu betrachten. Jesus spricht in dein JETZT.
Jesus lebt in deinem JETZT. In diesem JETZT ist Leben, in diesem JETZT ist Zukunft.
Morgen ist noch nicht da, was interessiert dich Gottes Wort für morgen, wenn
du das HEUTE noch nicht voll ergriffen hast, vollständig bejaht und umarmt hast?
Freue dich! Du hast tausend Gründe dazu. Freue dich, denn dein Erlöser ist im heute.
Jetzt ist er da und steuert dein Leben in eine gute Zukunft.

Einstiegsgebet:

Danke, dass deine Worte des Lebens die Lüge meiner Umstände durchschneiden,
im Heute, im Jetzt. Ich stimme dir zu, und dem was du über mich aussprichst.
Du kümmerst dich um meine Zukunft, während ich das HEUTE mit dem Blick auf dich lebe.

11. September

Jakobus 3,4

Siehe, auch die Schiffe, so groß sie sind und so rau die Winde auch sein mögen,
die sie treiben - sie werden von einem ganz kleinen Steuerruder gelenkt,
wohin die Absicht des Steuermanns will. (Schlachter 2000)

Der Heilige Geist sagt mir weiter:

Nur der Steuermann weiß, wohin er das Schiff führt, nur der Steuermann kennt den Weg.
Überlass Jesus das Steuer, er kennt das Schiff - also dich - das Wasser - deine Umgebung,
in der du dich befindest - und das Wetter, Wind, Strömung - das geistliche Umfeld - genau.
Wenn er das Sagen hat, wird dein Schiff in die bestmögliche Richtung gesteuert.
Weißt du, es kann nur einer Kapitän sein. Es kann nur einer sagen, wo es lang geht.
Wenn du dich ständig beklagst und schimpfst, oder genauso schlimm, widerwillig
weitermachst, aber deine Unzufriedenheit offensichtlich ist, dann nennt man das auf
einem Schiff Meuterei. Die Strafe für Meuterei ist hoch.
Jesus fragt dich: "Willst du das Schiff übernehmen? Willst du selbst über dich entscheiden?
Du kannst mich über Bord schmeißen, oder unter Deck einsperren. Viele tun das.
Es steht dir frei. Aber wenn ich Kapitän sein soll, kämpfe nicht mit mir! Ich tue das
wofür ich da bin: Dein Leben zu lenken. Überlass mir das Steuer, überlass mir das Ruder,
ich führe dein Schiff durch die Stürme des Lebens, an den sicheren Hafen. Versprochen!"

Einstiegsgebet:

Danke Jesus für diese Freiheit, ich darf dir mein Schiff überlassen, ich muss nicht.
Sei mein Steuermann und Kapitän.
Ich gebe dir das Ruder meines Lebens, und nehme es nicht zurück.

12. September

Jakobus 3,5a

So ist auch die Zunge ein kleines Glied und rühmt sich doch großer Dinge. (Schlachter 2000)

Der Geist des Herrn zeigt mir:

Um dein Leben in die Richtung zu lenken, die Gott für dich möchte,
brauchst du Jesus am Steuerrad, aber das Steuerruder muss in Ordnung sein.
Sei dir ganz sicher, da wo Gott dich haben möchte, willst du selbst auch hin, denn dafür wurdest du geschaffen. Stell dir nun vor, das Steuerruder ist falsch eingestellt, lenkt der Kapitän das Schiff in eine Richtung, aber das Ruder bewegt sich kaum oder gar nicht, oder nicht so, wie angenommen, wird das Schiff nie ankommen, wo es hin soll.
Das Steuerruder muss justiert werden. So ist es auch mit deinen Worten.
Sie müssen auf Jesus hin ausgerichtet werden.
Wenn du sagst, was er sagt, und mit Worten und Taten nicht davon abweichst,
dann geht dein Leben dort hin, wohin Jesus dich lenkt.
Der Kurs deines Lebens sieht allerdings manchmal aus, als würdest du von einem Betrunkenen gesteuert: Montag rechts, Dienstag links, Mittwoch im Kreis,
und die restliche Woche mal so, mal so. Das sollte nicht sein.
Bleib mit deiner Zunge auf dem guten Kurs. Jesus wird den Rest machen.

Einstiegsgebet:

Jesus, mein Herz sei fest in dir. Meine Worte entscheiden,
wo mein Leben hingeht, aber ich entscheide, was ich sage und was nicht.
Ich zweifle nicht, dass dein gutes Wort über mir wahr ist, und so will ich auch reden.

13. September

2. Korinther 3,4

Wir haben Zuversicht durch Christus in Gott (Freie Übersetzung)

Wir haben Zuversicht durch Christus in Gott, weil das Wort Gottes uns diese Zuversicht gibt.
Wir gehen zuversichtlich in die Zukunft, mit dem Wissen,
dass wir ein Gott wohlgefälliges Leben führen,
nicht weil wir so gut sind, sondern weil Christus in uns ist.
Alles Böse und Schlechte, Unreine von gestern, wird von Jesu Blut weg gewaschen
und zurück bleibt nur das Gute, Vollkommene und Jesus-Ähnliche in uns.
Dieses UNS bezieht sich auf dich und mich und die vielen die wir noch nicht kennen,
genauso wie auf Hannah, Petrus, Paulus, Lydia, Polykarp, Franz von Assisi, Susanna Wesley,
Zinzendorf, Martin Luther King, Mutter Teresa, Billy Graham, und wie sie alle heißen,
die, mit denen wir unsere ganze Zukunft verbringen werden, wenn wir Jesus glauben.

Jesus sagt mir:

"Sei tüchtig in dem was du tun sollst, und sei dir sicher, ich mag dich auch heute wie du bist."

Einstiegsgebet:

Ich bin dir wohlgefällig. Das ist lebensverändernd und ich danke dir dafür Jesus.

14. September

2. Korinther 3,5a

nicht das wir von uns selber aus tüchtig wären (Schlachter 2000)

Woher haben wir diese Zuversicht? (siehe 13. Spetember)

Weil wir wissen, dass wir dem Reich Gottes nichts bieten können.

Dem vollkommenen Reichtum des Himmels fehlt nichts.

Darum wissen wir auch, dass wir Gottes Wohlgefallen nicht erarbeiten können.

Gott selbst macht uns tüchtig zu seinem Werk,

sodass wir in all dem, was wir tun, Jesu Werke tun.

Was hat Jesus getan?

Er war 30 Jahre seinen Eltern gehorsam, hat gelernt, gearbeitet, der Familie geholfen.

Einstiegsgebet:

Ich bin tüchtig, fähig Gottes Werke zu tun.

Nichts von mir selbst aus, denn aus mir kommt nichts, was Gott gefallen könnte,

sondern aus Gnade und Liebe schenkst du es Gott,

dass jeder unserer kleinen Handgriffe ein ewiges Werk sein kann,

weil es getan wurde in Christus.

15. September

2. Korinther 3,5b

...unsere Tüchtigkeit kommt von Gott (Schlachter 2000)

Der Geist JHWHs sagt mir:

Ich bin ein Gott der Ermutigung.

Ich bin ein Gott, der dich bestätigt wenn du Gutes tust, und dir Segen zuspricht.

Die Tüchtigkeit, die von mir kommt, besteht

1. aus einer Zusage an dich.

Ich gebe dir Worte des Lebens.

Das heißt, bevor du etwas tust oder tun kannst, spreche ich das Unmögliche oder Unvorstellbare in deine Umstände.

Die Tüchtigkeit, die von mir kommt, besteht

2. aus Bestätigung in den konkreten Schritten.

Sobald du beginnst im Glauben an das Unmögliche oder Unvorstellbare,

das ich dir zugesagt habe, zu reden oder zu handeln, kommt Widerstand,

weil der Satan mein Werk in dir zerstören will.

Lass deinen Mund und dein Handeln auf meine Zusagen ausgerichtet sein.

Halte fest an meinem Wort des Lebens, das du geglaubt hast

und überwinde die Schlange, indem du sprichst, was ich spreche, und danach handelst.

So bekommst du Mut und Kraft, und ich bestätige dir deinen Weg.

Die Tüchtigkeit, die aus mir kommt, besteht aus Ruhe in mir.

Achte darauf, dass du meinen Frieden,

auch in den Herausforderungen die dir begegnen, nicht verlierst!

Wenn du nicht weiterkommst, oder es scheinbar nicht weitergeht:

Nimm den Blick weg von der Situation und schau auf mich,

den Anfänger und Vollender des Glaubens.

Lobe mich, preise mich, für das wer ich bin,

und wenn dein Herz leichter geworden ist,

sei dankbar für das was du schon geschafft hast, mit mir.

So beginnst du wieder mit Punkt 1.

Und in diesem ganzen Prozess wächst du in der Tüchtigkeit,

die aus mir kommt, und nicht aus deiner eigenen Kraft.

Einstiegsgebet:

Ehre sei dir, mein Gott, denn du machst das Unmögliche möglich. Auch bei mir.

16. September

Jakobus 4,7

Unterwerft euch nun Gott! Widersteht aber dem Teufel! Und er wird von euch fliehen.

(Elberfelder 2006)

Der Heilige Geist, der wie der Wind weht, sagt mir:

In diesem Vers setzt die zweite Hälfte die Erste voraus. Der Teufel wird nicht vor dir fliehen,wenn du ihm widerstehst (ohne den ersten Teil zu erfüllen). Alle Schmerzen, Kämpfe, Schwierigkeiten und Probleme, Krankheiten, Beziehungskrisen, Belastungen und Nöte, kommen vom Teufel. Ich habe nichts davon je für dich gewollt! Der Schlüssel, dass der Teufel flieht, liegt in der Hingabe und Unterwerfung vor Gott. In meinem Reich gibt es keine Grauzone. Es gibt nur Dunkelheit oder Licht, wahr oder unwahr, richtig oder falsch. Die meisten Dinge über die ihr, meine Nachfolger, streitet, sagt Jesus, sind Nebenschauplätze, zu denen der Feind euch gelockt hat, damit ihr den wahren Kampf nicht seht. Denn in meinem Reich gibt es wenige allgemeingültige Gesetze, die das Leben auf der Erde betreffen. Allgemeingültige Gesetze gelten für das Reich der Himmel, und wenn du dich Gott unterwirfst, wirst du in diese Gesetze eingeweiht, sodass du die Strategien des Teufels durchschaust. Dann kann er nur fliehen, denn du kennst das Gesetz, an das er sich halten muss. Wenn du dich Gott unterwirfst, dann WEISST DU, was FÜR DICH richtig oder falsch ist. Nicht immer sofort. Aber es wird dir gezeigt, wenn du in dieser Haltung der Hingabe bleibst.

Einstiegsgebet:

Im Namen Jesus unterwerfe ich mein ganzes Sein, alles Denken, Handeln, Reden, meine Gefühle, mein Herz, meinen Körper, unter die Herrschaft Gottes, meines Vaters. Ich lege alles ab, was nicht wohlgefällig war, und gebe mich Gott hin, in absolutem Gehorsam.

17. September

Psalm 149,4

Er krönt die Demütigen mit Sieg oder Er gibt den Elenden Heil (Freie Übersetzung)

Der Heilige Geist sagt mir:

Die Krone des Sieges ist Teil deines Helms des Heils in Epheser 6. Der Stoff, aus dem diese Krone gemacht ist, ist Demut. Innen, an der Seite deiner Stirn und als Innenfutter, ist die Demut Christi, mit der er dein Heil erwirkt hat. Eine ständige Erinnerung an seine Erniedrigung am Kreuz, nicht um dich klein zu halten oder zu unterdrücken ("du musst schon brav sein und lieb, weil Jesus so viel für dich getan hat" - solche und ähnliche Aussagen und Denkweisen entsprechen nicht dem Wesen Gottes), sondern um dich in Staunen und Ehrfurcht vor deinem Gott zu versetzen, der dich so sehr liebt, freigesetzt hat von jeder Schuld, und du aufrecht vor ihm stehen kannst. Wenn du vor Gott aufrecht stehen darfst, vor wem solltest du dann in die Knie gehen? Vor dem Teufel, vor Menschen?
Das ist lächerlich! Jesus hat den Sieg für dich erwirkt. Nach außen trägst du deine Krone, besetzt mit den Edelsteinen. Edelsteine der Hingabe an Gott, Edelsteine der demütigen Haltung gegenüber deinen Nächsten, weil du weißt, du hast nichts, Jesus hat alles getan, und Edelsteine der Barmherzigkeit, denn Christus hat dich von der Schuld, Scham, Last, befreit, in der du Andere gefangen siehst.

Einstiegsgebet:

Jesus, ich danke dir, dass du mich in Demut krönst mit deinem Sieg. Ich lege jede falsche Haltung und Denkweise ab, die ich trage, um diese Krone der Demut von dir annehmen zu können. Du krönst mich mit deinem Heil. Danke für deine Großzügigkeit.

18. September

Titus 1,3

...zu seiner Zeit aber hat er sein Wort geoffenbart in der Verkündigung, mit der ich betraut worden bin nach dem Befehl Gottes, unseres Retters (Schlachter 2000)

Der Heilige Geist sagt mir:

Genauso wie es im Allgemeinen gilt, gilt es im Einzelnen. Du musst verstehen, dass mein Reich einfach ist. Es ist schön, großartig, vielfältig, voller Geheimnisse, aber einfach. Eine Regel und ein Gesetz, dass im Reich Gottes im Einzelnen angewandt werden kann, kann auch im Allgemeinen angewandt werden. Wir haben in Christus Gottes Wort geoffenbart, zu seiner Zeit, im Allgemeinen. Jetzt offenbare ich Gottes Wort im Einzelnen. Es macht keinen Sinn die Bibel zu lesen, wenn ich nicht Wort für Wort offenbare.
Der nicht erleuchtete Verstand ohne Gottes Geist, verdreht und verwirrt und verunreinigt das Gelesene. Es braucht meine Offenbarung in der Verkündigung. Der Befehl Jesu an dich lautet: Verkündige die gute Botschaft. Ich verspreche dir, dass ich Gottes Wort durch dich der Person, mit der du sprichst, offenbaren werde, wenn du Jesu Befehl ausführst.
Ich liebe die Wahrheit und ich liebe Offenbarung. Ich liebe es, die Wahrheit zu offenbaren. Das ist mein Auftrag, spricht der Heilige Geist. Hab Mut, deinen Auftrag auszuführen, denn das Wort der Offenbarung durch deinen Mund wird zu seiner Zeit alles ausführen, wozu es ausgesandt wurde. Arbeite mit mir zusammen.

Einstiegsgebet:

Danke, Heiliger Geist, für diese Ermutigung. Zeig du mir mit wem ich wann, wo, wie, reden soll. Lass mich aufmerksam auf dich hören und mutig sein um mit dir zusammenzuarbeiten.

19. September

Maleachi 3,7b

Kehrt um zu mir, so will ich mich euch zuwenden, spricht JHWH der Heerscharen.

Doch ihr fragt: "Warum sollen wir umkehren?" (Neues Leben)

Der Heilige Geist der Wahrheit sagt mir:

Das Schlimme an der Verblendung ist, dass man alles wie durch eine Brille sieht, die alles grau in grau macht, und derjenige, der die Brille trägt, denkt, das ist normal. Diese Brille kann die eigene Vernunft sein (meine Vernunft kann die Welt nicht verstehen, weil sie aus dem übernatürlichen heraus agiert) oder die Brille der Enttäuschung (der Frust, der durch Enttäuschung entsteht, kann zu einem realistischen Gottesbild führen oder zu Bitterkeit). Es gibt viele Brillen, und nur mit meiner Hilfe kannst du sie ablegen, du weißt ja nicht, dass du sie trägst. Aber ICH kann dir zeigen, wie es ist, ohne diese Brille. Diese Wahrheit kann dich freimachen, doch du musst umkehren. Ich habe Hoffnung, und deine Freisetzung wird deine Umgebung irritieren oder ebenfalls in die Freiheit führen. Bist du bereit für Umkehr? Bist du bereit, das Leben in Farbe zu sehen? Bist du bereit für den Schmerz der Erkenntnis wie viel du falsch gesehen hast, und für meine Wiederherstellung in diesem Bereich? Wenn du bereit bist und mir glaubst, dass du umkehren musst, weil ich es sage, wende ich mich dir zu, nehme deine Brille ab und zeige dir die Wahrheit.

Einstiegsgebet:

Mein Gott, ich will nicht blind sein für deine Schönheit,

für all das wie du das Universum gemacht hast.

Schenke mir Augen, die sehen, wie du alles in mir, und meine Umgebung, betrachtest.

20. September

Micha 5,1b

Er, der Herrscher über Israel werden soll, dessen Hervorgehen von Anfang an,

von den Tagen der Ewigkeiten her gewesen ist. (Freie Übersetzung)

Der Geist sagt mir:

Du kannst dir gar nicht vorstellen, wie Gott denkt, und wie seine Perspektive auf alles ist,

was auf dieser Erde geschieht, auch nicht seine Perspektive auf dich.

Die Menschwerdung Jesu, die von Anfang an war.

Seine Herrschaft über das Universum von Zeitaltern, bevor es war BIN ICH.

Auch wenn du dich fragst, warum die Dinge sind, wie sie sind - GOTT IST

in deinem Leben,

in deinem kleinen, kurzen Leben, und

er liebt dich.

Er kennt dich auswendig,

genauso wie jedes Molekül, das sich durch die Materie bewegt.

Kannst du ihm vertrauen?

Ihm, der immer war und sein wird?

Einstiegsgebet:

Jesus, Herrscher über alles, du siehst mich und weißt alles über mich.

21. September

Johannes 3,3b

Wenn jemand nicht von Neuem geboren wird, so kann er das Reich Gottes nicht sehen!

(Schlachter 2000)

Der Heilige Geist sagt mir:

Denk ganz natürlich: Eine Geburt kann es nur geben, wenn eine Zeugung stattgefunden hat. Die Zeugung des neuen Menschen ist die Verbindung von deinem Geist mit mir, dem Geist Gottes. Nicht jeder menschliche Geist, der eine Verbindung mit mir eingeht,
ist noch Jungfrau. Hab keine Angst vor der geistlichen Welt in die du hinein geborgen wurdest, denn dein Vater in der geistlichen Welt ist Herr über das Reich des Lichts
und das Reich der Finsternis. Stell dir vor, ein König wird von einem seiner Fürsten beraubt.
Der König wird mit seinem Heer gehen und den Fürst ins Gefängnis werfen.
Genau so wird Gott es auch mit dem Bösen tun.
Dein Papa ist stärker, dein Zuhause ist schön, ein Ort der Geborgenheit und Sicherheit.
Deine Aufgabe ist es zu wachsen und zu gedeihen, damit du groß und stark wirst.

Einstiegsgebet:

Vater, ich danke dir, dass du mir durch den Geist geistliche Wahrheiten zeigst.
Ich bin in dir geborgen und du lehrst mich alles, was ich wissen muss zum richtigen Zeitpunkt. Ich brauche keine Angst zu haben, sondern darf fröhlich in deinem Reich leben, das du mir mehr und mehr zeigst.
Ich lerne auch zu kämpfen, und du schenkst mir deine Waffenrüstung.
Ich darf im geistlichen erwachsen werden und muss kein Baby bleiben.

22. September

1. Thessalonicher 3,7

Wir sind deshalb ihr Brüder euretwegen bei all unserer Bedrängnis und Not getröstet worden durch euren Glauben. (Freie Übersetzung)

Der heilige Geist fragt mich:

Darf Bedrängnis und Not über dich kommen? Sind deine Gebete fromme Wünsche, oder ist Gott Herr über dein Leben, sodass er dich in Bedrängnis führen darf, zum Zeugnis für Gläubige und Ungläubige? Auch wenn es für die Welt nicht verständlich ist, so ist auch Bedrängnis und Not ein Zeugnis für die sichtbare und unsichtbare Welt. Der Unterschied von Bedrängnis und Not, in die ich dich führe - zu Bedrängnis und Not, die durch feindlichen Angriff oder deine Sünde zu dir kommt - ist, dass du innere Ruhe, Frieden und Gewissheit meiner Gegenwart hast. Feindlicher Angriff zeichnet sich durch Verwirrung und Unwahrheit aus. Sünde durch egozentrisches Denken und Flucht vor der Wahrheit. In Bedrängnis und Not kommst du, wenn du den Willen des Vaters tust, vorausgesetzt, dass sie nicht selbst verschuldet sind. Du kannst damit rechnen, weil es eine Prüfung ist, ob du beständig bist. Lass dich in der Bedrängnis und Not deiner Prüfung trösten durch den Glauben deiner Geschwister! Ich kenne deine Bedrängnis und Not, und habe IMMER einen hörenden Bruder oder eine hörende Schwester, der oder die für dich eintritt. Finde darin Trost.

Einstiegsgebet:

Heiliger Geist, vielen Dank für den Trost, den ich habe, durch den Glauben und die Gebete meiner Geschwister. Du lässt mich nie allein in Bedrängnis und Not. Ich erlaube dir, mich in Bedrängnis und Not zu führen, wenn dadurch dein Reich gebaut wird.

23. September

Sacharja 14,6

Und es wird geschehen an jenem Tag, da wird es kein Licht geben;

die glänzenden Gestirne werden sich verfinstern. (Schlachter 2000)

Der Heilige Geist sagt mir:

Bedrängnis und Not, durch mein Licht geläutert, bringen herzliches Erbarmen und

Mitgefühl in deine Seele. Jeder Gläubige wird durch das Tal der Todesschatten geführt,

durch tiefe Fluten, durch das Feuer. All das ist die Vorbereitung auf den Tag des Gerichts.

Meine Heiligen werden diesen Tag ohne Furcht und Zittern bestehen,

denn sie haben gelernt, der Führung des Vaters blind zu vertrauen, an seiner Hand zu gehen,

wo auch immer er sie hinführt. Kein Schrecken soll dich überfallen,

denn ich berge dich unter dem Schatten meiner Flügel. Doch für die, die vor mir fliehen,

alle die mich abgewiesen haben, wird der Tag der Dunkelheit kommen.

Lebendige und Tote werden sehen, wie das Licht vergeht und

die Hoffnungslosigkeit, Verzweiflung, sich breit macht.

Aber für die, die ins Buch des Lebens geschrieben sind,

wird ein ewiges Licht aufgehen, das nie verlöschen kann.

Bist du bereit?

Einstiegsgebet:

Birg mich im Schatten deiner Flügel, lass mich zu dir laufen, wann immer ich es nötig habe.

Sei mir gnädig Herr, in Zeiten wo Verzweiflung mich ergreifen will,

dass du mich beständig erinnerst, bei dir Zuflucht zu suchen.

24. September

Jeremia 9,13

...sondern dem Starrsinn ihres Herzens und den Baalen nachgelaufen sind, was ihre Väter sie gelehrt haben. (Schlachter 2000)

Der Heilige Geist sagt mir:

Deine Vergangenheit, deine Erziehung, deine Kultur, all das sind schlechte Ausreden für den Starrsinn deines Herzens. Tappe nicht in diese Falle, dass dein Verhalten, deine Sünde, das Ergebnis der Sünde anderer Menschen ist. Du hast immer die Wahl. Der äußere Schein der Götter hat sich geändert, aber der Geist, der hinter diesen Göttern steht, und die Auswirkung der Anbetung dieser Götzen, ist dieselbe wie vor tausenden Jahren. Darum setzen sich Sünden und Probleme, Unfälle und Krankheiten, über Jahrzehnte fort, und werden von Generation zu Generation weitergegeben.
Steh auf und stelle dich dagegen. Unterwirf dich Gott, weigere dich, dieselben heillosen Sprüche über dich und deine Liebsten zu sprechen wie deine Umgebung. Huldige den Geistern nicht, zolle dem Bösen keinen Respekt, indem du deine Schuld entschuldigen willst mit dem Versagen Anderer, sondern gestehe deine Zielverfehlung ein, lass dir vergeben durch meine Gnade, und lass dich erfüllen mit der Kraft, anders zu handeln.

Einstiegsgebet:

Ich wende mich ab vom Versagen meiner Umgebung, und bitte dich um Vergebung, wo immer ich andere verantwortlich gemacht habe für meine Schuld.
Danke, dass der Geist Gottes in mir Kraft zur Veränderung gibt.

25. September

3. Mose 27,5

Wenn die Person zwischen fünf und zwanzig Jahren alt ist, dann sollst du sie auf 20 Schekel schätzen, wenn sie männlich ist, aber auf 10 Schekel, wenn sie weiblich ist. (Schlachter 2000)

Der Herr sagt mir:

Wer behauptet, dass dein Wert in Geld gemessen wird? Ich nicht. Das ist kein Preis für deinen Wert als Mann oder Frau festlegt, sondern ein Hinweis darauf, dass der Erlöser männlich ist. Versteh mich nicht falsch und lass dir nichts Falsches einreden. War das Blut, das für dich vergossen, wurde mehr oder weniger kostbar, weil du Mann oder Frau, Frau oder Mann bist? Der Mann hat in der Schöpfung eine andere Bedeutung, anders ist nicht besser oder schlechter! Die Frau hat in der Schöpfung eine andere Stellung, nicht geringer oder weniger, sondern Anders. Frau, sei fröhlich in deiner Weiblichkeit, trage deine Schönheit mit Würde und der Erkenntnis des Stolzes deines Schöpfers. Du bist sehr gut. Mann, sei erhaben in der Stellung vor deinem Gott, nimm deine Verantwortung der Schöpfung gegenüber mit Demut und Ehrerbietung deinem Herrscher-Gott an, indem du dem vollkommenen Mann Jesus nachfolgst, der ein Diener Aller wurde. Du bist sehr gut. Mann du brauchst die Frau, liebe, ehre sie! Frau du brauchst den Mann, liebe, ehre ihn!

Einstiegsgebet:

Jesus, heilige dir deine Gemeinde, zur Ehrerbietung dem anderen Geschlecht gegenüber.
Heiliger Geist, hilf mir falsche Motive, Denkmuster und Verhalten im Bezug auf
Mann und Frau aufzudecken und abzulegen, bei mir selbst und bei Anderen.
Als männlich und weiblich sind wir geschaffen. Das ist sehr gut.

26. September

Lukas 4,14

Und Jesus kehrte in der Kraft des Geistes zurück nach Galiläa; und das Gerücht von ihm verbreitete sich durch die ganze umliegende Gegend. (Schlachter 2000)

Der Geist, der die Kraft Jesu ist, sagt mir:

Nach der Berufung kommt die Erniedrigung,

nach der Erniedrigung kommt die Prüfung,

nach der Prüfung kommt die Sendung,

nach der Sendung kommt die Erhöhung,

nach der Erhöhung kommt die Verfolgung,

nach der Verfolgung kommt die Verherrlichung.

Jesus wurde vom Vater bestätigt und berufen, nach seiner Taufe.

Danach wurde er in die Wüste zum Fasten geschickt,

um in seiner menschlich schwächsten Zeit vom Feind versucht zu werden.

Sei auch du vorbereitet!

Denn nachdem du die Prüfung bestanden hast,

werde ich dich zurücksenden in dieselbe Umgebung, aus der du gekommen bist.

Ich ändere deine Umstände nicht, sondern in der Kraft Gottes änderst DU die Umstände.

Das führt zu Gerüchten über dich in deiner Umgebung,

manche werden dich hassen,

manche werden dich bewundern,

manche werden dir nachfolgen

und du wirst sie zu Jesus führen und dann,

wenn es immer besser wird, kommt die Verfolgung für dich.

Die Hasser werden lauter, der Gegenwind stärker.

Bleib auf Kurs, sei vorbereitet!

Fürchte dich nicht, ich bin bei dir!

Nur in der Versuchung lernst du geistliche Kampfführung,

und nur in der Verfolgung kann sich der Vater in dir verherrlichen.

Sei unverzagt, du hast nichts falsch gemacht, sondern die Wut Satans auf dich gezogen,

indem du ihn an mich erinnert hast und daran, dass er wenig Zeit hat.

Einstiegsgebet:

Jesus, ich will deinem Beispiel folgen in jedem Stadium meiner Nachfolge,

und nicht rechts oder links abweichen, noch zurückweichen!

Ich bekenne und erkläre, dass die Kraft Gottes in mir ist, für jede Phase meines Weges.

27. September

Zefanja 2,6

Und der Landstrich am Meer soll zu Weideland

mit Hirtenwohnungen und Schafhürden werden (Schlachter 2000)

Der Heilige Geist sagt mir:

Wie sehr freue ich mich darauf, wenn die Erde und alles was darauf ist lebt,

zurückkehrt in die göttliche Bestimmung.

Ich habe einen Platz und eine Ordnung für Alles und Jeden.

Beim Gedanken daran,

wie wunderschön und voller Freude und Lichterglanz die Herrlichkeit des Herrn

in Frieden diese neue Erde bewohnen wird,

singen die Engel und der Himmel.

Ehre, Ehre sei Gott in der Höhe

für das, was die Gedanken und die Vorstellungskraft der Menschen übersteigt.

Stimme mit ein,

du Kind des Höchsten,

ihm zum Dank für deine glorreiche Zukunft.

Einstiegsgebet:

Danke Jesus, dass ich durch dich mit einstimmen darf,

in einen Jubel den ich nicht verstehe, so wie in ein Lachen, dessen Ursprung ich nicht kenne,

aber mitlachen kann und darf, ohne dass es seltsam wirkt.

Danke für mein Lob, dem ewig guten Gott!

28. September

Nahum 1,7

Gütig ist JHWH, eine Zuflucht am Tag der Not; und er kennt die, welche auf ihm vertrauen.

(Schlachter 2000)

Gott sagt gar nix? ;-)

...und der Heilige Geist sagt mir (gerne selber ausfüllen):

Einstiegsgebet:

Du kennst mich, du kennst mich, mein Herz singt, du kennst mich, du weißt meine Sorgen, du siehst meine Lasten, du kennst meine Nöte, ich vertraue auf dich.

Ja, auch in Not und Elend vertraue ich auf dich. Ich befehle meinem Herzen, deinen Worten zu glauben, dass du mich kennst und meine Gebete hörst, mein Schreien, mein Stammeln, mein wortloses Flehen, mein Seufzen, mein Klagen.

Am Tag der Freude, am Tag der Trauer, immer bist du der Gott, der mich kennt.

Du bist meine Zuflucht.

29. September

Römer 8, 28-29

Wir wissen aber, dass denen, die Gott lieben, alle Dinge zum Besten dienen,
denen die nach seiner Absicht berufen sind, weil er sie vorausgesehen hat
und vorherbestimmt hat, zur Bestätigung des Bildes seines Sohnes,
welcher der Erstgeborenen von vielen Brüdern ist. (Freie Übersetzung)

Der Heilige Geist sagt mir:

Weil ich weiß wie du bist, wähle ich dich.
Die Entscheidung liegt bei dem Menschen, nicht bei Gott.
Adam und Eva kannten die Wahlmöglichkeiten, und so ist es mit jeder einzelnen Person.
Ich habe meinen Schritt auf die Menschheit zu längst getan, ja ich bin weit mehr als den halben Weg gegangen. Diesen einen Schritt des Glaubens erwarte ich von dem Menschen. Das ist ungerecht? Ist es nicht viel ungerechter von mir zu erwarten, den ganzen Weg zu gehen? Lieber Mensch, sobald dein Herz mich sucht, klopfe ich an die Tür.
Öffnen musst du sie selber.
Doch ich kenne dich, ich weiß, ob du die Tür öffnest oder nicht.
Ich werde, noch bevor du die Tür geöffnet hast, vom ersten Tag deiner Entstehung, alles in die Wege leiten, dass alles zum Besten dient.

Einstiegsgebet:

Danke Gott, dass du uns in deiner Liebe entgegen kommst.
Danke, dass du alles zum Guten wendest in meinem Leben, auch wenn ich es nicht sofort sehen kann, und dass du mein ganzes Sein vom Ziel her siehst, und mich danach beurteilst.

30. September

Hohelied 3,1

Auf meinem Lager in den Nächten suchte ich ihn, den meine Seele liebt,

ich suchte ihn, aber ich fand ihn nicht. (Schlachter 2000)

Der Heilige Geist sagt mir:

Ich liebe sie, die mich suchen in ihren Betten bei Nacht,

mein Herz ist bei denen, die keinen Schlaf finden,

und nach mir fragen bis der Tag anbricht.

Nicht immer bin ich sofort zu finden, nicht immer gibt es schnelle Antworten.

Wenn die finstere Nacht der Seele über dich kommt mein Kind,

verwirf nicht deine Hoffnung auf den Tag, an dem meine Liebe dich wieder erfrischt.

Tausend Gründe könnte ich dir nennen, warum ich so fern scheine,

aber keinen könntest du verstehen, in diesen Nächten, in denen deine Seele mich sucht,

aber nicht findet.

Halte fest an der Wahrheit, dass ich dich liebe,

und nicht fern von dir bin, auch nicht, wenn du mich nicht finden kannst.

Ich liebe dich, bleibe bei mir!

Einstiegsgebet:

Wenn die Nacht über mich kommt, und mein Glaube zu schwinden droht,

halte du mich Herr bei dir, weil ich mich nicht halten kann.

Sei bei all jenen, liebster Geist Jesu, die durch Krisen gehen, und sei uns gnädig.

1. Oktober

Sprüche 7,9

...in der Dämmerung, am Abend des Tages, beim Einbruch der Nacht, als es dunkelte.

(Schlachter 2000)

Der Herr sprach:

Ich führe meine Operationen im hellen Licht aus,

ich halte meine Strategien nicht geheim.

Ich spiele mit offenen Karten,

ich halte mit meinen Absichten nicht hinterm Zaun.

Wie noch soll ich dir begreiflich machen, dass meine Vorhaben und Pläne

geradlinig und rechtschaffen sind?

Ich gehe keine krummen Wege, und alles was in mir ist, ist Licht.

Ja es stimmt, Dunkel umgibt mich, und Blitz und Donner gehen von meinem Thron aus,

das ist Teil meiner Energie, und das Dunkel umgibt mich zum Schutz der Geschöpfe,

die vor mich treten, Tag und Nacht.

Und du mein Kind sollst wissen, alles was du verheimlichst,

im Verborgenen tust, oder du aus Scham versteckst: Es ist mir zuwider!

Bringe es an das Licht meiner Liebe, sprich darüber, halte es nicht zurück.

Du musst dich nicht bloßstellen, aber du musst bloßlegen,

was hinter verschlossener Tür geschehen ist, was im Geheimen getan wurde.

Ich will dich freisetzen von aller Heimlichtuerei.

Ich will, dass du bist, wie ich bin.

Hab keine Angst, lass das Versteckspiel, denn der Dieb liebt die Dämmerung,

ich aber liebe das Licht.

Mein Licht wird dich mit Würde kleiden, ich decke deine Schuld und Beschämung zu.

Ich, dein Vater, will,

dass du zu jeder Zeit in die Augen der Liebe deines Erlösers sehen kannst.

Erhebe dich aus der Dunkelheit und tritt ans Licht.

Ich bitte dich.

Einstiegsgebet:

Heiliger Geist, komm mit Licht und durchleuchte die Absichten meines Herzens.

Bringe ins Gedächtnis, was ich verbergen will.

Heile mein Herz, vergib und hilf mir vergeben.

Jesu Blut reinigt von aller Scham und Schuld.

2. Oktober

Sprüche 19,1

Besser ein Armer sein, der in seiner Lauterkeit wandelt,

als ein Verkehrter, der verdrehte Lippen hat. (Schlachter 2000)

Der Heilige Geist sagt mir:

Die Welt ist total verdreht. Ich bin mir sicher, dass du dem zustimmen kannst.

Doch erkennst du auch die Ursache im Einzelnen, warum vieles so verkehrt und verdreht ist?

Natürlich nicht, dafür müsstest du alle Gedanken Gottes kennen, und verstehen wie er denkt.

Darum ist es so wichtig, dem Wort Gottes in allem zuzustimmen,

auch wenn es in deinen Augen völlig daneben ist.

Ein Armer zu sein, ist nicht das Ideal in meinen Augen,

denn ich habe das Königtum über dir ausgerufen, und wo du bist, ist das Reich der Himmel.

Das darf sich auch in deiner Lebensweise widerspiegeln.

Aber, und dieses Aber ist wesentlich: Da die Welt verdreht ist und so viele verkehrte

Menschen verdorbene Worte sprechen, ist es ein geringes Übel in Armut zu leben.

Ich berufe meine Kinder in Bescheidenheit und Demut zu leben,

um einen inneren Reichtum in ihnen zu schaffen, der rein und lauter ist.

Einstiegsgebet:

Lieber will ich arm sein, wenig geachtet und ohne Anerkennung von den Menschen,

als reich, geachtet und angesehen bei den Menschen,

wenn mein Herz dadurch verkehrt, und meine Lippen verdreht sind.

Ein Mensch mit reinen und lauteren Absichten will ich sein, geachtet in deinen Augen, Herr.

3. Oktober

Psalm 136,3

Dankt dem Herrn der Herren, denn seine Gnade währt von Zeitalter zu Zeitalter.

(Freie Übersetzung)

Der Heilige Geist sagt mir:

Jeder Fortschritt und alles Vorankommen ist Gnade.

Für jede Errungenschaft und Entdeckung sag mir Dank, denn von Zeitalter zu Zeitalter, gebe ich Gnade für Neues, noch nie zuvor Dagewesenes. Ach, würdet ihr doch erkennen, dass alles Vorankommen euch Freiheit und Freude in einem Bereich bringen sollte!

Doch stattdessen lasst ihr euch berauben, und eure Errungenschaft stehlen.

Ich bin wütend und traurig, wenn meine Kinder behaupten, ich hätte irgendetwas Schlechtes gewollt oder zugelassen. Ich habe es nicht zugelassen, du hast es zugelassen. Ich habe es nicht gewollt, sondern dir deine Verantwortung in deinen Händen gelassen.

Ihr verhaltet euch so wie Anhänger einer Partei, die alle nicht wählen gehen und sich dann wundern, warum die gegnerische Partei gewonnen hat.

Sei nicht dumm und lass dich nicht betrügen. Beinahe alles, was auf dieser Erde existiert, kann sowohl zum Bösen, als auch zum Guten verwendet werden. Im Dank und Lob liegt die Wurzel zur Verwendung des Guten. Du kannst eine Entdeckung nicht zum Bösen nutzen, wenn du mir dafür von Herzen Dankbarkeit entgegenbringst.

Einstiegsgebet:

Danke Vater, dass dein Wort sagt, dem Reinen ist alles rein.

Darum will ich rein sein.

4. Oktober

Psalm 149,1-2

Halleluja, singt JHWH ein neues Lied, sein Lob in der Gemeinde der Getreuen!

Israel freue sich an seinem Schöpfer, die Kinder Zions sollen jubeln über ihren König!

(Schlachter 2000)

Der Geist Gottes sagt mir:

Ruf ein Siegesgeschrei aus über mir, denn ich habe die Welt überwunden.

Du bist MEIN,

und ich habe dich ins Buch des Lebens geschrieben.

Ich allein kenne das Ende der Tage dieser Erde,

und ich habe dich bei deinem Namen gerufen:

Ich bin DEIN SCHÖPFER,

und niemand ist der Königswürde mehr wert als ich.

Ehre mich mit deinen Lippen, denn dein Lob und dein Lied bekunden meinen Sieg.

Einstiegsgebet:

Alle Ehre gehört dir Jesus, höchster König.

Mein Lob soll deine Taten rühmen, und preisen was du tust!

5. Oktober

Hiob 8,3

Beugt denn Gott das Recht, oder verkehrt der Allmächtige die Gerechtigkeit?

(Schlachter 2000)

Der Geist sagt:

Nein

Gott beugt das Recht nicht, und Gerechtigkeit zieht vor ihm her.

ER, der ewig Gleiche,

sein Recht bleibt bestehen.

ER bleibt bestehen.

Sonne, Mond und Sterne vergehen,

sein Wort ist unveränderlich und niemand kommt daran vorbei.

ER bestimmt was Recht ist.

ER allein.

Kein Mensch kann sich seinem Urteil entziehen,

gleichgültig wer er ist.

Recht und Gerechtigkeit gehen von Gott aus.

Amen

Einstiegsgebet:

Für immer und ewig bleibst du Gott, Herr über alles.

Nur dein Urteil über mich hat Bestand, und dein Recht ist wahrhaftig.

6. Oktober

Ester 10,3

Denn der Jude Mordechai war der Nächste nach dem König Ahasveros und groß unter den Juden und beliebt bei der Menge seiner Brüder, weil er das Beste seines Volkes suchte und zum Wohl seines ganzen Geschlechts redete. (Schlachter 2000)

Der Heilige Geist, der mit dem Volk Israels war, spricht zu mir:

Wenn du in deiner Position, und mit dem Einfluss, den du hast, klar zu meinem Wort
und meinem Auftrag für dich stehst, egal wie banal oder klein die Sache ist,
werde ich dich fördern und dir Größeres anvertrauen. Du sollst Position und Einfluss haben,
um deines Volkes willen, nicht um meinetwillen. Mein Wille ist es,
dass es allem Volk gut geht, und den Menschen meine Botschaft verkündet wird.
Nun frage ich dich:
Redest du zum Wohl deines ganzen Geschlechts, und suchst das Beste deines Volkes?
Oder bist du damit beschäftigt ein angenehmes, ruhiges Leben zu haben?
Ich sage dir:
Ein angenehmes, ruhiges Leben wirst du dann haben, wenn ich dir Ruhe gebe,
und du jederzeit bereit bist, nach dem zu handeln, von dem du weißt, dass es Recht ist.
Dann kannst du zu der Größe kommen, die ich für dich bereit habe.
Wahre Größe kommt von mir.

Einstiegsgebet:

Jesus, um deines Namens Willen, schenke mir Mut, Kraft und Demut,
um zu tun, was auch immer meinem Volk dient.

7. Oktober

Galater 2,2

Ich zog aber aufgrund einer Offenbarung hinauf und legte ihnen (den Juden), insbesondere den Angesehenen, das Evangelium vor, das ich unter den Heiden verkünde, damit ich nicht etwa umsonst liefe oder gelaufen wäre. (Schlachter 2000)

Der Geist des Herrn sagt mir:

Das Eine ist die Offenbarung, das Andere die Ausführung.

Erachtest du es für möglich, dass ich dir durch eine Offenbarung zeige, was du tun sollst?

Habe ich mich dir offenbart, das bedeutet, dass DU tun sollst, was dir offenbart wurde,

und wenn du dort bist, wo du sein sollst,

hört meine Berufung nicht auf, sondern fängt erst an.

Darauf warte ich.

Satan hat dich mit Bequemlichkeit verführt,

wenn du denkst, du hast getan, was ich dir aufgetragen habe.

Bist du tot?

Wenn du tot bist, kannst du ruhen. Wenn du lebst, dann tue die Werke Gottes.

Schreck nicht zurück vor den Aufgaben, den Hindernissen, der Anstrengung, der Arbeit.

Schreck nicht zurück vor Offenbarung, Träumen, Visionen, oder Worten der Erkenntnis.

Einstiegsgebet:

Heiliger Geist hilf mir, dass ich weder deine Offenbarung, noch die Ausführung der Offenbarung, und die logische Folge der Ausführung, verwerfe.

Ich will Gottes Werk mit mir durch die Kraft Jesu beginnen und vollenden.

8. Oktober

Hiob 5,7

...der Mensch ist dazu bestimmt, sich abzumühen,

so wie es dem Funken bestimmt ist, aus dem Feuer emporzufliegen. (Neues Leben)

Der Heilige Geist sagt mir:

So denken die Menschen, die mich nicht kennen!

Rede und handle nicht wie Menschen, die mich nicht kennen.

Sprich keine Lügen über dich aus, so wie Hiob geraten wurde.

Wozu hat Jesus sich abgemüht, wenn du dich abmühst?

Du musst dieses Kreuz nicht tragen, dein Kreuz ist es nicht dich abzumühen,

denn ich bin geschunden worden, damit deine Mühe auf mich fallen kann, sagt Jesus.

Das Kreuz, dass du auf dich nehmen sollst, ist meinem Willen zu folgen,

und die Verachtung der Menschen zu ernten. Dieses Kreuz muss jeder Mensch,

der mir nachfolgen will auf sich nehmen, sonst ist er Meiner nicht wert.

Dieses Kreuz der Selbstverleugnung tauscht du ein, gegen den Reichtum der Himmel.

In dem du das Kreuz der Selbstverleugnung trägst, trage ich alle Lasten und Mühen

des Lebens. Es ist eine Wahrheit, die du verinnerlichen musst, dein Denken durchdringen,

wenn du in die Freiheit kommen willst,

die dich loslöst von weltlichen Vorstellungen über das Leben.

Einstiegsgebet:

Jesus ich brauche das Denken über das Leben, das du hattest als du auf Erden warst.

Ich will sagen können: Meine Speise ist nicht von dieser Welt.

9. Oktober

Lukas 4,18

Der Geist des Herrn ist auf mir, denn er hat mich gesalbt

um den Armen gute Botschaft zu verkünden, dass sie freigelassen werden.

Er hat mich gesandt, Gefangenen zu verkünden, dass sie freigelassen werden,

Blinden, dass sie sehend werden. Unterdrückten, dass sie befreit werden. (Freie Übersetzung)

Der Heilige Geist sagt mir:

Steh auf. Lies diesen Vers laut und deutlich vor,

und stelle dir die gesamte unsichtbare Welt als Publikum vor. Erst wenn du das getan hast gelten folgende Worte für dich: An Jesu statt, an seiner Stelle ruht der Geist des Herrn nun auf dir. Du bist im Geist gesalbt und versiegelt, das bedeutet, von niemandem weder in der sichtbaren oder unsichtbaren Welt kann dir der Geist des Herrn genommen werden.

Du bist berufen und hast deine Berufung mit deinen eigenen Worten bestätigt,

dass du Verkündiger guter Botschaft bist.

Du wirst Menschen in die Freiheit Christi führen, und innere Gefängnisse durchbrechen.

Ich selbst, der Heilige Geist, werde durch dich sprechen, sodass es geschieht.

Du wirst geistlich Blinde sehend machen, und von Satan Bedrückte befreien.

Du wirst für Kranke beten, und es wird ihnen zunehmend besser gehen.

Du wirst einen Schmerz spüren für die Not der Menschen,

und ich werde dir eine Strategie geben, wie du diese Not lindern kannst.

Einstiegsgebet:

Ja und Amen. Amen. (Sela)

10. Oktober

Markus 1,1

Beginn der Heilsbotschaft von Jesus dem Gesalbten, dem Sohne Gottes (Freie Übersetzung)

Jesu Geist spricht zu mir:

Die Botschaft vom Heil in Jesus kommt immer ganz normal, natürlich, zum Empfänger.
Sie ist nicht abstrakt oder komisch, sondern beinahe banal oder alltäglich. Doch sie kann und wird, wenn sie angenommen wird, das Leben transformieren, denn sie ist übernatürlich.
Stell dir einen blinden Menschen vor, der in einem Land lebt, in dem es so gut wie keine ärztliche Versorgung gibt. Dieser blinde Mensch wird dann besucht von einem Augenarzt, der weiß, dass es einer einfachen Operation bedarf, dass dieser Mensch wieder sehen kann.
Wenn er dann mit dem Blinden spricht, ist er für die blinde Person nur ein Fremder, der mit ihm redet, bis zu dem Moment, wo er erfährt, dass der Fremde ein Arzt ist, der sein ganzes Schicksal verändern kann. Genauso ist es mit meinen Worten des Heils.
In Christus liegt das Heil, also trag es in deine Umgebung.
Aber rede, wie du redest, bleib wer du bist, und gehe auf die Person ein, mit der du sprichst.
Genauso wenig wie der Arzt sich beim Blinden vorstellt, und ihn sofort überfällt, so darfst du, wenn nicht Lebensgefahr besteht, erst den Menschen kennen lernen, bevor du von mir redest.

Einstiegsgebet:

Jesus deine heftige Botschaft braucht offenen Herzen und Vertrauen.
Bitte hilf uns Vertrauen zu gewinnen, ehrliche Absichten und deine Liebe zu bringen.
Hilf, dass ich normal, natürlich, ehrlich mit Christen oder Nichtchristen rede.

11. Oktober

Markus 1,2

Wie geschrieben steht…: Siehe, ich sende meinen Boten vor deinem Angesicht her,

der dir den Weg bereiten wird. (Schlachter 2000)

Gottes Geist ruft mir zu:

Macht Bahn! Macht Bahn, dem kommenden König!

Geh aus dem Weg, du böser Gedanke des Unheils!

Auch heute und für jede Generation sende ich Boten,

die erfüllt sind,

mit meiner Dringlichkeit, dir ins Gesicht zu schreien:

Hilf mit, deine Stadt, deinen Ort zu reinigen von aller Ungerechtigkeit!

So viele stehen da, und machen ihr Gesicht zu Stein,

sodass kein Brüllen, Schmeicheln, Zurechtweisen, oder Werben um sie hilft.

Sie halten sich die Ohren zu und pfeifen ein Lied, das mir spottet.

Sie denken: Ich habe noch Zeit,

ein anderes Mal kann ich immer noch tun, was Gott verlangt.

Doch wenn Jesus kommt, werden sie sein wie die Pharisäer, dann gibt es keine Gnade mehr.

Sei dir dessen bewusst!

Einstiegsgebet:

Jesus ich will bereit sein, ich bin bereit!

Ich halte mein Leben, mein Herz vor dir in Ordnung,

sodass Dein Kommen eine Freude und kein Schrecken für mich ist.

12. Oktober

Markus 1,3

Die Stimme eines Rufenden ertönt in der Wüste:

Bereitet den Weg des Herrn, macht seine Pfade eben! (Schlachter 2000)

Der Heilige Geist Gottes sagt mir:

Sei eine Stimme eines Rufenden zu ausgetrockneten, verdorrten Herzen:

"Tue die Arbeit eines Wegbereiters,

räume Steine von der Straße,

bring den Müll weg,

ebne Hügeliges und

stopfe Löcher.

Nimm diese Mühsal auf dich, dein Herz in Ordnung zu halten.

Für den kommenden König, deinen Herrn Jesus Christus."

Doch bevor du es Anderen zurufen kannst, mache die Arbeit in deinem Herzen!

Einstiegsgebet:

Wie kann mir eine Arbeit zu mühsam, schwer, oder unnötig erscheinen,

wenn ein König und Herrscher mich darum bittet?

Liebster Jesus, verzeih meine stolzen Gedanken!

13. Oktober

Markus 1,4

So begann Johannes in der Wüste, taufte und verkündete eine Taufe der Buße
zur Vergebung der Sünden. (Schlachter 2000)

Der Heilige Geist sagt mir sofort/unmittelbar:

Die Taufe ist so wichtig, weil es ein äußeres, sichtbares Zeichen für eine nötige und erkannte Veränderung am inneren Menschen ist. Wer sagt dir, dass du nur einmal getauft werden kannst, oder darfst? Hast du denn alles auf einmal erkannt?
Natürlich gibt es nur EINE Taufe zum Tod und Auferstehung in Christus,
aber der Mensch ist wankelmütig, und doppelzüngig, und von zweifelnder Natur,
so dass es nicht nur gelegentlich, sondern oft vorkommt, dass nur die Treue Gottes ihn
am Glauben hält. So wie eine Ehe eine Erneuerung des Bundes nötig hat,
wenn das Paar sich zerworfen hat, als sichtbares Zeichen für ein erneutes Zusammenhalten -
und es wäre öfter nötig als es geschieht - genauso ist es mit der Taufe.
Dafür braucht es keinen Priester, kein großes Tamtam.
Eine Erneuerung des Ehebundes geschieht oft nur mit zwei, drei guten Freunden.
Erneuere deinen Bund mit Gott, wenn dein Herz danach verlangt. Lass dich taufen!

Einstiegsgebet:

Herr Jesus, ich spüre dein Verlangen nach radikaler Hingabe. Du hast,
und du willst dich mir vollkommen hingeben. Verändere mein Herz,
sodass ich mich dir radikal, vollkommen ausliefere und nicht frage was Menschen denken,
sondern was du denkst, und danach handle.

14. Oktober

Offenbarung 2,17

Wer Ohren hat der höre, was der Geist den Gemeinden sagt: "Wer überwindet,
dem werde ich von dem verborgenen Manna zu essen geben,
und ich werde ihm einen weißen Stein geben, und auf dem Stein geschrieben
ein neuer Name, den niemand kennt außer dem, der ihn empfängt." (Freie Übersetzung)

Und der Geist sagt mir:

Es gilt die Welt zu überwinden mit mir, denn ich habe die Welt überwunden für dich.
Ich bin der Gott, der dich sieht, der dich beim Namen nennt, und dich kennt.
Mein Manna, mein Brot, findest du im Verborgenen,
an einem Ort, den nur ich dir zeigen kann.
Ich will Intimität mit dir, dich in die Vertrautheit mit mir führen, wo ich dir geheime,
liebevolle Worte ins Ohr flüstere über meine Zuneigung zu dir.
Ich will dir einen Kosenamen geben, von dem niemand etwas weiß, nur du und ich.
Im Haus meines Vaters sind viele Wohnungen, ich bereite dir einen Platz bei mir, sagt Jesus.
Nur der Bräutigam bereitet einen Platz für seine Braut. Ich will nicht mit Vertrautheit warten,
bis du bei mir eingezogen bist, lass uns jetzt einander kennenlernen.
Ich liebe dich mit feuriger, inniger Liebe.Halte dein Herz nicht vor mir zurück!

Einstiegsgebet:

Jesus, deine Liebe lädt mich ein dir ganz nahe zu sein.
Ich komme zu dir und weiß, du liebst meine Nähe. Du sehnst dich nach mir.
Du wartest auf mich, genießt meine Nähe. Deine Hand lädt mich ein, meine hineinzulegen
und mich von dir führen zu lassen an deine verborgenen Plätze.

15. Oktober

1. Johannes 3,8

Aber wenn Menschen sündigen, zeigt das, dass sie zum Machtbereich des Teufels gehören, der von Anfang an gesündigt hat. Doch der Sohn Gottes kam um die Taten des Teufels zu vernichten. (Neues Leben)

Ich bin im Grenzbereich von zwei Bundesländern aufgewachsen.
Beim Lesen dieses Verses habe ich mich erinnert, dass ich mir als Kind einen Spaß daraus gemacht habe, direkt auf der unsichtbaren Grenze zu gehen, von der ich ungefähr wusste, wie sie verläuft. Dabei habe ich vermutet, in welchem Bundesland ich mich befinde.

Und der Heilige Geist sagt mir dazu:

Wie diese Grenze zwischen den Bundesländern gibt es auch eine unsichtbare Grenze zwischen meinem Machtbereich und Satans Machtbereich. Sei kein Grenzgänger. Positioniere dich, soweit du es weißt und kannst, klar in meinem Machtbereich.
Das ist deine Entscheidung. Dort wo du es nicht weißt oder kannst, erlaube mir doch einen Zaun zu ziehen, dort wo es dir noch leicht fällt, der Versuchung zu widerstehen.
Bedenke dabei, dass ich dich weder einschränken noch bevormunden will.
Ich will dir helfen und dir dienen. Ich möchte nicht, dass du beraubt oder verletzt wirst.
Das wirst du aber, wenn du in den Machtbereich Satans eindringst, denn es ist Feindesland.

Einstiegsgebet:

Ja, Heiliger Geist, bitte ziehe einen Zaun. Lass mich nicht so dumm sein zu glauben, ich könnte mitten im Krieg unbeschadet in bewachtes Feindesland eindringen.
Hilf mir die Gefahr zu erkennen, die von Sünde ausgeht.

16. Oktober

1. Johannes 3,2a

Meine lieben Freunde, wir sind schon jetzt die Kinder Gottes und wie wir sein werden, wenn Christus wiederkommt, das können wir uns nicht einmal vorstellen... (Neues Leben)

Der Heilige Geist sagt mir:

Sorgen sind Steine, überflüssige Last.

Schlechte Gedanken,

die zu Gefühlen wie Neid, Selbstsucht, Lüsternheit, Doppelzüngigkeit und Habgier führen,

sind Schmutz und Müll.

Mitgefühl, Fürbitte, Hilfsbereitschaft, sind auch Lasten,

aber sie werden, wenn du sie immer wieder bei mir ablegst, und nicht selber tragen willst,

in meinen Händen zu wertvollen Edelsteinen.

Tränen der Vergebung, der Heilung, des Trostes, der Hoffnung oder der Hingabe,

Tränen der Umkehr für dich oder für Andere, an meiner Brust geweint,

werden zu Perlen, genauso wie Tränen des Schmerzes und der Trauer,

wenn sie mit meinem Blut übergossen werden.

Deine vollkommenen Werke in mir sind reines Gold,

und das Wirken in mir sind Gold und Silberfäden.

Gehe durch das Kreuz Christi hindurch

und lege deine Sorgen, deine Lasten und dein Streben in des Vaters liebende Arme.

Als sein Kind kannst du alles vertrauensvoll hingeben.

Er entsorgt das Schlechte,

und aus dem Guten wird dir Kleidung gewebt,

und eine Krone geschmiedet zur ehrenvollen Bekleidung,

wenn Christus wiederkommt.

Dieses Bild soll dir helfen zu verstehen, wie gut es ist alles abzugeben,

und in der Haltung eines Kleinkindes zu mir zu kommen.

Ein Kleinkind lebt immer mit dem Blick auf die Eltern gerichtet.

Mach es genauso.

Einstiegsgebet:

Durch dich Jesus, hat jeder gute Gedanke oder jede gute Tat großen Wert.

Ich will mit dem Blick auf den Vater hin gerichtet leben,

dazu brauche ich deine Hilfe, Heiliger Geist.

17. Oktober

1. Johannes 3,5

Und ihr wisst, dass Jesus kam, um die Sünden der Menschen weg zu nehmen,

denn er ist ohne Sünde. (Neues Leben)

Der Heilige Geist sagt mir:

In der Andacht gestern habe ich dir gesagt, dass ein Kleinkind

immer lebt mit dem Blick auf die Eltern, und dir befohlen, es genauso zu machen.

Der Grund warum Jesus ohne Sünde ist, liegt nicht an seinem Gott-SEIN, sondern

an seinem SOHN-SEIN. Da sein Blick unablässig auf den Vater gerichtet war, hatte er keine

Zeit, Energie, ja nicht einmal die Möglichkeit etwas anderes zu tun, als den Willen des Vaters.

Er war und ist der vollkommene Sohn. Völlig ohne Sünde ist er unschuldig

und nimmt deine Schuld und Sünde jede Sekunde auf sich. Du bist vollkommen befreit,

so wie Jesus vollkommen Sohn ist. Darum bist du in Christus vollkommen, so wie Christus

vollkommen ist. Lass dir diese Wahrheit nicht rauben, bade dich in dieser Wahrheit, ruhe

dich in dieser Wahrheit aus, meditiere diese Wahrheit, bis sie zu deinem Wesen geworden ist:

Jesus kam, um mir meine Sünde wegzunehmen, darum bin ich ein befreites und

vollkommenes Kind Gottes, mit dem Blick auf den Vater, um seinen Willen zu tun.

Das bist du in Wirklichkeit.

Einstiegsgebet:

Mein Gott, ich danke dir von Herzen, dass Jesus kam, um mir meine Sünde weg zu nehmen,

darum bin ich befreit und vollkommenes Kind Gottes,

mit dem Blick auf den Vater, um seinen Willen zu tun.

18. Oktober

1. Johannes 3,6

Wer also mit ihm (Jesus) lebt, sündigt nicht. Wer aber weiter sündigt, hat ihn nicht erkannt oder nicht begriffen, wer er ist. (Neues Leben)

Der Heilige Geist sagt mir:

Wer begriffen hat, wer Jesus ist, bei dem verschwindet die Sünde von selber.

Wer erkannt hat, wer ihn gesehen hat, zieht jede Hand vor der Sünde zurück,

wie die Hand vom Feuer.

Lebe mit dem Bewusstsein mit wem du es zu tun hast,

dann wird es dir leicht fallen "NEIN"

zu jedem noch so verlockenden Angebot Satans zu sagen.

Jesus ist Gott.

Jesus hält das Universum zusammen.

Jesus lässt dich jetzt atmen und dein Herz schlagen.

Dieses Wissen schafft Gottesfurcht.

Und Gottesfurcht hält dich von der dich leicht umgarnenden Sünde fern.

Einstiegsgebet:

Heiliger Geist, zeig mir Jesus.

Erinnere mich, über ihn nachzudenken und zu verstehen, was die Bibel über ihn sagt,

und wer er ist.

19. Oktober

1. Johannes 3,7

Liebe Kinder, lasst euch von niemandem verführen!

Wer handelt, wie es Gottes Willen entspricht, ist gerecht, wie Christus gerecht ist.

(Neues Leben)

Der Heilige Geist sagt mir:

Du kannst Jesus ähnlicher sein, als du denkst.

Der Wille Gottes für dich ist nicht abstrakt oder philosophisch.

Die Verführung ist wie eine Vernebelung der Sinne,

bei der man sich immer wieder fragt,

warum habe ich das getan.

Gottes Wille für dich ist Klarheit, Freiheit und Gelassenheit,

weil du weißt, dass du das Richtige tun kannst.

Einstiegsgebet:

Ich erkläre über mich selbst, dass ich Jesus ähnlich bin.

Ich habe, so wie er, den Geist Gottes in mir,

der meine Gedanken in Richtung Klarheit, Freiheit und Gelassenheit führt,

weil ich mehr und mehr Gottes Willen tue.

20. Oktober

1. Johannes 3,4

Wer sündigt, missachtet das Gesetz Gottes,
denn Sünde bedeutet immer Auflehnung gegen Gottes Gesetz. (Neues Leben)

Der Heilige Geist sagt mir:

Es ist nicht so, dass du keine Ahnung hast, wann du das Ziel verfehlt hast, wann du gegen mich gesündigt hast. In Wirklichkeit ist es so, dass ich in dir lebe, und du merkst, wenn zwischen uns etwas nicht passt. Und du bist sehr gut darin, das zu ignorieren. Denn du willst ja nicht wissen, was nicht passt. Du möchtest oft einfach nur weiter machen mit dem was du tust, und hast Bedenken mich zu fragen, was mir nicht passt. Meistens tippst du falsch. Ich bin extrem korrekt, das ist Teil meines Charakters, und daher sind es oft Kleinigkeiten, die unsere Beziehung stören, und nicht große Dinge. Nur du machst eine große Sache daraus, indem du mich nicht mehr reinreden lässt. So kommt immer mehr Chaos in deine Gedanken. Am Ende, wenn du dann umkehrst, weil du mich ja doch bei dir haben willst, ist es logischerweise viel Arbeit für mich, das Chaos zu beseitigen. Sei doch klug und frag gleich nach. Es ist kein Drama eine kleine Sache auszuräumen, bevor es Sünde ist. Nur wenn du die kleine Sache nicht ausräumst, ist es Auflehnung gegen das Gesetz Gottes, das in dein Herz geschrieben ist.

Einstiegsgebet:

Jesus, ich bekenne, dass ich mich dumm verhalte, wenn ich versuche vor dem Heiligen Geist, der in mir lebt, davon zu laufen. Ich kehre heute um und erkläre:
Ich bin schnell darin, auf den Heiligen Geist zu hören.

21. Oktober

1. Johannes 3,1

Seht wie viel Liebe unser himmlischer Vater für uns hat, denn er hat erlaubt,

dass wir seine Kinder genannt werden und wir sind es auch. (Freie Übersetzung)

Der Geist Jesu, unseres Bruders, sagt mir:

In Jesus liegt die gesamte Liebe des Vaters, die sich in Allem zeigt,

was er tat und immer noch tut.

Alle Fürsprache beim Vater ist nicht nötig,

weil Gott keine Gnade oder Liebe für die Menschen hat sondern,

weil es Jesu Aufgabe vor dem Vater ist,

als ältester Bruder für die jüngeren Geschwister das Wort zu ergreifen.

Als Hohepriester, der das Opfer dargebracht hat,

damit du offiziell in der Familie Gottes aufgenommen werden konntest,

hat sein Wort Gewicht, und wird vom Vater gerne gehört.

Du bist Kind Gottes, welch ein Titel!

Gott nennt dich mit Stolz und Freude sein Kind.

Nenne dich mit Stolz und Freude sein Kind.

Einstiegsgebet:

Deine Liebe, Vater, zu mir kann ich nicht verstehen, noch begreifen,

darum freue ich mich, dass du dich freust über mich. Ich weiß, ich brauche deine Liebe,

ich möchte mehr lernen, stolz über die Tatsache zu sein, dass ich dein Kind bin.

22. Oktober

1. Johannes 3,18

Liebe Kinder, wir wollen nicht nur davon reden, dass wir einander lieb haben,

unser TUN soll ein glaubwürdiger Beweis unserer Liebe sein. (Freie Übersetzung)

Der Geist Jesu, unseres Bruders, sagt mir:

So wie Jesus Fürsprecher beim Vater ist, so dürft auch ihr füreinander eintreten,

und füreinander da sein, als Zeichen eurer Liebe zu einander.

Indem ihr füreinander einsteht im Gebet, gebt ihr dem Geist der Liebe Raum,

und aus Worten werden Taten. Einfach darauf los zu rennen,

um deine Liebe zu deinen Geschwistern unter Beweis zu stellen ist genauso wenig hilfreich,

wie eine Sondereinladung von mir zu erwarten, irgendjemand etwas Gutes zu tun.

Meine Norm ist es, zu jeder Zeit das Gute zu tun, das sich gerade ergibt im Alltag.

Kleinste Zeichen der Liebe sind für viele schon sehr wertvoll, und wenn ich diese Zeichen

mit meiner Liebe verstärke, werden sie zu einem klaren Hinweis auf Gottes Güte.

Das benötigt jeder, und ich wünsche mir, dass du meine Kreativität in dir wirken lässt,

zum Wohl für deine Geschwister.

Ich weiß, was du kannst und dich begeistert, und ich will dich mit Liebe füllen,

und deine Gaben und Talente in den Dienst für Andere stellen, ohne dich zu überfordern.

Einstiegsgebet:

Ich möchte nicht vorgeben, meine Brüder und Schwestern zu lieben, sondern bitte gib mir deine Liebe, die mein Handeln beeinflusst. Ich möchte ein Zeugnis deiner Liebe sein, indem ich glaubwürdige Beweise habe, in dem was ich tue.

23. Oktober

Matthäus 7,21

Nicht alle Menschen, die sich fromm gebären, glauben an Gott.
Auch wenn sie "Herr" zu mir sagen, heißt das noch lange nicht, dass sie ins Himmelreich kommen. Entscheidend ist, ob sie meinem Vater im Himmel gehorchen. (Neues Leben)

Jesus sagt mir:

Lass dich nicht täuschen und blenden, nicht alles was glänzt ist Gold.
Bei Anderen nicht, und bei dir nicht. Wenn dein Tun nicht aus Liebe kommt,
der Wille des Vaters ein Programm ist, das man abspult, dann kennst du den Vater nicht.
Wer den Vater nicht kennt, kennt seinen Willen nicht. Um den Vater zu kennen,
muss man mich kennen, und um mich kennen zu lernen,
braucht man den Heiligen Geist in sich, der mich zeigt.
Und wenn du den Heiligen Geist in dir hast, aber ihn ständig unterdrückst,
wird er dir nicht viel zeigen können. Sei dir dessen bewusst, dass der Teufel ein Blender ist,
jemand, der vorgibt etwas zu sein, was er nicht ist. Genauso verhält sich dein "Fleisch",
dein natürlicher Mensch. Er ist stolz und will sich nichts sagen lassen.
Am Liebsten hat der Vater Kinder, die nicht perfekt sein wollen, und wissen,
dass sie es nicht sind, aber schnell bereit sind, sich vom Heiligen Geist was sagen zu lassen,
sich entschuldigen, es nicht mehr tun, mir glauben, dass ich alle Konsequenzen trage,
und die wissen, dass ich sie Liebe, und die aus Liebe den sanften Worten des Geistes folgen.

Einstiegsgebet:

Jesus, ich will dem Geist folgen. Heiliger Geist, entschuldige, dass ich dich immer wieder mal ignoriert habe. Du willst mir helfen, den Vater kennen zu lernen, und zu lieben.

24. Oktober

Matthäus 7,27

Wenn der Regen und das Hochwasser kommen, und die Stürme an diesem Haus rütteln,...

(Neues Leben)

Der Heilige Geist sagt mir:

Siehst du, Jesus geht davon aus,

dass Stürme und Katastrophen im Leben kommen, weil er es weiß.

Sei fröhlich in guten Zeiten, und freue dich darüber, dass du Schönes erleben darfst.

Aber so wie man sich bei Schönwetter und Sonnenschein kaum vorstellen kann,

dass Wolken und Unwetter über das Land ziehen, kann man sich selten vorstellen,

in welche Erschütterungen das Herz kommen kann.

Bereite dich in diesen ruhigen, angenehmen Zeiten vor.

Kaufe Seile, Planen, setze Fundament in Beton und Stahl.

Wie du das machst?

Lerne Bibelstellen auswendig, singe Lobpreislieder, halte dein Herz im Glauben,

indem du die Beziehung zu deinem Gott pflegst, als die kostbarste Beziehung die du hast.

So bist du gerüstet.

Einstiegsgebet:

Ich bin froh, dass du mich nicht unvorbereitet in schwere Zeiten gehen lässt, Jesus.

Dein Name ist mein sicherer Halt.

Du bist mein Fundament.

25. Oktober

Römer 1,21

Weil sie Gott kannten, ihn aber nicht als Gott verherrlichten, noch ihm Dank darbrachten,

sondern in ihren Überlegungen in Torheit verfielen,

wurde ihr unverständiges Herz verfinstert. (Freie Übersetzung)

Der Heilige Geist Gottes sagt mir:

Wenn du nicht ehrst, wem Ehre gebührt,

verfällst du in Selbstgefälligkeit und Hochmut durch Stolz.

Jemandem Ehre zu erweisen, ist ein Akt der Demut.

Ein demütiger Mensch mit Autorität und Macht, wird früher oder später von mir

in wichtige Positionen gebracht, weil ich solche Menschen gebrauchen kann.

Ich bringe dich zu Ehren,

aber dein stolzes Wesen will sich selbst ehren, und nicht mich,

so verfinstert sich das Herz.

Wenn der Mensch sich vor mir demütigt, mich verherrlicht, ehrt, und mir dankt,

wird das Herz licht.

Dann wird alles in ihm Licht.

Einstiegsgebet:

Gott Vater, Jesus, Heiliger Geist, ich verehre und preise und lobe dich für dein Werk der

kontinuierlichen Heiligung meines Wesens.

Du machst mein Herz hell und rein, durch deinen Geist der in mir wohnt.

26. Oktober

Jakobus 1,1

Dieser Brief ist von Jakobus, einem Diener von Gott und von Jesus Christus dem Herrn.

Er ist geschrieben an die Gemeinden, die zerstreut unter den anderen Völkern leben.

Ich grüße euch! (Neues Leben)

Der Geist sagt mir:

Du bist Teil eines lebendigen Organismus.

Teil eines großen Ganzen, von dem du nicht weißt, wie die anderen Teile leben.

Ihr gehört zusammen.

Die, die nahe sind, und die, die fern sind, ihr seid verbunden in eurem Herrn und Erlöser.

Du bist nicht allein.

Mein Volk ist größer, als du dir vorstellen kannst.

Du stehst nicht allein, du kämpfst nicht allein.

Es ist wichtig, dass du weißt, du bist ein Teil eines großen Ganzen.

Einstiegsgebet:

Ja, ich möchte mir vor Augen halten:

Nie bin ich allein, denn ich habe eine Familie Gottes.

27. Oktober

Psalm 18,31

Gottes Wege sind vollkommen, das Wort JHWHs ist durchläutert.

Er ist ein Schild allen, die ihm vertrauen. (Freie Übersetzung)

Der Geist des vollkommenen Gottes sagt mir:

Sobald du Buße tust, und Wiederherstellung stattgefunden hat - und bitte,

glaube der Lüge nicht, dass Buße und Wiederherstellung ein langer Prozess ist!

Der Prozess war für Jesus lange, damit du schnell Heilung erfährst!

Sobald du also Buße tust, und Wiederherstellung stattgefunden hat, befindest du dich

wieder auf Gottes vollkommenen Wegen - das bedeutet ja Wiederherstellung.

Darum ist es so wichtig, dass du nicht zurück schaust!

Die Vergangenheit ist vorbei, und die Zukunft ist geläutert durch mein Wort.

Geläutert sein heißt, gereinigt sein. Du bist geheiligt und gereinigt durch mich.

Das ist dein Schild: Wenn Gedanken der Anklage kommen, der Verurteilung,

dann weißt du, dass du mit Überzeugung sagen darfst und kannst:

Ich bin gerecht gemacht in dem Geliebten,

und ich befinde mich auf Gottes vollkommenen Wegen.

Ich vertraue seinem Wort, das auch mich reinigt, weil ich es gerade jetzt ausgesprochen habe.

Einstiegsgebet:

Ja, ich bin gerecht und vollkommen durch Jesus, meinen Erlöser.

Ich bin heil gemacht, und befreit von aller Ungerechtigkeit. Preis sei dir Christus.

28. Oktober

Matthäus 6,32b

Euer himmlischer Vater weiß, dass ihr all dessen bedürft. (Freie Übersetzung)

Gebet:

Ich erkenne und proklamiere, dass du ein guter Vater bist.

Gott, du bist unser guter, guter Vater. Du bist mein guter Vater,

besser als jeder irdische Vater je sein könnte. Du kennst alle unsere Bedürfnisse,

und mein Herz darf dir vorbehaltlos vertrauen. Ich öffne mein Herz dieser Wahrheit.

Der Heilige Geist, der das Vaterherz durchforscht, zeigt mir:

Du bist keine Waise mehr, nimm dir, bedien dich.

Fühl dich frei alles zu nehmen, alles zu beanspruchen, um alles zu bitten, was du brauchst.

Lass dich nicht von religiösen Vorstellungen aufhalten, sondern benimm dich wie ein Kind, in einem liebevollen Haushalt. Du lebst im Geist meines Haushalts, du weißt, was angebracht ist, und was nicht. Selbstsucht und Eigensinn werde ich nicht fördern,

aber nimm dir, was dir rechtmäßig gehört.

Ich habe dich angenommen, und was mir gehört ist dein. Erkenne deine Stellung im Haus und verhalte dich dem entsprechend! Du bist kein Baby mehr, das man füttern muss,

du bist kein Kleinkind mehr, das um alles bitten muss.

Du bist von mir als erwachsenes, vollwertiges Familienmitglied anerkannt.

Du bist Erbe. Alle wissen das, die mit mir zu tun haben.

Lebe dem entsprechend. Ich wünsche mir nichts mehr, als dass meine Kinder das Potenzial, das sie in mir haben, voll ausschöpfen.

29. Oktober

Jesaja 43,1

Fürchte dich nicht, denn ich habe dich erlöst,

ich habe dich beim Namen gerufen, du bist mein. (Freie Übersetzung)

Der Geist, der über den Wassern schwebte, spricht:

Ich habe dich geschaffen, ich habe dich gemacht, wer kann dich aus meiner Hand reißen?

Ich habe das Lösegeld bezahlt, dich teuer erkauft, darf ich nicht mit dir machen, was ich will?

Ich habe dich erkauft, um dir Freiheit zu schenken

und ich will, dass du mit meinem Willen übereinstimmst.

Ich habe dich bei deinem Namen gerufen, damit du erkennst, dass ich dich liebe.

Meine Herrschaft bringt Heilung für dich und dein Land.

Wenn du dich meiner Herrschaft unterwirfst, im freiwilligem Gehorsam,

dann stehst du unter meinem Schutz.

Niemand kann dich antasten, denn ich erhalte dich am Leben.

Hab keine Angst und fürchte dich nicht, denn keine Macht der Welt kann dich

von meiner Liebe trennen, und die Liebe schreckt vor nichts zurück.

Erkenne die Kraft meiner Liebe!

In meiner Liebe bist du zu allem fähig, weil du weißt wer du bist.

Du bist mein.

Einstiegsgebet:

Mein Herz darf erkennen, wer ich in Christus bin.

Jesus ich bin ganz dein, und du bist ganz mein.

30. Oktober

Psalm 119,105

Dein Wort ist meines Fußes Leuchte und ein Licht auf meinem Weg. (Schlachter 2000)

Der Heilige Geist sagt:

Ich nehme von dem Meinen und gebe es euch. Mein Wort ist nahe deinem Herzen, das heißt: Je mehr du mein Wort kennst, und es isst - in dir aufnimmst, kaust, verdaust und in deinen geistlichen Zellen, dem wiedergeborenen Menschen, wirken lässt - umso weniger ist es möglich zu unterscheiden, zwischen deinem Herzen und meinem Herzen. Zwischen den Wünschen die du hast und den Wünschen dich ich für dich habe. Vertraue mir mehr.

Es ist nicht schwer, meinen Willen für dich zu erkennen, in praktischen Entscheidungen:

1. Erinnere dich daran, dass ich, der Geist des lebendigen Gottes, in dir lebe!
2. Triff deine Entscheidung, die du treffen sollst,
mit der Gewissheit, dass ich deinen Weg ausleuchte.
3. Handle in der Übereinstimmung mit dem geschriebenen Wort Gottes.
4. Hast du in der Vergangenheit Fehler gemacht bei ähnlichen Entscheidungen,
beziehe mindestens eine Person, aber maximal drei in die Entscheidung mit ein,
die meine Stimme hören.
5. Erwarte das Gute.

Einstiegsgebet:

Danke Heiliger Geist, für deine Führung und Leitung. Danke, dass dich bewegt, was mich bewegt. Nichts, was in meinem Leben geschieht, ist dir gleichgültig. Danke Vater, dass du uns deinen Geist gegeben hast. Danke Jesus, für dein Werk, das sein Kommen ermöglicht.

31. Oktober

2. Mose 14,14

JHWH wird für euch streiten, und ihr werdet stille sein. (Luther 2017)

Der Geist JHWHs sagt mir:

Ein streitbarer Gott bin ich. Ich bin JHWH ZEBAOTH, der Herr der Heerscharen.
Ich habe mich offenbart als der Gott, der den Schwachen Stärke gibt, der das Gebet der entwürdigten, gedemütigten Frau erhört. Ich bin Jesus, der König der Herrlichkeit, meine himmlischen Streiter sind für menschliche Augen unüberschaubar, und die Zahl der Sterne reicht nicht aus, um sie zu zählen. Wenn du einen Gegner hast, egal ob dieser Gegner ein Familienmitglied ist, oder Umstände, die dir entgegenstehen - dann lass dich nicht hinreißen, das Schwert selber in die Hand zu nehmen, ohne mein Zeichen. Gehe in die demütige Haltung, und beuge dich unter meine mächtige Hand, wenn du dich in die Enge getrieben fühlst oder bist. Ich bin dein Erlöser, ich habe dich teuer erkauft, du bist mein, und ich werde dich nicht schutzlos und unverteidigt lassen! Erwarte deine Hilfe von mir, ich werde für dich streiten. Stelle dich innerlich in die Position eines fernen Beobachters, und lerne, wie ich mich mächtig erweise. Hast du dich schuldig gemacht, werde ich es dir sagen. Wirst du ohne Schuld angegriffen, wirst du meine Macht zur gegebenen Zeit erleben.

Einstiegsgebet:

JHWH Zebaoth, hilf mir in jeder Lage, langsam zum Reden, langsam zum Zorn zu sein.
Dein Geist führe mich an diesen Ort der inneren Ruhe, um still zu sein,
während du für mich streitest.
Jesus, du bist der Friedefürst, und schaffst Frieden in mir und meiner Umgebung.

1. November

Nahum 1,7

JHWH ist gütig und eine Festung zur Zeit der Not und Bedrängnis,

er kennt die, die ihm vertrauen. (Freie Übersetzung)

Der Heilige Geist sagt mir:

Nicht jeder darf in eine Festung.

Nur wer eine Berechtigung hat, darf hinein.

Durch dein Vertrauen verschaffst du dir Berechtigung, und wirst Teilhaber an meiner Güte.

So bist du in Zeiten der Not oder Bedrängnis bewahrt, und darfst dich in meiner Festung verstecken, weil ich dich kenne.

Einstiegsgebet:

Danke Gott, für deinen Güte, und deine Festung.

Ich vertraue mich dir an, denn du versprichst mir Sicherheit.

2. November

Psalm 40,18a

Denn ich bin arm und elend, der Herr aber sorgt für mich. (Freie Übersetzung)

Der Geist des Vaters sagt:

Deine Bedürftigkeit ehrt mich.

Erkenne deinen Zustand, und dein Elend.

Vor mir musst du dich nicht schämen.

Ich bin der Gott, der dich schuf.

Ich bin die Luft die du atmest, bin in der Kleidung die du trägst, die Stärke in deinen Muskeln, der Motor für dein Herz.

Ich bin alles in allem.

Sei dir einfach in allem sicher, dass du mich mehr brauchst, als dir bewusst ist.

So eine Haltung ist wahre Demut.

Einstiegsgebet:

Ja, ich brauche dich Jesus. Mein Körper braucht dich, meine Seele schreit nach dir, und mein Geist kann ohne dich nicht leben. Ich bin abhängig von dir. Meine Bedürftigkeit nach deiner lebensspendenden Natur (deinem Wesen) in jedem Bereich, ist mir nicht nur offensichtlich, sondern ich will sie dir als Opfer darbringen.

3. November

Römer 6,19

Ich benutze diesen Vergleich mit dem Sklaven, weil er leicht zu verstehen ist.

Früher habt ihr als Sklaven der Unreinheit und Gesetzlosigkeit gedient; jetzt sollt ihr euch dafür entscheiden für die Gerechtigkeit zu leben, damit ihr heilig werdet. (Neues Leben)

Der Geist der Freiheit sagt mir:

Hinter der Gerechtigkeit durch Christus ist vollkommene Freiheit.

Freiheit ist: Freude, Lebenslust, Hingabe, Hoffnung in Allem, grenzenlose Liebe, und so weiter... Für die Gerechtigkeit zu leben, ist der bestmögliche Zustand, in dem sich ein Mensch befinden kann. Heiligkeit ist nicht langweilig oder beengend, sondern der Inbegriff der Freiheit in Liebe. Freiheit in Liebe: Ehrt den Anderen, weil der eigene Wert bekannt ist; ist freimütig aber demütig; großzügig zu jedermann, auch sich selbst, weil sie den Reichtum Gottes erkannt hat -

und damit ist Großzügigkeit in jedem Bereich gemeint:

Geld, Zeit, Vergebung, Freundschaft, Gunst, Vertrauen, usw.

Freiheit in Liebe bedeutet seine Seele in dem Tod Christi zu bewahren, so dass sie in seiner Auferstehung geborgen ist.

Das ist eine andauernde, beständige Entscheidung, und so lebst du in Gerechtigkeit.

Einstiegsgebet:

Heiliger Geist, meine Seele kann diese geistliche Wahrheit nicht fassen. Hilf du mir, diese andauernde, beständige Entscheidung für meine Seele, mein Herz, zu treffen, mich in Christi Tod zu bewahren und in seiner Auferstehung geborgen zu sein.

4. November

1. Mose 18,14a

Sollte JHWH etwas unmöglich sein? (Luther 2017)

Der Geist der Heiligkeit sagt mir:

Gott stellt keine Suggestivfragen.

Er erwartet eine Antwort.

Natürlich weiß dein Verstand, dass JHWH nichts unmöglich ist, aber glaubt dein Herz das auch? Gott fragt ja nicht deinen Verstand über Fakten, sondern er fragt dein Herz was du für möglich hältst! Die Fragen, die Gott dir heute stellt sind: Glaubst du mir mehr als deinen Gewohnheiten? Glaubst du mir mehr als deinen Meinungen? Glaubst du mir mehr als irgendetwas sonst? Denkt dein Herz, für mich sei irgendetwas unmöglich?

Ich handle mit dir entsprechend dem, was dein Herz denkt, nicht nach dem was du denkst zu glauben, oder dem was du in deinem Stolz aussprichst. Erst wenn du glaubst, liegt in deinen Worten Kraft. Jesus.! Jesus ist die Kraft Gottes, durch den Heiligen Geist in dir. Theoretisch kannst du auch alles was Jesus konnte. Praktisch muss dein Herz lernen, in vollkommener Abhängigkeit zum Willen des Vaters zu leben.

Erst wenn du im Gehorsam die Schritte des Glaubens gehst, wird sich Gott dir offenbaren, und dich fragen, wie er Abraham gefragt hat: Sollte JHWH etwas unmöglich sein?

Einstiegsgebet:

Heiliger Geist, lehre meinem Herzen Glauben.

Halte mich in Bedrängnis und Versuchung nah bei Jesus, damit ich standhaft und voll Vertrauen auf Gottes Kraft und Liebe sagen kann: JHWH ist nichts unmöglich.

5. November

Matthäus 19,30

Aber viele, die jetzt die Ersten sind, werden dann die Letzten sein,

und viele, die jetzt die Letzten sind, werden dann die Ersten sein. (Neue Genfer Übersetzung)

Jesus fragt mich:

Was willst du vom Leben?

Was erwartest du?

Ich frage ihn: Worum geht es hier?

Und er sagt: Lies nach.

Also lese ich Matthäus 19,29+30 und das Kapitel 20.

Und ich beginne zu verstehen.

Wer für Jesus etwas verlässt, bekommt es 100fach erstattet und das ewige Leben als Erbe.

Danach kommt der Vers von heute, und danach das Gleichnis von den Tagelöhnern,

die im Laufe des Tages auf das Feld gerufen werden, und alle den gleichen Lohn erhalten.

Sofort fällt mir ein: Wem viel vergeben wird, liebt viel.

Mir wird klar, dass die Tagelöhner, die am Ende des Tages kamen, viel dankbarer waren.

Jesus zeigt mir, dass die, welche am Anfang des Tages kamen und hart arbeiteten

ja genauso dankbar sein konnten,

weil sie, wenn sie keine Arbeit bekommen hätten, gehungert hätten.

Ich beginne zu verstehen, warum Jesus mich fragt, was ich erwarte.

Wenn ich mehr erwarte, als angekündigt wurde oder ausgemacht war,

bin ich unzufrieden - wenn ich will, was Andere bekommen - auch.

Erst wenn ich vergleiche, beginnt die Unzufriedenheit.

Jesus sagt mir:

So viele in meinem Reich erkennen ihren Reichtum nicht,

weil sie die völlig falschen Dinge erwarten.

Sie sind verblendet vom Neid über das, was ich Anderen schenke,

dass sie den vollen Teller, der vor ihnen steht, gar nicht sehen.

Schau lieber auf das was ich dir gebe, und du bist glücklich.

Wenn du dich schon vergleichen willst,

vergleiche dich mit denen, die weniger haben, und gib aus deiner Fülle.

So wirst du dankbar, fröhlich,

und sammelst einen Schatz, den dir niemand rauben kann.

Einstiegsgebet:

Jesus hilf uns, dass wir eher das sehen, was wir haben, als das, was wir nicht haben.

6. November

Philipper 4,20

So soll nun Gott, unser Vater, für immer und ewig geehrt werden. Amen. (Neues Leben)

Der Geist JHWHs, der sich unser Vater nennt, sagt mir:

Für alles, was du bist und kannst, für alles was du hast, soll Gott geehrt werden.

Ich beschenke dich, weil ich gut bin, und ich dein Vater bin.

Darum - weil du erlebst, dass ich dein Innerstes erfülle und dich aufrichte,

erneuere und ermutige;

dass ich deine Existenz durchflute mit meinem SEIN - wirst du mich loben.

Mein Reichtum wird allen deinen Mangel ausfüllen, bis du überfließt.

DAS ist mein Herz und mein Wesen.

Einstiegsgebet:

Danke lieber Vater, du liebender, sich selbst schenkender Gott, dass dein Reichtum für uns zugänglich ist um deinetwillen. Du freust dich und ehrst uns mit deiner Gunst. Deine Person will ich loben und dich ehren, denn du verdienst es wirklich. Du verdienst es, dass wir dich mehr preisen, über alle Maßen erhöhen, denn du bist es wert. Du bist das Wertvollste, Beste, Erhabenste und Schönste. Nichts und niemand ist dir gleich. Unerschöpflich kommt alles, was gut ist, aus dir: Gerechtigkeit, Wahrheit, Schönheit, Vollkommenheit, Reinheit, Freundlichkeit, Freigiebigkeit, Friede, Geborgenheit, Wärme, Licht, Hoffnung, Versorgung, Schutz, Wohlstand, Sicherheit, Trost, Hilfe, Gnade, Vergebung, Verständnis, Heilung, Gesundheit, Freude, Zuversicht, Freiheit, Kreativität, und so viel mehr. Das alles ist uns gegeben, durch deine Liebe. Darum wirst du Vater, Dank und Ehre empfangen.

7. November

Lukas 13,3b

Ihr werdet genauso umkommen... (Neues Leben)

Der Hauch des Lebens sagt mir:

Es gibt drei Arten von Tod:

1. der natürliche Tod, 2. der geistliche Tod, 3. der fleischliche Tod

Der natürliche Tod eines alten, lebenssatten Menschen kann ein Freudenfest sein,

wenn der Mensch den fleischlichen Tod gestorben ist,

und den geistlichen Tod ausgezogen hat.

Der natürliche Tod ist der Übergang in geistliches Leben ohne materiellen Körper.

Der geistliche Tod ist der Zustand, in dem der Mensch sich befindet, ohne Gottes Leben.

Aus diesem Zustand kann ihn nur die Akzeptanz von Jesu Blut und Auferstehung retten,

durch Wiedergeburt als neues Geschöpf im Glauben. Der fleischliche Tod ist die Kapitulation

des alten Menschen - im neuen Geschöpf - vor Gott.

Je schneller und umfangreicher du deinen alten Menschen von mir aufdecken lässt und

in den Kreuzestod gibst, umso schneller kann sich das neue Wesen, welches Jesus entspricht,

in dir zeigen. Das ist ein täglicher Kampf, der durch tägliche Hingabe gewonnen wird.

Einstiegsgebet:

Danke Jesus, dass mein natürlicher Tod keine Angst in mir auslösen muss,

weil ich durch deinen Tod zu geistlichem Leben gekommen bin. Ich bezwinge meinen

fleischlichen, alten Menschen mit deiner Kraft, und sage dieser sündigen Natur ab.

Ich bin ein neues Wesen in Christus, jeden Tag.

8. November

Lukas 13,13

Dann berührte er (Jesus) sie (die Frau), und sofort konnte sie sich aufrichten.

Da lobte sie Gott und dankte ihm! (Neues Leben)

Der Heilige Geist, durch den Jesus heilte, sagt mir:

Jede Krankheit und jeder Dämon in einem meiner Kinder soll dazu da sein,

dass Gott gelobt und gedankt wird.

Krankheit und Gebundenheit erfüllt nichts Gutes,

außer dass es verschwindet, wenn Jesus berührt.

Auch wenn deine Heilung oder Befreiung sich hinzieht,

bleibe in einer Umgebung, wo Jesus auftauchen könnte.

So wie die Frau in dieser Begebenheit.

Sie war in der Synagoge, im Gebetshaus der Juden.

Lass dich von Jesus in deiner privaten Gebetskammer

oder in einem Haus des Gebets finden, sodass er dich heilen kann.

Einstiegsgebet:

Jesus, ich warte auf deine Berührung und die Kraftwirkung deines Geistes,

und bleibe in deiner Gegenwart, immer wieder,

bis du meine Not siehst, und mich berührst.

Danke, dass der Tag kommt.

9. November

Jeremia 38,20b

Höre doch auf die Stimme JHWHs in dem, was ich dir sage,

so wird es dir wohlergehen und du wirst am Leben bleiben! (Schlachter 2000)

Der Geist des Lebens sagt mir:

Ich will das Leben, Existenz ist nicht Leben.

Wähle das Leben.

Wenn du dich treiben lässt,

in Gedanken von Sorgen,

Angst, Niedergeschlagenheit und Hoffnungslosigkeit,

vegetiert deine Seele und lebt nicht.

Nimm die Kraft des Geistes in Anspruch

und gebiete deinen Gedanken nach meinem Wort gemäß zu denken.

Befiehl deinem Herzen, der Wahrheit zu gehorchen.

Einstiegsgebet:

JHWH, ich danke dir, dass ich geschaffen wurde mit Entscheidungsfähigkeit.

Ich muss nicht glauben, was die Welt mir sagt.

Ich darf frei von Angst und Sorge auf dich vertrauen.

10. November

Hebräer 4,13

Kein Geschöpf ist vor Gott verborgen. (Neue Genfer Übersetzung)

Gottes Geist sagt mir:

Nichts ist wirklich verborgen, was auf deinem Planeten passiert.

Nichts ist vor mir verborgen. Ich kenne alle Geheimnisse, ich kenne alle Lügen.

Ich kenne jeden Gedanken von ferne, ich weiß schon was jemand sagen wird, bevor er stirbt, ja sogar noch bevor er überhaupt geboren ist. Jeder Tag, den ein Mensch auf dieser Erde lebt, ist gezählt. Jeder Engel, jeder Dämon, steht unter meiner Herrschaft, und wenn ich ein Machtwort spreche, wird jedes Knie sich beugen, und jede andere Herrschaft zerbrechen.

Und du? Denkst du, ich bin dir fern? Glaubst du, ich sehe nicht was in dir ist - Gutes und Schlechtes? Warum verurteilst du dich, wenn ich dich nicht verurteile? Warum bist du hart und unbarmherzig mit dir, wenn ich dich mit Vergebung und Liebe zuschütte?

Und warum meinst du es besser zu wissen als ich? Ist es nicht so: Du liest in meinem Wort und bejahst es auch, aber sobald du dich umdrehst ist es nicht mehr so wichtig. Dein Stolz hindert dich, meine Worte in dein Herz fallen zu lassen. Lieber lebst du in Unvergebenheit, Anklage, und mit einem geteilten Herzen, als dich zu demütigen und dir einzugestehen, dass meine Wahrheit über dich und diese Welt, nicht deine Wahrheit ist.

Einstiegsgebet:

Jesus, ich bin ein Meister darin, mich selbst zu betrügen. Vergib mir die Lügen meines Herzens, und offenbare mir mein echtes Wesen. Mit deinen Augen der Liebe kann ich anschauen, was mir verborgen ist.

11. November

Jesaja 44,19b+20

Sollte ich mich vor Gewächs aus Holz beugen? Wer der Asche nachgeht,

den hat betrogenes Herz verführt, er rettet seine Seele nicht und denkt nicht:

"Es ist Betrug in meiner rechten Hand." (Freie Übersetzung)

Der Herr sagt:

Nicht die Sonne, nicht der Mond oder ein Baum ist euer Gott, nicht Fisch oder Löwe,

nichts Gemachtes oder Geschütztes, oder Bedrucktes kann euch helfen.

Geld und Wohlstand, Reichtum und Habe, ersetzen nicht meine Versorgung.

Wer dem Geld nachläuft ist betrogen, verführt, und sein Tun ist verwerflich,

auch wenn es gut scheint.

Meine Kinder, tut das Richtige aus den richtigen Motiven.

Wer sein Herz an mich hängt ist frei.

Einstiegsgebet:

Wir singen und wir beten, sei mein Herr,

aber mit unseren Worten und Taten dienen wir dir nicht.

Vieles nimmt unsere Gedanken ein, unsere Zeit. Sei uns gnädig.

Befreie uns durch die Kraft deines Geistes von jeder Verführung.

Durch dein Blut Jesus, sind wir erlöst von jedem Betrug.

Gerechtigkeit und Licht gehen vor dir her.

12. November

Johannes 3,18

Wer an ihn glaubt wird nicht gerichtet, wer aber nicht glaubt, der ist schon gerichtet, weil er nicht geglaubt hat an den Namen des erstgeborenen Sohnes Gottes. (Freie Übersetzung)

Und der Vater sagt mir durch den Heiligen Geist:

Mein geliebtes Kind, nicht ich richte die Welt,

die Welt richtet sich selbst durch ihr Handeln und ihre Worte.

Es heißt mit dem Maß, mit dem du misst, wirst du gemessen werden.

Das Urteil, dass sie über mich haben, wird auf sie selbst angewandt.

An den Namen Jesus zu glauben, bedeutet seine Worte und Taten anzuerkennen,

und danach zu handeln.

Die Liebessprache des Himmels ist Gehorsam.

Wir verlangen nicht viel, denn ICH BIN die Liebe.

Die Liebe verlangt nicht viel, aber eigentlich alles.

Wer liebt,

kann mit jeder schlechten Angewohnheit, jeder Unart, jeder Charakterschwäche umgehen,

aber wer liebt,

kann nicht damit umgehen, weniger als mit ganzem Herzen zurückgeliebt zu werden.

Wer meinen Sohn ablehnt, lehnt mich ab,

wer ihn nicht liebt, liebt mich nicht.

Ich will keine Leistung, keine Anstrengung, sondern dein Herz, das mich liebt.

Ich weiß, dass dir das nicht möglich ist,

darum habe ich MEINE Liebe gezeigt,

im und durch das Leben meines Sohnes.

Er lebt auch weiterhin und wirkt im Heiligen Geist aus dir heraus.

ER liebt den Vater, denn er kennt ihn.

Richte dich nicht selbst, indem du versuchst, Liebe zu erzeugen die du nicht hast,

sondern öffne dein Herz für Jesu Liebe,

indem du an seinen Namen, seine Macht, glaubst.

Mit der Liebe Jesu im Heiligen Geist kannst du mich lieben,

mehr als alles,

durch den Heiligen Geist empfängst du meine Liebe.

Einstiegsgebet:

Vater Gott, ich kapituliere in meiner Unfähigkeit dich zu lieben.

Ich öffne mein Herz für den Glauben an die Macht Jesu,

mein Herz zu verändern,

sodass ich dich lieben kann, wie es Recht vor dir ist.

13. November

Johannes 1,18

Niemand hat Gott je gesehen, der eingeborene Sohn, der im Schoß des Vaters ist,

der hat Aufschluss über ihn gegeben. (Schlachter 2000)

Gott hat niemand jemals gesehen, der erstgeborene Gott,

der in der Kleiderfalte des Vater ist, hat ihn offenbart. (Freie Übersetzung)

Der Heilige Geist zeigt mir:

Nur Gott kann Gott offenbaren, niemand hat Gott je in seiner Gesamtheit gesehen,

als Gott allein. Er zeigt sich selbst, liebt es, sich zu offenbaren, wie Liebende es tun.

Versteh doch, du bist eine Geliebte des Vaters, sein Kind, die Braut seines Sohnes, geliebt.

Und als Unterpfand hat er sich selbst in dich hineingepflanzt,

du hast das Siegel seiner Familie.

Als seine Verlobte offenbarst du sein Wesen. Nicht durch das, was du tust,

was du kannst, deine Gaben oder Talente. Nur durch das, was du bist.

Weil DU du bist, liebt er dich, weil du SEIN BIST, liebt er dich, weil du zu ihm gehörst,

liebt er dich. Du repräsentierst das Vaterhaus, du bist in Gott, oder anders ausgedrückt,

du bist aus Gott heraus. Gott ist um dich herum.

Dein neues Wesen ist nicht nur in dir, sondern weithin erkennbar.

Die geistliche Welt weiß sofort, dass du Sohn oder Tochter des Höchsten bist,

in welche Familie du gehörst. Sei dir deines Standes bewusst.

Einstiegsgebet:

Ich gehöre zu dir Jesus, ich bin dein, und das hat so wenig mit mir zu tun, und so viel mit dir.

14. November

Galater 2,1

Vierzehn Jahre später kehrte ich, Paulus, wieder nach Jerusalem zurück,

diesmal zusammen mit Barnabas, Titus begleitete uns. (Neues Leben)

Der Geist, der uns leitet, spricht zu mir:

Ich sehe dein ganzes Leben, mit Aufs und Abs,

und in all dem habe ich keine Eile, dich dorthin zu bringen, wo du sein sollst.

In manchen Abschnitten gibt es Zeitpunkte, die nicht verschoben werden können,

zum Beispiel, wenn du einer Person begegnen sollst, damit mein Segen für dich kommen kann. Oder auch, wenn eine Tür zugeht und du durch diese Tür gehen sollst.

Du bist innerhalb der Zeit, ich jedoch bin außerhalb.

Von außen betrachtet verläuft dein Leben in immer weiter werdenden Zyklen.

Das heißt, du gehst eine Runde und lernst, was du zu lernen hast in diesem Zyklus.

Dann kommt die nächste Runde. Deshalb sage ich dir, du darfst nicht ungeduldig sein.

Wann immer du ungeduldig wirst,

weil du immer wieder die gleichen Fehler machst - es wird die Zeit kommen,

wo du in diese Runde kommst, wo ich die Wurzel dieser Sünde mit dir angehe.

Oder wenn du auf eine unerfüllte Prophetie wartest:

Es kommt die Runde, in der diese Prophetie verborgen liegt.

Einstiegsgebet:

Ich verstehe, dass Manches lange dauert. Vierzehn Jahre scheinen eine sehr lange Zeit zu sein.

Herr, lass mich nicht vergessen, dass du eine ganz andere Perspektive hast.

Ich werde nicht versuchen, einen Zyklus zu überspringen. In Jesus Namen.

15. November

Epheser 1,6

Deshalb loben wir Gott für die herrliche Gnade, mit der er uns durch den geliebten Sohn (Jesus Christus) so reicht beschenkt hat. (Neues Leben)

Der Heilige Geist sagt mir:

Im Lob für Gott liegt eine große Kraft.

Denke über die herrliche Gnade nach, mit der er dich so reich beschenkt hat.

In der Dankbarkeit zu Gott findest du das Lob.

Wenn das Lob für Gott aus einem dankbaren und aufrichtigen Herzen fließt,

kann sich der ganze Himmel an dem Wohlgeruch dieser Worte und Lieder erfreuen.

Dieser Wohlgeruch bewegt den Himmel, und setzt geistliche Güter frei.

Einstiegsgebet:

Deine herrliche Gnade zeigt sich, wenn ich mit offenem Herzen durch den Alltag gehe.

Danke für die kleinen Dinge.

Danke für das Leben.

16. November

Römer 16,19b

Ich (Paulus) möchte, dass ihr das Gute klar erkennt und euch von allem Bösen fernhaltet.

(Neues Leben)

Der Geist des Gottes Jakobs, Isaaks und Josefs, sagt mir:

Der Baum der Erkenntnis von Gut und Böse bringt Früchte hervor,

die Sünde und Schuld benennen will.

Sie bewirken, dass Unschuld verloren geht.

Naivität bedeutet, in einer bösen Welt alle für gut zu halten, und jedem zu vertrauen.

Adam und Eva waren nicht naiv.

Ich erwarte nicht Naivität, sondern ich erwarte Unschuld,

indem du Sünde und Schuld nicht benennen willst, sondern damit zufrieden bist,

dass ich Sünde und Schuld benenne. Was Paulus meint ist:

Sei so unschuldig, dass du an gar nichts, das ich als Böse benenne, Gefallen findest.

Einstiegsgebet:

Kein Bemühen kann bewirken, dass ich an nichts, das du als Böse benennst, Gefallen finde.

Ich stelle mich besser dar, als ich bin,

beurteile die Schuld und Sünde Anderer als schlimmer als meine Eigene.

Ich bin hypokritisch, heuchlerisch. Außerdem versuche ich, dir zu gefallen,

indem ich mich rechtfertige. Doch all das nützt nichts. Ich brauche deine Rechtfertigung.

Du machst mich unschuldig.

Lass mich einen Ekel haben vor allem Bösen in mir, und mich meine Sünde hassen.

17. November

2. Mose 19,1

Im dritten Monat nach dem Auszug der Kinder Israels aus dem Land Ägypten
kamen sie an eben diesem Tag in die Wüste Sinai. (Schlachter 2000)

Der Geist, der außerhalb von Zeit und Raum ist, sagt mir:

Der ideale Zeitpunkt für eine Sache, ist im Himmel vor Anbeginn der Zeit festgesetzt.
Lebe in der vom Vater festgesetzten Zeit und du wirst die Fülle leben, die für dich vorgesehen ist. Durch Unglaube, Rebellion, Eigensinn, verzögern sich die guten Dinge, die für dich, oder Andere durch dich, geplant sind.
So verzögern sich Verheißungen und Segen.
Nun weißt du, warum manches so schleppend oder schwer geht.
Nicht nur schöne Zeiten sind geplant, so wie ich die Israeliten in die Wüste geführt habe, habe ich Jesus zur vorherbestimmten Zeit in die Wüste geführt, und so ist es auch bei dir.
Nimm die Wüstenzeiten genauso freudig an, wie die Blütezeiten. Wüstenzeiten sind Zeiten der Festigung des Glaubens in dir. Wüstenzeiten fühlen sich hart, trocken, schwer, an.
Ich scheine fern, und meine Stimme verhallt in der Hitze des Tages.
Doch wenn du durch diese Wüste durch bist - auch wenn sie unendlich scheint - irgendwann wirst du durch sein und dann ist dein Glaube fest,
deine Grundlage auf Glaube und Erfahrung, nicht auf Gefühle oder Vernunft, gegründet.

Einstiegsgebet:

Danke Heiliger Geist, für jede Zeit in meinem Leben, die Gott Vater für mich vorgesehen hat.
Ich nehme sie aus deiner Hand, weil ich darauf vertraue, dass du gut bist.

18. November

Baruch 5,7

Denn Gott hat befohlen: Senken sollen sich alle hohen Berge und die ewigen Hügel
und heben sollen sich die Täler zu ebenen Land, sodass Israel
unter der Herrlichkeit Gottes sicher dahinziehen kann. (Einheitsübersetzung 2016)

Ich spüre den Heiligen Geist sagen:

Du kannst dir nicht im Geringsten vorstellen wozu ich fähig bin, in deinem Leben zu tun.
Mein Wort ist kein Scherz, oder Übertreibung.
Die Herrlichkeit Gottes will sich in deinem ganz normalen Alltagsgeschehen zeigen,
in dem ER, der höchste Gott, dein Unmögliches möglich macht.
Ich habe keine Eile, aber Schritt für Schritt, ganz natürlich, wird sich,
wenn du daran festhältst, und alle Zweifel mehr und mehr überwindest,
mein übernatürliches Wesen in dir offenbaren, das heißt nach außen hin zeigen.
Sei nicht überrascht, wenn du betest und es geschieht.
Sei nicht überrascht, aber halte durch, bis ich die Berge und Täler vor dir ebne.
Alles, was sich in deinem Herzen gegen mich erhebt, muss erniedrigt,
und alles was in deinem Herzen zu klein von dir in mir denkt, muss erhöht werden,
und so wirst du Erweckungsträger.

Einstiegsgebet:

Ich will mich freuen auf das was kommt mit deiner Herrlichkeit.
Gott, ich stimme deinen Umbauplänen in meinem Herzen zu, und lass dich machen,
damit ich Erweckungsträger sein kann.

19. November

1. Mose 1,3

Und Gott (Elohim) sprach: "Es werde Licht." Und es wurde Licht. (Schlachter 2000)

Der Geist des Lichts sagt mir:

Es ist schön, wenn geschieht, was man sagt.

Es ist schön, wenn die Elemente gehorchen.

Vor Sonne, Mond und Sterne, war das Licht.

Daran kannst du erkennen, dass nicht Sonne, Mond und Sterne das Licht der Welt sind.

Es muss etwas Anderes sein. Jesus ist das Licht der Welt. ER ist der Anfang und das Ende.

Darum ist der Name Jesus so bedeutsam, und hat so viel Macht.

Weil wir, Elohim, beschlossen haben, dass Jesus das Zentrum und der Anker des Universums ist, und unser Wesen ist Licht. Licht ist. Licht ist. Denk darüber nach...

Ich habe gesagt, es ist schön, wenn die Elemente gehorchen. Das gilt auch für dich.

Es ist für uns schön, wenn geschieht, was du sagst.

Es ist schön, wenn dir die Elemente gehorchen. So wie wir herrschen, so herrsche auch du.

Du darfst, und du sollst Licht und Leben in deine Welt hineinsprechen.

Sprich Jesus in deine Welt hinein. Sprich Jesus so oft in deine Welt hinein, wie Fluch in deine Welt hineingesprochen wurde. Sein Name vertreibt das Unglück und die Finsternis.

In Jesu Namen geschehe was du sagst: Licht und Leben, und die Elemente werden gehorchen.

Einstiegsgebet:

Jesus, ich spreche Licht und Leben in meine Welt hinein. Jesus, ich spreche dich in mein Leben hinein. In dem Geist, der am Anfang der Schöpfung mitgewirkt hat, spreche ich Jesus in meinen Körper, meine Umstände, meine Beziehungen.

20. November

Psalm 119,53

Zornglut hat mich ergriffen wegen der Gottlosen, die dein Gesetz verlassen.

(Schlachter 2000)

Der Heilige Geist sagt mir:

Mein Gesetz, meine Weisung ist gut.

Nicht um meinetwegen, sondern um deinetwegen, gibt es Gesetze.

Es gibt natürliche, universelle und geistliche Gesetze.

Niemand kann sich darüber hinwegsetzen.

Jedes Geschöpf wird zur Rechenschaft gezogen, wegen der Gottlosigkeit, in der sie leben.

Dennoch sehne ich mich danach, dass jeder Mensch gerettet wird.

Wenn du dich ärgerst über die Gottlosen, dann beachte,

dass der Kampf nicht gegen Menschen geht,

sondern gegen Mächte und Gewalten der himmlischen Welt, die Beherrscher der Finsternis.

Einstiegsgebet:

Es macht keinen Sinn, dass ich mich aufrege und meine Energie verschwende,

gegen die Gottlosen, die verantwortlich sind für die Ungerechtigkeit auf dieser Welt.

Ich bitte dich Heiliger Geist, mir diesen Geist der Unterscheidung, der Erkenntnis,

und der Weisheit zu geben, dass sich mein Zorn gegen den Verursacher richtet,

und ich lerne, gerüstet und bewaffnet mit dir und deinem Wort in meinem Mund,

aufzustehen und zu kämpfen, wenn du mich in den Kampf führst.

21. November

Psalm 119,49

Gedenke an das Wort für deinen Knecht, auf das du mich hast hoffen lassen.

(Schlachter 2000)

Der Heilige Geist sagt mir:

Übe dich darin, dich auf die Grundlage des Wortes Gottes zu stellen,

indem du Bibelstellen zitierst, immer wieder, immer wieder, immer wieder,

bis sie dir durch Herz und Nieren gehen.

Das heißt, bis du sie mehr glaubst, als das was du siehst oder hörst.

Und wenn es soweit ist, dann bist du bereit sie Gott vorzuhalten,

wann immer deine Lebensrealität nicht mit der Bibelstelle übereinstimmt.

Mein Wort, das Wort Gottes aus deinem Mund, ist Königreichsrealität.

Du wirst das Reich Gottes in deine Lebensrealität im Glauben hineingebären,

durch hartnäckiges Festhalten an meiner Wahrheit.

Es gibt nur eine Warnung: Wenn deine Seele sich etwas wünscht,

das meinem Willen nicht entspricht, wird sich das Königreich nicht beugen.

Sei nicht enttäuscht, wenn du das Reden des Geistes mit dem Reden deiner Seele

verwechselst. Das ist ein Lernprozess, der manchmal nicht leicht für dich ist.

Darum bleibe demütig, und halte dich selbst nicht für weise.

Einstiegsgebet:

Herr, lerne mir wie der Psalmist zu sagen: Über dein Wort denke ich Tag und Nacht nach,

ich habe Freude an deiner Weisung. Ich weiß, es ist wert in der Königreichsrealität zu leben,

und mich dafür einzusetzen.

22. November

Psalm 119,18

Öffne mir die Augen, damit ich sehe, die Wunder in deinem Gesetz (deiner Weisung).

(Schlachter 2000)

Der Geist der Vaterschaft sagt mir:

Das Gesetz Gottes, meine Weisung, ist wunderbar und wundersam.

Folge dem Weg, den du geführt wirst, ohne Zögern, ohne Zweifel.

Halte meine Worte in deinem Herzen, wie das Kind die Hand des Vaters.

Hab keine Angst und sei neugierig.

Schau mit offenen Augen des Herzens, ich möchte dir meine Wunder zeigen.

Einstiegsgebet:

Es klingt so einfach und leicht, wenn du mir sagst, folge dem Weg ohne Zweifel,

oder sagst, hab keine Angst.

Woher weiß ich, dass die Entscheidungen, die ich treffe, dein Weg sind?

Wie soll ich keine Angst haben, oder nicht zögern?

Wie der Psalmist kann ich nur beten: Öffne du mir die Augen,

damit ich deine wunderbaren Wege sehe!

23. November

Psalm 119,19

Ich bin ein Fremdling auf Erden, verbirg deine Gebote (Weisung) nicht vor mir!

(Schlachter 2000)

Der Geist der Vaterschaft sagt mir:

Ich verberge meinen Willen nur vor dir, wenn du nicht hören willst.

Immer wieder rede ich zu dir, doch irgendwann verhallt meine Stimme in der Wüste.

Sobald du dir bewusst bist, dass du ein Fremdling, ja wie ein Flüchtling

hier auf Erden unterwegs bist, brauchst du dich nicht zu sorgen,

dass du meine Stimme nicht hörst, meine Wege nicht erkennst.

Denn genauso wenig, wie ein Flüchtlingskind die Hand des Vaters loslassen wird

im fernen, fremden Land,

wirst du meine Weisung loslassen.

Einstiegsgebet:

Oft denke ich, ich kenn mich aus, komm ohne dich zurecht. Doch das ist Verblendung.

Je mehr ich entdecke, dass ich Kind Gottes bin, umso fremder wird mir die Welt.

Danke Gott, für deine Weisung. Danke für den Heiligen Geist, der mich führt.

24. November

Hebräer 3,8

...verstockt eure Herzen nicht, wie in der Auflehnung, am Tag der Versuchung in der Wüste... (Schlachter 2000)

Der Geist, der in der Wolkensäule , in der Feuersäule war, sagt mir:

Wenn ich rufe: "Bleib stehen", und du rennst weiter, ist es Auflehnung.

Wenn ich flüstere: "Zeig, was du in der Hand hast", und du versteckst deine Hand hinter dem Rücken, ist es Auflehnung. Wenn ich sage: "Nimm das nicht, tu das nicht" und du nimmst es, tust es, ist es Auflehnung. Die Verstockung deines Herzens ist: Mein Wille, nicht dein Wille Gott geschehe. Du kannst es tausend Mal beten, jeden Tag, dein Wille geschehe, wenn du es nicht willst, wird er nicht kommen. Mein Wille geschieht, mein Reich kommt, wenn du dein Herz meinem Willen öffnest, und es willst. Mein Wille geschieht im Himmel, weil ihn unzählige dienstbare Geister ausführen. Wieso sollte es auf der Erde anders sein? Du betest ja: "WIE im Himmel, so auf Erden." Dein Geist, der zum Leben erwacht ist durch den Glauben, und sich mit meinem Geist verbunden hat, KENNT den Willen des Vater, nun ist nur noch die Frage: WILLST du meinen Willen ausführen als einer meiner gehorsamen dienstbaren Geister auf Erden, oder willst du dein Herz verstocken?

Einstiegsgebet:

Heiliger Geist, wieder bete ich, öffne mir das Herz für deine Wahrheit. Jesus, ich preise dich für deine Geduld mit mir, weil mein Herz so oft verstockt ist, dass ich den Willen des Vaters nicht erkenne. Vater, vergib mir, ich weiß nicht was ich tue. Ich bekenne und proklamiere: Ich will und ich werde den Willen Gottes tun. Sein Reich komme, sein Wille geschehe.

25. November

Römer 15,14

Ich selbst habe aber, meine Brüder, die feste Überzeugung von euch, dass auch ihr selbst voll Gütigkeit seid, erfüllt mit aller Erkenntnis und fähig, einander zu ermahnen. (Schlachter 2000)

Im Übrigen bin ich persönlich davon überzeugt, liebe Geschwister, dass ihr durchaus selbst in der Lage seid, all das zu tun, was gut und richtig ist; es fehlt euch in keiner Weise an der nötigen Erkenntnis und ihr seid daher fähig, einander mit seelsorgerlichem Rat zu helfen. (Neue Genfer)

Der Heilige Geist sagt mir:

Das Herz des Vaters blutet,
wenn ihr die Vollmacht, die ihr über einander habt, nicht gebraucht.
Ihr seid dazu beauftragt euch gegenseitig zu ermahnen.
Dieser Auftrag enthält die Fähigkeit, dies in Güte, voller Liebe und Geduld,
mit herzlichem Erbarmen,
aber mit Deutlichkeit und Klarheit in Angemessenheit -
das ist ein demütiges und hingebungsvolles Herz - zu tun.
Sobald der Geist Gottes über euch ausgegossen ist,
und ihr zur Erkenntnis der Wahrheit gekommen seid,
seid ihr auch erfüllt mit aller Erkenntnis.

Geh nun mit diesem Wissen voran, und weiche nicht zurück.

Das Maß deiner Erkenntnis wird in der Bruderschaft der Heiligen gebraucht,

um das völlige Ausmaß der Liebe Gottes zu erfahren.

Doch kaum jemand ist bereit, den Kampf mit dem Fleisch zu ertragen.

Zieh dich nicht gekränkt zurück,

und sei bereit dich zurechtweisen zu lassen,

wenn erfahrene Jünger dich ermahnen.

Und sei deinerseits bereit, Ablehnung für mich in Kauf zu nehmen,

wenn du siehst, dass eines meiner kleinen Schäfchen in die Irre geht.

Woher du das Recht nimmst?

Aus meinem Mund!

Einstiegsgebet:

Jesus, bewahre mich vor Hochmut und Stolz, wenn ich ermahnt werde, oder ermahnen soll.

Und genauso bewahre mich vor Lauheit, Trägheit, Menschenfurcht.

26. November

Römer 15,15a

Ich habe euch teilweise recht offen geschrieben,

weil ich euch einiges in Erinnerung rufen wollte. (Freie Übersetzung)

Der Heilige Geist sagt mir:

Am liebsten spiele ich mit meinen Kindern.

Ich tobe mit ihnen herum und erzähle Geschichten. Diese Geschichten erzählen vom Königreich des Himmels, deinem Zuhause. Jede dieser Geschichten enthält viele Wahrheiten und ich liebe es, wenn meine Kinder nachfragen. Ich liebe es, wenn ich nicht offen reden muss, sondern meine Metaphern und Sinnbilder erklären darf, und verstanden werde.

So wie Jesus frage ich oft: "Habt ihr immer noch nicht verstanden?" Ach komm doch mit in die Welt des Kindes, staune und erlebe in jeder kleinen Begebenheit eine Geschichte. Nimm dir Zeit für einen Spaziergang, oder eine Traumreise mit mir, oder eine Meditation über einen Bibelvers. Male, tanze, zeichne, singe, bau eine Sandburg, bastle ein Papierflugzeug. Nimm mich mit auf einen Ausflug in die Leichtigkeit, wo du mich wie ein Kind erleben darfst. Erlaube dir eine Auszeit, anders als deine "Erwachsenen-Stille-Zeit" in der du mich neu kennenlernst. Dann kann ich offen mit dir reden, um dir Einiges in Erinnerung zu rufen.

Ja, ich liebe es mit dir zu spielen, denn du bist mein Freund, und ich hab dich lieb.

Einstiegsgebet:

Ich fühle die Sehnsucht, mit dir in Leichtigkeit zu spielen. Es kommt mir eigenartig vor, dass Gott mich bittet, solche Zeiten mit dir zu verbringen. Aber ich kann mir vorstellen, dass Jesus so war. Deshalb plane ich mir Zeit ein, um deiner Einladung zu folgen, denn du bist auch mein Freund Jesus, und ich hab dich auch lieb!

27. November

Römer 15,15b-16

Gott hat mich in seiner Gnade ja berufen ein Diener von Jesus Christus unter den nichtjüdischen Völkern zu sein. Wie ein Priester im Dienst der guten Nachricht Gottes arbeite ich darauf hin, dass sie eine Opfergabe werden, an der Gott Freude hat, weil sie durch den Heiligen Geist geheiligt sind. (Freie Übersetzung)

Und ich sage zum Heiligen Geist:

Ja, ich verstehe Paulus gut, denn dafür schreibe ich.

Ich bete in Jesu Namen, dass jeder Leser ein hörendes Herz hat für die gute Nachricht Gottes,

dass meine Arbeit nicht umsonst ist, sondern jeder eine Opfergabe wird,

an der Gott Freude hat, weil er oder sie durch dich geheiligt ist.

Du lieber Mann, liebe Frau Gottes, der diese Worte liest oder hört,

bist ein auserwähltes Opfer, ein Wohlgeruch für den Herrn,

geheiligt zu jedem guten Werk, durch den Heiligen Geist.

Und der Heilige Geist sagt:

Ja und Amen.

Einstiegsgebet:

Vater, ich lege mein ganzes Sein auf den Opferaltar, so wie Isaak

sich freiwillig auf den Opferaltar legte, um sich von seinem Vater schlachten zu lassen.

Auch wenn ich weiß, dass du mich am Leben lässt,

so erachte ich mich als gestorben, als verbrannt, dir zum Wohlgeruch.

28. November

Römer 15,17

Das ich, Paulus, vor Gott darauf stolz sein kann, habe ich Christus zu verdanken.

(Freie Übersetzung)

Der Heilige Geist sagt mir:

Paulus ist in vielem ein Vorbild, wie man es nicht macht. Ich sage: "Geh zu den Heiden." Und in jeder Stadt geht er zu den Juden. Ich sage: "Geh nach Rom." Und er reist in die entgegengesetzte Richtung, nach Jerusalem. Ich sage: "Geh nicht nach Jerusalem", und warne ihn: " Wenn du nach Jerusalem gehst, wird man dich gefangen nehmen."
Und er verbietet meinen Propheten, weiter darüber zu sprechen.
Ich hätte Paulus vor all dem bewahrt, und doch habe ich sein Vermächtnis gesegnet.
Was geschehen ist, ist zum Heil der Menschen geschehen. Ich habe die guten Werke für ihn dort vorbereitet, wo er in seinem Eigensinn hingelaufen ist. Ich habe durch ihn gesprochen, in seinen Predigten und Briefen, und er kann vor Gott stolz darauf sein, den guten Kampf des Glaubens gekämpft zu haben. Außerdem: In Rom wollte ich ihn haben, und nach Rom habe ich ihn gebracht. Du kannst es nur so gut machen, wie du es eben kannst. Ich sehe dich, und deine Bemühung. Ich bereite auch für dich die guten Werke vor, wo du bist, nicht wo du sein solltest, und ich segne dein Vermächtnis, wenn du deinen guten Kampf des Glaubens kämpfst. Und ich sehe, das tust du. Auch du kannst vor Gott stolz darauf sein.

Einstiegsgebet:

Dass ich noch glaube, dass ich irgendetwas richtig mache, habe ich Jesus Christus zu verdanken. Ich kann vor Gott stolz darauf sein, dass ich das Wirken seines Geistes an mir mehr und mehr erlebe, und dass, das praktische Auswirkungen hat. Danke Heiliger Geist.

29. November

2. Samuel 6,8

Aber David entbrannte (entsetzte sich) darüber, dass JHWH mit Ussa einen solchen Riss gemacht hatte, darum nennt man den Ort Perez-Ussa bis zu diesem Tag. (Schlachter 2000)

Der Heilige Geist, der mit Feuer kommt, sagt mir:

Ich bin immer noch Gott, ich bin immer noch heilig.

Meine Hand ist ein verzehrendes Feuer,

das Wort aus meinem Mund ein zweischneidiges Schwert, das entzweit.

Es gibt keine Änderung in dem wer ich bin.

Ich bin derselbe heute, gestern, und in Ewigkeit.

Ussa ist meiner Heiligkeit zu nahe gekommen, und er starb, weil er unrein war.

Jeder wird sterben, der ohne rein zu sein, vor mich treten muss.

Nur Jesus macht rein.

Einstiegsgebet:

Jesus, normalerweise ist mir nicht bewusst, wie viel dein Opfer wert ist.

Du wirst mir das Leben retten, wenn ich vor Gott treten muss.

Aber schon jetzt rettest du mein Leben vor dem Tod.

Danke.

30. November

Jakobus 3,2

Denn wir alle verfehlen uns vielfach, wenn jemand sich im Wort nicht verfehlt, so ist er ein vollkommener Mann, fähig, auch den ganzen Leib im Zaum zu halten. (Schlachter 2000)

Der Heilige Geist, der mit Feuer kommt, sagt mir:

Jesus ist der vollkommene Mensch.

Wir wissen, dass ihr alle vielfach verfehlt.

Unsere Vollkommenheit und eure Fehlerhaftigkeit machen diesen Riss

in die Beziehung zwischen uns.

Darum, weil ihr in Worten (Gedanken) sündigt,

sind meine Worte in deinem Mund so wichtig.

Sie hebeln die Sünde und Verfehlung aus.

Meine Worte sind für deinen Geist wie klares Wasser auf einer schmutzigen Fläche.

Einstiegsgebet:

Danke Gott, für Jesus, der das Wort ist, das Wort, das zum Leben bringt.

Danke Heiliger Geist, dass du meinen Mund mit dem Wort füllst, und mich reinigst.

1. Dezember

Johannes 15,7-9

Wenn ihr in mir bleibt und meine Worte in euch bleiben, so werdet ihr bitten, was ihr wollt, und es wird euch zuteil werden. Dadurch wird mein Vater verherrlicht, dass ihr viel Frucht bringt und meine Jünger werdet. Gleichwie mich der Vater liebt, so liebe ich euch; bleibt in meiner Liebe! (Schlachter 2000)

Der Heilige Geist erzählt mir eine Geschichte:

Einst lebte in einem fernen Land, ein guter König mit seiner Familie.
Das Land erblühte unter seiner Herrschaft, und jeder liebte ihn,
denn er war weise und gut zu seinen Untertanen. Der König hatte viele Kinder.
Doch sein Feind unterwanderte das Königreich, denn das Volk des Königs war unaufmerksam, und lies oft Tore oder Fenster in der Stadtmauer geöffnet, obwohl das verboten war. So konnte dieser Feind Teile des Volkes, und sogar einige Kinder des Königs kidnappen. Da sandte der König seine Söhne und Töchter undercover in das Feindesland. Er kaufte dort ein großes Haus mit schönem Garten, umringt mit einer hohen Mauer und einem schmiedeeisernen Einfahrtstor, wo sie leben konnten. In dem Haus lebten sie die Kultur des Königreichs weiter, denn der Feind und sein Volk waren barbarisch und ungebildet, und der König wusste, wie schnell schlechter Umgang die Sitten verdirbt. Die Aufgabe der Söhne und Töchter in dem Land des Feindes war, die Gekidnappten zu finden und mit nach Hause zu nehmen, bis der König kommt und das Feindesland einnimmt.
Sie sollten ihre sichere Umgebung nur verlassen, wenn sie auf der Suche nach ihren Geschwistern waren, und dann waren sie nie allein. Immer hatten sie ihre Bodyguards dabei.

Dann sagt der heilige Geist mir:

Du bist eines meiner Königskinder,

in mir hast du einen sicheren Ort, doch bleibe

weder immer zu Hause, sondern geh, die Verlorenen zu finden,

ich lasse dich nicht ungeschützt, meine Engel begleiten dich,

noch tue so, als wärst du im Feindesland im Heimatland,

als gäbe es keine Gefahr.

Pass auf deine Deckung auf, wenn du das Haus verlässt,

damit du dich und deine Geschwister nicht in Gefahr bringst.

Alle, die nicht unter meiner Herrschaft stehen,

stehen unter der Herrschaft des Feindes, sie sind von ihm beeinflusst.

Das ist nicht immer ihre Schuld, aber sie können es nicht selbst verhindern,

können sich diesem Einfluss nicht selbst entziehen.

Mach also auch deine Feinde nicht zu deinen Freunden,

sie sind Barbaren und verderben deine Sitten.

Einstiegsgebet:

Danke Heiliger Geist für diese Geschichte. Oft ist mir nicht klar, dass ich im Feindesland lebe.

Du lässt mir alles zukommen, worum ich bitte,

um den Auftrag gut zu erfüllen und versorgt zu sein.

2. Dezember

3. Mose 18,1

Und JHWH redete zu Mose und sprach... (Schlachter 2000)

Der Heilige Geist sagt mir:

Als ich mit Mose redete, war es genauso wie heute. Obwohl ich mit Donner oder Erdbeben gekommen bin, hat das Volk, nachdem ich geredet habe, an mir und meinen Worten gezweifelt. Erst fürchten sie mich, aber dann kommt recht bald der Zeitpunkt, an dem sie alles vergessen, was ich sage oder wie ich bin.

Doch der, der mich ernst nimmt, der an mir dran bleibt,
wird meine Weisung empfangen, und auch wenn es nur ein einzelner Mann* ist,
so werde ich durch einen Mann ein ganzes Volk führen.
Komm auch du auf meinen Berg, komm auch du ins Zelt der Begegnung.
Höre wenn ich rede und zweifle nicht am dem, was ich zu dir sage.
Denn ich stehe zu meinem Wort.
Wenn du zu mir stehst, werde ich meine Wunder tun, und mich mächtig an dir erweisen.

Einstiegsgebet:

Entschuldige, dass ich manchmal bin, wie das Volk Israels. Bitte verzeih mir, dass ich vergesse, was du sagst, oder wie du bist. Mach mich zu der einen Person, die dich ernst nimmt, und schenke mir die Gabe des übernatürlichen Glaubens.

* Gott verwendet das Wort Mann nicht wie Menschen. Er sagt Mann, wenn er eine ganze Person meint, das Geschlecht ist damit nicht gemeint.

3. Dezember

Ruth 3,9

Da fragte er (Boas): Wer bist du? Sie (Ruth) aber antwortete: Ich bin Ruth, deine Magd!

So breite deine Flügel über deine Magd; denn du bist ja (mein) Löser! (Schlachter 2000)

Der Heilige Geist sagt mir:

Die Gnade steht über dem Gesetz.

Dich als Frau an einem Festtag

in der Nacht an Betrunkenen vorbei zu einem Mann unter die Decke zu schleichen,

erfordert Entschlossenheit, Mut, Vertrauen, und Hingabe!

Boas hätte, wenn er kein so ehrwürdiger Mann gewesen wäre,

alles Mögliche mit dieser Ausländerin machen können,

immerhin sagte das Gesetz, dass man keine Ausländerin heiraten darf,

und dass sie anders behandelt werden dürfen, als die Frauen aus dem eigenen Volk.

Doch Ruth vertraute ihrer Schwiegermutter und Boas ihr Leben an, mit dem Wissen, der

Gott ihrer Schwiegermutter war nun auch ihr Gott, und dieser Gott würde

sie nicht als kinderlose Witwe sterben lassen, sondern sie zu Ehren bringen.

Das Gesetz verlangte, dass ein naher Verwandter, wie Boas,

eine Witwe zur Frau nehmen musste, damit keine Familie ausstirbt.

Das ist ein Löser.

So hat das Gesetz und die Gnade zusammengewirkt,

dass diese junge gläubige Frau eine Vorfahrin von Jesus wurde.

Sie ist ein Vorbild für dich, wie du dich Gott anvertraust.

In besonderen Situationen bedeutet das, sich Menschen wie Boas auszuliefern,

damit Gott auch dich zu Ehren bringen kann.

Boas weißt auf Jesus hin, deinem (Er-)Löser.

Er ist es, dem du letztlich dein Leben geben (anvertrauen) musst,

um den Platz in der Gesellschaft zu bekommen,

der dir nach dem Gesetz zusteht,

denn die Gnade triumphiert über dem Gesetz.

Das erfordert Entschlossenheit, Mut, Vertrauen und Hingabe.

Einstiegsgebet:

Danke Gott, dass die Gnade über das Gericht triumphiert.

Danke Jesus, dass ich sicher sein kann, dass du deine Flügel über mich ausbreitest,

und mein Löser bist. Danke Heiliger Geist, dass du quasi der Verlobungsring,

der Unterpfand des Glaubens bist und ich durch Christus zu Ehren gebracht werde,

in der kommenden Welt,

weil ich dich entschlossen, mutig, vertrauensvoll und hingegeben liebe.

4. Dezember

Hesekiel 17,4

Und er brach den obersten ihrer Zweige ab und brachte ihn in ein Händlerland
und setzte ihn in eine Stadt von Kaufleuten. (Schlachter 2000)

Und Ruach (hebräisch für: Wind, Hauch, Atem) sagt mir:

Lass es geschehen, wenn der Herr, dein Gott, dich zurechtstutzt, und umpflanzt.
Das ist zwar unangenehm, aber zu deinem Besten.
Wenn du deine Zweige zu ihm aufhebst, und nicht wie eine Trauerweide dastehst,
weil nichts mehr so ist, wie du es gewohnt bist, weil Gott etwas verändert hat, dann werden deine Wurzeln sich tief in festen Grund eingraben, und du wirst blühen und gedeihen.
Gott kommt nicht mit einem goldenen Löffel, und schiebt dir Brei in den Mund bis du ein dickes, fettes Baby bist. Er lernt dir selbständig zu essen, und hilft dir, dass du laufen lernst - er bringt dich in eine Umgebung in der du alles bekommst, was du brauchst,
um weiter zu kommen, geistlich und seelisch und körperlich.
Er versorgt dich, indem er dir Möglichkeiten gibt, die anders sind, als alles was du kennst.
Darum nimm seine Veränderung dankend an. Denn Gott will, dass du dich entwickelst,
und entfaltest gemäß deiner Persönlichkeit,
und setzt dich in ein Umfeld, das für diese Entwicklung förderlich ist.

Einstiegsgebet:

Heiliger Geist, hilf du mir Veränderungen, die von Gott kommen,
mit einer positiven Einstellung anzugehen, dass ich mit Dankbarkeit vorwärts blicke,
und auch Anstrengendes gut annehmen kann, weil es meiner Weiterentwicklung dient.

5. Dezember

Jona 4,7

Da entsandte Gott einen Wurm, als die Morgenröte am anderen Morgen aufstieg; der stach den Rizinus, so dass er verdorrte. (Schlachter 2000)

Der Heilige Geist, der im Wurm war, sagt mir:

So manches muss der Mensch am eigenen Leib erfahren, durchmachen, um zu verstehen. Auch braucht es nicht jeden Tag einen Wurm, der dir die Freude am Leben nimmt. Am besten ist es mich zu fragen, woher deine widrigen Umstände kommen, bevor du deine Kampfausrüstung anziehst. :) Gegen mich zu kämpfen lohnt sich nicht, denn du kannst nicht gewinnen! Andererseits geschieht es nur allzu oft, dass jemand denkt, ich habe etwas veranlasst, das ich gar nicht gewesen bin. Lass dir von mir sagen, ich habe keinen Spaß daran, meine Kinder auch nur irgendwie leiden zu sehen! Viel lieber rede ich vernünftig mit ihnen, wenn sie offene Ohren und Herzen haben, und verständig sind, auch wenn ich ihnen Neues zeige, das so noch nie da war. Dann kommt der Feind und will offene Ohren und Herzen und Verständnis rauben, durch widrige Umstände. DANN sei wachsam und zieh deine Waffenrüstung an! Es lohnt sich immer, gegen den Feind zu kämpfen, wenn er dich angreift, denn du kannst gewinnen! Also, sei klug, wenn widrige Umstände kommen, und frage nach, woran es liegt. Ich gebe dir gern Auskunft, denn ich bin für dich.

Einstiegsgebet:

Es macht Sinn, dich zu fragen Herr, wo der Ursprung von meinen Schwierigkeiten liegt. Kannst du mir bitte helfen, negative Erfahrungen besser und schneller richtig einzuordnen?

6. Dezember

1. Thessalonicher 3,5

Darum hielt ich es auch nicht mehr länger aus, sondern erkundigte mich

nach eurem Glauben, ob nicht etwa der Versucher euch versucht habe

und unsere Arbeit umsonst gewesen sei. (Schlachter 2000)

Der Heilige Geist sagt mir:

Hüte meine Schafe!

Ich antworte: Herr, ich bin kein Hirte.

Der Heilige Geist erwidert: Sage nicht wie Kain: "Bin ich der Hüter meines Bruders?"!

Der Geist sagt weiter:

Es liegt so viel Wert in dem Erkundigen um das Wohlergehen des Anderen,

wenn du aus Liebe und Fürsorge nachfrägst: Wie geht es dir?

Nicht aus Neugierde oder Gewohnheit,

so nimmst du dem Teufel Raum in der Person, um die du dich bemühst.

Sobald du dich in eine Person investierst aus Liebe, um Jesu Namen willen,

ist das deine "Arbeit", und somit hast du Lohn verdient im Himmel.

Lass dir diesen Lohn vom Feind nicht rauben, durch Nachlässigkeit oder Irrtum.

Du bist ein Arbeiter in meinem Weinberg, du bist Hüter deines Bruders.

Einstiegsgebet:

Heiliger Geist, viele Fallen sind auf dem Weg zu einem guten, fürsorglichen, ehrlichen

Miteinander. Bitte hilf mir, und meinen Geschwistern.

7. Dezember

Jakobus 3,3

Siehe, den Pferden legen wir die Zäume ins Maul, damit sie uns gehorchen,

und so lenken wie ihren ganzen Leib. (Schlachter 2000)

Der Heilige Geist sagt mir:

Ein Vollblutpferd, dass sich kein Zaumzeug und Zügel anlegen lässt,

ist unbrauchbar für die Arbeit, für die es gezüchtet wurde.

Es kann auch nicht ausgewildert werden, weil es nicht überleben würde.

So ein Tier ist eine Last und ein Schmarotzer,

es wird "cast off" (englisch für: wegwerfen, abstreifen, abschütteln), ausgegliedert.

Ein gutes Pferd lässt sich mit Worten, oder sogar mit den Augen leiten.

Das braucht eine gute Beziehung und viel Übung.

Darum lass dir von mir die Zügel anlegen,

sei nicht unwillig, ich führe dich,

und ich will dich lehren, wie du dich von meinen Augen leiten lassen kannst.

Einstiegsgebet:

Sich zügeln zu lassen ist unangenehm, doch ich weiß, ich bin in guten Händen bei dir Gott. Ich halte still, dass du mich aufzäumen (Zaumzeug und Zügel anlegen) kannst, und eines Tages kannst du mich mit den Augen leiten.

8. Dezember

1. Samuel 7,7

Als aber die Philister hörten, dass die Kinder Israel in Mizpa zusammengekommen waren, da zogen die Fürsten der Philister hinauf gegen Israel.

Als die Kinder Israels dies hörten, fürchteten sie sich vor den Philistern. (Schlachter 2000)

Und der Herr sagt mir:

Gehe nicht davon aus, dass du kampflos durchs Leben kommst, wenn du mir nachfolgst. Jedes Mal, wenn du dich neu auf mich ausrichtest und Gemeinschaft hast, und diese Gemeinschaft zu einer geistlichen Wende führt, kannst du dir sicher sein, dass der Feind beim ersten Anzeichen von Auswirkungen davon in der sichtbaren Welt angreift.

Warum? Weil der Feind noch mehr Angst vor dir hat, als du vor ihm.

Er weiß doch, hinter dir steht ein mächtiger Gott.

Mach nicht den Fehler vor dem Feind zurückzuweichen, das macht ihn mutig, ja größenwahnsinnig. Er könnte dann meinen, du gibst dich geschlagen!

Stattdessen sollst du auf meinen Schlachtruf warten.

Beweg dich nicht, bis ich dir eine Strategie gegeben habe!

Und erlebe immer wieder neu, dass ich für dich kämpfe, und wie ich für dich kämpfe.

Ich habe für dich gesiegt, und du hast die Welt mit mir überwunden.

Einstiegsgebet:

Ich rufe deinen Sieg über mein Leben aus, im Namen Jesus. Jeder Bereich meines Lebens untersteht seiner Herrschaft. Auch wenn mein Herz nicht glauben kann darf ich voll Zuversicht zu dir kommen Jesus, und glauben lernen. Ich will mich nicht fürchten!

9. Dezember

Jakobus 1,27

Eine reine und makellose Religiösität vor Gott dem Vater ist, es Waisen und Witwen in der Bedrängnis zu besuchen, und sich von der Welt unbefleckt zu halten. (Freie Übersetzung)

Der Herr Jesus sagt mir:

Ich habe nichts gegen Religion, wenn sie aus reinem kindlichem Glauben kommt.

Ich habe nichts gegen Tradition, wenn sie als heilsame Erinnerung dient.

Ich habe nichts gegen Rituale, solange sie nicht den Glauben ersetzen, und gelehrt wird, wie sie entstanden sind, um Verständnis dafür zu schaffen, wofür sie symbolisch stehen.

Ich habe auch nichts gegen Gewohnheiten oder Routine,

solange die Gewohnheit oder Routine nicht dazu führt,

dass du sie nur aus Bequemlichkeit machst. Wiederkehrende Handlungen und Feste sind dazu da, in eurem Denken das Gute zu etablieren. Du bist dafür verantwortlich,

dass sich nichts Schlechtes bei dir etabliert.

Halte dich von der Welt und ihren Ritualen unbefleckt. Das beste Heilmittel dagegen ist, Menschen in ihrer Not zu begegnen, aus einem reinen Herzen der Liebe.

Übrigens: Ein reines Herz der Liebe hat wenig mit Gefühlen zu tun, als viel mehr mit Erbarmen. Siehst du eine Not, der du praktisch begegnen kannst

(bist du fähig und ausgestattet dieser Not zu begegnen?), dann tue es ohne zu zögern.

Das ist ein reines Herz der Liebe.

Einstiegsgebet:

Ich halte mich von der Welt unbefleckt, und lege jede falsche Religiösität ab, ich will damit nichts zu tun haben. Du wäscht mich rein, im Wasserbad des Glaubens.

10. Dezember

Jona 3,7-8

Und er ließ ausrufen und sagen in Ninive, auf Befehl des Königs und seiner Großen: Menschen und Vieh, Rinder und Schafe sollen nichts genießen, sie sollen weder weiden noch Wasser trinken; sondern Menschen und Vieh sollen sich in Sacktuch hüllen und mit aller Kraft zu Gott rufen und sollen umkehren, jeder von seinem bösen Weg und von dem Unrecht, das an seinen Händen klebt! (Schlachter 2000)

Der Heilige Geist sagt mir:

Kannst du dir den Lärm und das Geschrei vorstellen, von Kindern und Vieh,
die nicht verstanden warum sie weder Brot noch Wasser bekamen,
kannst du dir das Heulen und Wehklagen anhören?
Ninive ist hier die Stadt, die anders reagiert als Ägypten.
Auch dort war Geschrei und Wehklagen, doch für Ägypten war es zu spät.
Mein Herz schreit danach, dass Weinen und Wehklagen zu mir dringt,
BEVOR Kummer und die Not die Herzen gegen mich versteinert.
Der Schrecken des Herrn soll auf dich fallen, wie in Ninive auf den König und seine Großen,
seine Herrlichkeit und Macht sich an dir erweisen, so dass durch dich
ein Fasten zur Buße und Umkehr beginnen kann, für dein Volk und dein Land.

Einstiegsgebet:

Gott, du bist gut, du bist die Liebe, bitte komm mit deinem Schrecken, deiner Macht und Herrlichkeit. Das hört sich für meine ungeübten Ohren nicht nach Güte und Erbarmen an, ich möchte dich ganzheitlich kennenlernen, nicht nur den Teil von dir, der mir angenehm erscheint. Zeige du dich mir, wie du dich zeigen willst, dein ganzes Wesen ist Liebe.

11. Dezember

1. Samuel 5,8

Und sie (die Leute von Aschdot) sandten Boten hin und versammelten alle Fürsten der Philister zu sich und sprachen: Was sollen wir mit der Lade... (Schlachter 2000)

Der Heilige Geist sagt mir:

Ich möchte heute mit dir über das Richtige in falschen Händen sprechen.
Mein Wort ist heilig, ein zweischneidiges Schwert, verzehrendes Feuer, Donner und Blitz, gewaltige Wasser. Das ist es, was ich dir in die Hand gegeben habe, auf die Zunge gelegt, so dass du es benutzt. Doch mein Wort kann noch so kraftvoll, gut, und richtig sein - wenn es falsch verwendet, falsch ausgelegt, falsch eingesetzt wird, bringt es viel Zerstörung. Genau das ist all die Jahrhunderte in der Menschheitsgeschichte passiert. Mein Wort ist nicht zum Diskutieren da, zum intellektuellen Austausch. Mein Wort ist, durch geisterfüllte Menschen gebraucht, dazu da, geistliche Festungen zu zerstören, menschliche Irrtümer zu verhindern, zu heilen und zu befreien durch die Wahrheit in Liebe. So wie die Bundeslade dem Volk Israel gehörte, und bei den Philistern nur Schaden anrichtete, so gehört das Wort Gottes in deine Hand, und deinen Mund, um Heilung und Klarheit zu bringen.

Einstiegsgebet:

Herr Jesus, ich bete, dass ich dich (= das Wort) als Waffe gegen feindliche Mächte gebrauche, und nicht als Waffe gegen Menschen. Bitte verzeih mir, und meinem Volk, die Zerstörung, die wir durch falsche Anwendung deines Wortes und deines Namens angerichtet haben, wo wir dein Wort dazu benutzt haben, uns mit dem Verkläger der Brüder, dem Teufel, deinen und unserem Feind, zu verbünden.

12. Dezember

Matthäus 15,3

Er (Jesus) aber antwortete und sprach zu ihnen:

Und warum übertretet ihr das Gebot Gottes um eurer Überlieferung willen?

(Schlachter 2000)

Der Geist Jesu sagt mir:

In der Begegnung mit mir wirst du oft an den Punkt kommen, wo du dich fragst,

warum es so scheint, als ob ich meine eigenen Gebote nicht halte.

Das liegt daran, dass du meine Gebote nicht durch und durch erfasst und verstanden hast.

Wer den Geist Gottes und sein Reden in dir (durch dich) für deine Zeit verwirft,

der übertritt Gottes Gebot um eurer Überlieferung willen.

Folge du nicht jedem Propheten, und erwarte auch nicht,

dass du ein Wort Gottes hast, dem jeder folgen soll. Nein, so ist es nicht.

Das prophetische Wort ist für die Person gedacht,

die in ihrem Gewissen durch mich dazu geführt wird,

und in ihrem Geist die innere Bestätigung hat, dass dieses Wort für sie gültig ist.

Nicht einmal im Neuen Testament der Bibel ist jedes Wort an jeden gerichtet.

Manches Wort ist nur für Hirten,

manches nur für Lehrer,

manches nur für Evangelisten,

manches nur für Apostel.

Bist du Hirte, Lehrer, Evangelist oder Apostel?

Dann nimm das Wort für dich, und nicht das der Anderen.

Auch ein Vater spricht nicht immer jedes Wort für alle seine Kinder,

warum sollte ich es tun?

Nur das Wort, das für den Propheten gilt,

kannst du auch für dich anwenden,

wenn du willst, denn nicht nur Mose und Paulus wünschten sich ,

dass jeder prophetisch reden möge,

sondern auch ich wünsche das.

Einstiegsgebet:

Jesus, lass mich hören, was du zu mir sagst, verstehen was für mich gilt, und was nicht. Danke für dein individuelles Wort für mich. Ich muss weder die ganze Bibel verstehen, noch sie für mich anwenden. Aber ich möchte verstehen und anwenden, was ich brauche, was für mich geschrieben und gesagt wurde, denn das hilft mir, dorthin zu kommen wo du mich haben willst.

13. Dezember

Jona 1,3

Da machte sich Jona auf, um vor dem Angesicht des JHWH weg nach Tarsis zu fliehen;
und er ging nach Japho hinab und fand dort ein Schiff, das nach Tarsis fuhr.
Da bezahlte er das Fahrgeld und stieg ein, um mit ihnen nach Tarsis zu fahren,
weg von dem Angesicht JHWH. (Schlachter 2000)

Der Heilige Geist sagt mir:

Ich möchte die nächsten Tage mit dir über Jona reden.
Er hatte ein schweres Los zu tragen, weil ich ihm etwas gezeigt habe,
was außerhalb seines Verständnisses lag.
Schockiert über meinen Auftrag lief er von mir weg, so wie jeder von euch es tun würde.
Meinst du Jona kannte die Psalmen nicht? Dort wo es heißt (Psalm 139,11): Und würde ich mich auch betten in der Finsternis, so wäre die Finsternis taghell für dich... (Freie Übersetzung) Jona kannte mich und wusste, er kann nirgendwohin vor mir fliehen, trotzdem hat er es versucht.
Und wo rennst du überall hin, weg von mir, meinem Willen für dich?

Einstiegsgebet:

Herr, so oft fliehe ich vor dir, vor unangenehmen Wahrheiten, Aufgaben,
dich tun sollte und so weiter.
Ich flüchte in Aktivitäten, lenke mich ab, verbringe keine Zeit mit dir,
meide gewisse Menschen. Danke, dass du mich kennst.
Du klagst mich noch nicht einmal an, sondern bist geduldig mit mir.

14. Dezember

Jona 1,4

Aber JHWH schleuderte einen starken Wind auf das Meer, so dass ein großer Sturm auf dem Meer entstand und das Schiff zu zerbrechen drohte. (Schlachter 2000)

Der Heilige Geist sagt mir:

Gottes Sinn für Schönheit ist anders als der Sinn der Menschen.

In meiner Hand, wird deine verbrannte Erde zu Diamanten.

Wer hätte gedacht, dass dieser Sturm, der das Schiff zu zerbrechen drohte,

nötig war, um eines der größten Bilder des Alten Testaments zu Jesu Tod zu sein?!

Denn ohne den Sturm wäre Jona nie im Bauch des Fisches gelandet.

Ich erschaffe eine Schönheit, eine Symphonie ohne falsche Töne.

Du darfst davon ausgehen, dass dein Leben, deine Geschichte, diese Symphonie ist.

Einstiegsgebet:

Jesus, lass mich nie daran zweifeln, dass alles, was bei mir geschieht,

Teil eines guten, großen Planes ist.

15. Dezember

Jona 1,5

Da fürchteten sich die Schiffsleute und schrien, jeder zu seinem Gott;

und sie warfen die Geräte, die im Schiff waren, ins Meer, um es dadurch zu erleichtern.

Jona aber war in den unteren Schiffsraum hinabgestiegen,

hatte sich niedergelegt und war fest eingeschlafen. (Schlachter 2000)

Der Heilige Geist sagt mir:

Anders als Jesus, der im Boot während eines Sturms eingeschlafen war, weil er Gott vertraute,

konnte Jona schlafen, weil er dachte er sei mir davongekommen.

Jona wiegte sich in falscher Sicherheit.

Ich beneide die Götter der Religiösen und den Mammon,

mit welcher Ernsthaftigkeit und Radikalität ihnen nachgelaufen wird,

obwohl sie keinen wahren Frieden schenken können, und echtes Glück fern von ihnen ist.

Und dennoch kasteien und fasten die Anhänger dieser Religionen Tag und Nacht,

sie nehmen Opfer und Anstrengungen auf sich, für einen Augenblick des Scheines.

Meine Kinder aber liegen faul auf ihrem Bauch, lassen sich im Glanz meiner Sonne wärmen,

und vergessen, dass es einen Krieg um ihre Seelen, und die Seelen Anderer zu gewinnen gibt.

Ich weiß, was an einem Ort geschehen könnte, wenn meine Nachfolger mit Hingabe

und Liebe und Einheit nur einige Tage fasten würden, und weder essen noch trinken,

so wie die ernsthaften Muslime es jährlich 40 Tage lang tun.

Ich will eure Opfer und Anstrengung nicht!

Ich will Herzen die mich suchen, aufrichtig und hingegeben.

Doch wenn du dich von mir bewegen lässt,

und dein Fasten und Beten aus einer Sehnsucht nach Gottes Eingreifen getragen wird,

dann greife ich ein, und rette und heile dich. Schlaf nicht!

Keiner kommt mir davon. Niemand kann mir entkommen.

Lass es nicht zu, dass meine Allgegenwart eine Schreckensnachricht für dich

und dein Volk ist!Nutze die Zeit der Gnade und folge mir,

dem Gott der Liebe, Gnade und des Friedens. Aufrichtig und Hingegeben.

Einstiegsgebet:

Herr, zeige mir, ob und wie ich vom 27.12. - 30.12. drei Tage* fasten soll.

* Ich habe den Eindruck, ich soll an dieser Stelle zu einem dreitägigen Fasten aufrufen - das WIE soll der Heilige Geist dir persönlich zeigen, wenn nötig in Absprache mit einem Arzt. Eine einfache Form des Fastens ist, auf jede Form der Ablenkung zu verzichten, nichts Süßes, keine Knabbereien, nur Notwendiges essen, nur zwei bis drei kleine Mahlzeiten pro Tag, und nur Wasser zu trinken (Vorsicht: Keine oder wenig Kohlensäure).

Es gibt das Daniel Fasten, diese Form kann man anwenden. Doch wenn man mit dieser Form des Fastens unerfahren ist, erscheint mir das etwas umständlich für drei Tage, ansonsten eine gute Möglichkeit. Möglich ist auch nichts zu essen, aber jede Form von Flüssigkeit (eventuell auch Trinkjoghurts und Suppen) zu sich zu nehmen (Vorsicht vor Koffein und Kohlensäure) oder drei Tage nur Wasser trinken.

Bitte keinesfalls drei Tage Flüssigkeit fasten!!! Bei gesundheitlichen Fragen bitte unbedingt, schon vor Beginn des Fastens, einen Arzt ihres Vertrauen zu Rate ziehen!

Gott sieht auf unser Herz und nicht unsere Anstrengung.

16. Dezember

Jona 1,6

Da trat der Schiffskapitän zu ihm und sprach: Was ist mit dir, dass du schläfst?

Steh auf, rufe deinen Gott an!

Vielleicht wird dieser Gott an uns gedenken, dass wir nicht untergehen! (Schlachter 2000)

Ich denke mir:

Es fasziniert mich, dass Menschen, die Jesus nicht kennen, und Gott noch nie erlebt haben,

oft einen größeren Glauben haben als wir Christen.

Auch heute in unserer aufgeklärten und atheistischen Gesellschaft ist das noch so,

besonders in Notsituationen.

Ich bete:

Herr, bitte verzeih unseren, meinen Unglauben,

und meine mangelnde Bereitschaft zu dir zu stehen.

Der Heilige Geist sagt mir:

Oft liegt der Mangel oder Unglaube schlicht und ergreifend darin,

dass ihr mich und euren Glauben klein redet.

Wenn eure Gebete nicht "funktionieren",

findet ihr rationale Gründe dafür, anstatt mich einfach zu fragen...

Oft betet ihr für etwas, das ich nicht erhören kann,

weil ihr die Grundlage des Gebets nicht erfüllt.

Nicht-Christen tun sich viel leichter einem Gebet zu glauben,

weil sie nicht davon ausgehen, dass es irgendwie an ihnen liegen kann,

wenn ich eingreife oder nicht eingreife.

Christen haben dieses Denken schon, dass es an ihnen liegen kann,

wenn ich nicht eingreife.

Ich sage dir aber, mein Wille ist es einzugreifen, und ich forme mir aus dir ein Gefäß,

dass mich wie ein Kanne ausgießen kann.

Einstiegsgebet:

Der Vater sagt, dass er seinen Geist ausgießen will über alle Nationen.

Du willst mich zu einem Gefäß machen, dass diesen Geist in sich trägt, und aus mir heraus soll der Heilige Geist fließen. Entgegen meinem Denken, meinem Verstehen, sage ich ja zu deinem Wunsch, Vater. Gieße deinen Heiligen Geist über mir aus. Verwende mich als Gefäß für dich. Ich will dich, oder meinen Glauben jetzt nicht klein reden. Ich vertraue, dass du mich verwendest. Ich möchte die Grundlage für die Erhörung meiner Gebete erfüllen.

17. Dezember

Baruch 2,6

Der Herr unser Gott ist gerecht,

wir aber und unsere Vater tragen heute mit Recht unsere Schande. (Freie Übersetzung)

Der Heilige Geist sagt mir:

Mit Recht tragt ihr heute Schande.

Mit Recht spottet die Gesellschaft über euch.

Weder seid ihr eins, noch ertragt ihr Unrecht.

Jeder ist auf seinen Vorteil bedacht,

Neid und Korruption ist unter meinen Kindern leider normal.

Ihr rennt dem Geld nach, als würde es mich nicht geben,

Gastfreundschaft ist in Westeuropa sowieso ein Fremdwort.

Um die Kranken, Witwen und Waisen muss der Staat sich kümmern,

genauso wie um die Erziehung und Belehrung,

und wenn er es nicht tut, schüttelt ihr in Empörung euren Kopf.

Kein Wunder, dass euch euer Volk nicht ernst nimmt,

das tut ihr ja auch selbst nicht, in eurem Christsein.

Mit mir lebt ihr nicht, und ohne mich auch nicht.

Wenn der Christus an eure Tür klopft, dann öffnet ihr die Tür,

um ihn im Vorhaus stehen zu lassen...

Ich, der Geist Gottes, darf euer Klo putzen und den Müll raus tragen,
immerhin seid ihr der Tempel des Heiligen Geistes,
und den soll ich sauber halten.
Ich darf eure Sünden wegnehmen, die ihr mir vor die Tür stellt,
und die Anklage mit der ihr euch beschmutzt.
Aber Gemeinschaft haben wir nicht,
an einem Tisch sitzen wir nicht, und wenn ihr eure "Stille Zeit" macht, fühlt ihr euch gut,
weil ihr eure Pflichtzeit mit Gott abgesessen habt.
Ihr merkt ja nicht einmal, wenn ich gar nicht mitgemacht habe.
Ich tue was mir möglich ist, euch zu segnen,
aber ich schmeiße euch meinen Segen doch nicht nach,
denn er ist ein Schatz, kostbarer als Perlen!
Tue Buße, für dich und dein Volk,
tritt ein in Fürbitte für dein Land.

Einstiegsgebet:

Oh Gott, bitte verzeih unserem "christlichen Land", dass es deine Wege verlassen hat, dich nicht kennt, deine Liebe mit Liberalismus verwechselt. Das es dich nicht kennt, sich nicht darum bemüht, dich kennen zu lernen, dass wir arrogant sind, und denken wir wissen alles.

18. Dezember

3. Johannes 1,5

Mein Lieber, du handelst treu in dem, was du an den Brüdern tust,

auch an den Unbekannten (Schlachter 2000)

Der Heilige Geist sagt mir:

Treue ist kein frommer Wunsch!

Treue ist, zu dem zu stehen, was man beschlossen oder versprochen hat, unabhängig von den Umständen. Sobald du beginnst deine Treue von etwas Anderem abhängig zu machen, als von meinem Durchhaltevermögen, bekommt deine feste Entschlossenheit, treu zu sein, einen Riss. Wird es dann aus anderen Gründen schwierig, zu dem Beschluss oder Versprechen zu stehen, suchst du, ohne es wirklich zu wollen, einen guten Grund, doch nicht treu sein zu müssen. Deshalb ist es gut, deinen Beschluss oder dein Versprechen nicht an jemand zu binden, sondern an mich. Ich bin die richtige Person, die deine Treue in dir festmacht, und dir hilft deinen Charakter zu formen, und dich in mir zu gründen.

Bevor du einen Beschluss fasst, oder ein Versprechen gibst, sprich es mit mir durch, und wenn ich die Sache gut finde, steht mein Versprechen, dir zu helfen, hinter deinem Beschluss oder Versprechen:

Wo deine Kraft zur Treue endet, hört meine Treue niemals auf, auch für dich nicht!

Einstiegsgebet:

Danke für deine Hilfe zur Treue in Beziehungen, und auch in Verträgen.

Du bist mein Antrieb und meine Kraft, wenn ich an meine menschlichen Grenzen stoße, durch deine Zusagen und deine Ermutigung.

19. Dezember

Psalm 37,6

Ja, er wird deine Gerechtigkeit aufgehen lassen wie das Licht

und dein Recht wie den hellen Mittag. (Schlachter 2000)

Der Heilige Geist sagt mir:

Meine Gerechtigkeit ist deine Gerechtigkeit, und mein Recht ist dein Recht. Das heißt: Die Gerechtigkeit, die aus Gott kommt, wird dir zur Gerechtigkeit, wenn du das Gesetz des Rechts Gottes für dich annimmst. Das Gesetz des Rechts Gottes ist: 1. Vergebung, 2. Aufgeben der Rache, 3. Aufgeben der Rechte.

Die Gerechtigkeit Gottes besteht aus: Ich nehme deine Schuld auf mich, und lasse dich statt dessen schuldenfrei gehen. Das Recht Gottes ist Annahme und Aufnahme an Christi statt. Sobald du bereit bist, für deinen Nächsten dasselbe zu tun, was Christus für dich getan hat, bist du aufgenommen an Christi statt, das bedeutet, Gott sorgt für dein Recht.

Er sorgt nicht dafür, dass es fair wird, denn Fairness ist außerhalb seines Reiches.

Das Gesetz des neuen Bundes ist nicht fair, sondern es ist ein Gesetz, das Gerechtigkeit neu definiert. Wenn dir jemand etwas wegnimmt, und jemand Anderer sagt dir: Ich gebe dir das Doppelte, wenn du bereit bist nicht darauf zu bestehen, dass die Person, die dir das weggenommen hat, dafür in irgendeiner Weise belangt wird.Genau so ist Gott. Er gibt dir das Doppelte aus seiner Hand, sobald du den loslässt, des es dir genommen hat. Lass los, so wird dein Recht wie heller Tag, und deine Gerechtigkeit über dir aufgehen.

Einstiegsgebet:

Gott, ich lasse los und vergebe. Ich berufe mich auf dich, darum darf ich von dir Wiederherstellung erwarten, überall, wo mir Unrecht getan wurde. Hilf mir wirklich loszulassen.

20. Dezember

Psalm 1,2

...sondern Freude hat an der Weisung JHWHs,

über seine Weisung nachsinnt bei Tag und bei Nacht. (Einheitsübersetzung 1980)

Der Heilige Geist, der pflanzt und sät, sagt mir:

Wer über meine Weisung nachdenkt, und seine tiefe, innige Freude daran hat,

der ist wie ein Baum an Wasserbächen und bringt viel Frucht.

Wie wird man so ein Baum?

Wie hat man seine Lust an meiner Weisung?

1. Indem man nicht auf die falschen Menschen hört,

Leute die zwar klug sind und die Bibel kennen, aber feige, sie umzusetzen.

Wer nicht im Geist und in der Wahrheit betet, kann auch nicht im Geist

und in der Wahrheit reden.

2. Indem man selber denkt.

Du bist nicht dazu geschaffen, ewig vorgekaute Nahrung zu dir zu nehmen.

Nimm die Bibel und lies selber. Ich der Geist, der dich in das Reich Gottes gepflanzt hat,

kann auch durch alles fehlende Verständnis hindurch zu dir reden, durch das Wort,

dass durch mich geschrieben wurde, und es dir erklären.

3. Vertrau mir, vertraue Gott, dass er tut was geschrieben steht.

Ich bin derselbe gestern, heute und in Ewigkeit.

Einstiegsgebet:

Ich will sein wie ein Baum, gepflanzt an Wasserbächen.

21. Dezember

Psalm 1,1

Wohl dem, der nicht wandelt nach dem Rat des Gottlosen,

noch tritt auf den Weg der Sünder, noch sitzt, wo die Spötter sitzen (Schlachter 2000)

Der Herr sagt mir:

Der Rat der Gottlosen ist das, was du in der Schule lernst,

das was Nachrichten und Werbung sagen.

Der Weg der Sünder ist das, was Nachbarn und Arbeitskollegen tun -

selbst, wenn es gut ist, ist es nicht immer das, was DU tun sollst.

Sitzen, wo Spötter sitzen: Hör dir Talk-Shows und das Gerede am Stammtisch

oder an der Kassa nicht an, ohne es durch den Filter meiner Wahrheit gehen zu lassen.

Frag dich ständig: Was sagt und denkt Gott dazu?

Würde er das auch so sagen?

Du weißt es nicht? Dann nimm dir Zeit mit mir und finde es heraus.

Ich freu mich, wenn du das tust, das wird spannend. Verzweifle nicht, wenn es nicht so geht,

wie du denkst, vielleicht gibt es Themen, die mir wichtiger sind,

und du lernst etwas anderes beim Bibelstudium, als das, was du wissen wolltest.

Vergiss nicht, der Geist weht wo er will.

Einstiegsgebet:

OK, Herr, ich will wissen, was du denkst, zu dem, was Andere in meiner Umgebung sagen.

Ich will die Bibel lesen und verstehen, was du mir zu sagen hast.

22. Dezember

Römer 8,26

Ebenso kommt aber auch der Geist unseren Schwachheiten zur Hilfe.

Denn wir wissen nicht, was wir beten sollen, wie sich's gebührt;

aber der Geist selbst tritt für uns ein mit unaussprechlichen Seufzen. (Schlachter 2000)

Der Heilige Geist, der für uns eintritt, spricht zu mir:

Schreib, ich will durch dich sprechen. Und Wort für Wort formuliere ich,

durch deine Gedanken hindurch, meine Botschaften für den, der lesen mag.

Es ist nicht von Bedeutung wie viele Worte du hast, es ist viel mehr von Bedeutung, wie viele Worte ich habe. Und mir gehen die Worte nicht aus, weder vor Gott noch vor den Menschen. Du bist mein Sprachrohr, ich werde durch dich sprechen, sobald du dich zur Verfügung stellst, trotz deiner Schwachheiten und Fehlerhaftigkeit. Wenn du nicht schreibst, dann rede; wenn du nicht redest, dann bete; doch mein Wort muss durch deinen Mund die Welt verändern. Ich habe nur dich, du bist die Person, durch die ich den einen Segen bringen kann, den ich durch dich bringen will, und immer wollte, von Anfang an. Du bist nicht zu klein, zu unfähig, oder zu unreif. Hab Vertrauen in meine Fähigkeit, denn du bist die Person, die ich erwählt habe, mein Reich an deinem Ort zu bauen, genau da wo du jetzt bist.

Lerne meinem Drängen nachzugeben, du musst kein Prophet sein, um mein Wort in deinem Mund zu haben, aber doch bist du prophetisch, sobald der Geist Gottes in dir lebt.

Einstiegsgebet:

Heiliger Geist, mit deinen Worten, deiner Hilfe, bau durch mich dein Reich, in Wort und Tat.

23. Dezember

"Glaubst du noch an das Christkind?", fragt mich der Heilige Geist ganz unvermittelt.

"Nein, natürlich nicht!", ist meine Antwort.

"Warum verhältst du dich dann so als ob?" meint er, und erinnert mich an den Bibelvers:

1. Korinther 13,11

Als ich ein Kind war, redete und dachte und urteilte ich wie ein Kind.

Doch als ich erwachsen wurde, legte ich das Kindliche ab. (Neues Leben)

Weihnachten umgibt ein kindlicher Zauber, die Düfte und die Lichter bringen Kinderaugen zum Leuchten und wecken Erinnerungen. **Und da hinein**, ich nenne es mal "Pseudo-Nostalgie", **kommt Gott und sagt mir:** "Werd erwachsen!"

Weihnachten, das Fest der Freude und des Friedens, ist ein geistliches Schlachtfeld.

Ein guter Zeitpunkt um Gottes Liebe zu verkünden, der Jesus in die Welt sandte, ja, immer.

Aber das ist im Außen. Im Inneren, im Kern der Christenheit musst du wissen:

es ist weder Jesu Geburtstag, noch ein romantisch-verklärtes Fest, das von Gott gemacht ist.

Dein Vater im Himmel tickt anders. Er weiß, das Festtage und Feiertage für uns wichtig und nötig sind, zur Erinnerung an besondere Momente, doch ein "so tun als ob alles gut wäre für einen Tag" macht den Menschen mehr kaputt, als es hilfreich ist. Leg kindliche Sentimentalitäten ab, sei ein echter Friedensstifter, indem du Demut übst vor deinem Gott.

Einstiegsgebet:

Jesus, es geht gar nicht um meine Gefühle, es geht um deine Realität. Ich möchte nicht einer Stimmung nachlaufen, sondern deiner Stimme, die mich zur Nachfolge ruft.

24. Dezember

Römer 8,27

Der aber die Herzen erforscht, weiß, was das Trachten des Geistes ist,

denn er tritt so für die Heiligen ein, wie es Gott entspricht. (Schlachter 2000)

Der Geist, der Jesus gezeugt hat, sagt (Freie Übersetzung, alle Bibelstellen *kursiv*)**:**

Wir sind eins. Denk einmal darüber nach. **1. Mose 1,1-2** steht: *Im Anfang schuf Elohim* (Mehrzahl) *die Himmel und die Erde…Und der Geist* (Einzahl) *Elohim* (Mehrzahl) *bewegte sich über dem Wasser. Und Gott SPRACH.* Alles was Elohim im ganzen Alten Testament sprach, ist Jesus. **Johannes 1,1** bezeugt: *Denn das Wort war bei Gott, und das Wort war Gott.* **Matthäus 1,18** sagt: *Maria war schwanger, bevor sie mit Josef zusammen war* (im sexuellen Sinn), *und sie hatte das Kind vom Heiligen Geist.* **Markus 1,11** beschreibt: *Du bist mein Sohn.* In **Lukas 3,22** *kommt der Heilige Geist in Form einer Taube auf Jesus.* Derjenige, der ein Kind zeugt, ist Vater. Der Heilige Geist ist Vater. Die Stimme aus dem Himmel SPRACH; aber Jesus selbst ist DAS WORT. Verstehst du? Gott hat durch den Geist mit Jesus bezeugt, dass Jesus Gott ist. Der Heilige Geist ist gleich Gott Vater, Gott Vater ist gleich Jesus, Jesus ist gleich der Heilige Geist. Wir SIND eins. Verachte keinen der drei Aspekte der Gottheit, denn Gott ist Vater, Sohn und Geist. Genauso wenig wie du Elohim mit dem Verstand begreifen kannst, kannst du deine Seele und deinen Geist mit dem Verstand begreifen. Der Heilige Geist erforscht das Trachten deines Geistes, er tritt durch Jesus, den vollkommenen Menschen, vor dem vollkommenen Gott, für dich ein, sodass du untadelig vor ihm bestehen kannst.

Einstiegsgebet:

Nichts von Jesu Menschwerdung kann ich mit dem Verstand begreifen. Du bist EINS,

du bist Elohim, du bist Gott, der Vater und der Sohn und der Heilige Geist. Dir sei Ehre!

25. Dezember

Römer 8,28

Wir wissen aber, dass denen, die Gott lieben, alle Dinge zum Besten dienen,

denen, die nach seinem Ratschluss berufen sind. (Luther 2017)

Der Heilige Geist sagt mir:

Du kannst Gott nicht lieben, ohne von ihm geliebt zu werden. Ich bin dazu da, dir die Liebe des Vaters in Jesus täglich, und zunehmend, zu offenbaren. In dem Maße, in dem du Liebe empfängst und in dir wirken lässt, kannst du verstehen, dass absolut alles zum Guten - im vollkommenen Ausmaß - zusammenwirken, zusammenarbeiten, MUSS, weil du nach Gottes Ratschluss dazu berufen bist, seine Verherrlichung und seine Offenbarung, durch dich, in diese Welt zu bringen. Doch du musst wissen, verstehen: Seine Liebe und Zuwendung ist auf dich gerichtet, und so wirkt er in deinem Leben das Gute, auch, wenn alles dagegen zu sprechen scheint. Es ist die Natur des Vaters, sein aufrichtiges, ungeteiltes Herz der Liebe über jeden auszuschütten, der bereit ist, seine Liebe aufzunehmen. Er hat kein Ansehen der Person, jeder ist vor ihm gleich. Die innere Einstellung des Herzens ist unabhängig von Alter, Geschlecht, sozialem Status, Lebensgeschichte. Jeder Mensch ist gerufen, jeder hat die gleiche Chance. Wenn du heute bereit bist Gott zu vertrauen, in Lebensbereichen, in denen du nichts Gutes sehen kannst, zeigst du ihm deine Liebe. Er wird dir seinen Frieden schenken, und früher oder später zeigen, wie dieser Lebensbereich für dich zum Besten zusammenwirkt.

Einstiegsgebet:

Heiliger Geist, offenbare mir die Liebe des Vaters, dort wo ich sie nicht sehen kann.

Lass mich meine Lebensbereiche durch deine Augen sehen, und verstehen.

Schenk mir Frieden und Ruhe und Vertrauen, solange ich nicht verstehe.

26. Dezember

Johannes 9,7-8

Jesus...sprach zu ihm (dem Blinden): Geh hin, wasche dich in Teich Siloah (das heißt übersetzt: der Gesandte)! Da ging er hin und wusch sich und kam sehend wieder.
Die Nachbarn nun, und die ihn zuvor als Blinden gesehen hatten, sprachen:
Ist das nicht der, welcher dasaß und bettelte? (Schlachter 2000)

Der Heilige, der heilt, sagt mir:

Es ist in der Gesellschaft gang und gäbe, dass hinterfragt und bezweifelt wird, was ich gewirkt habe. Es ist auch gang und gäbe, dass hinterfragt und bezweifelt wird, wie ich wirke und warum. Was macht es für einen Sinn, dass Jesus sagte, er soll sich mit einem Brei aus Spucke, Sand und Dreck in einem Teich waschen, um geheilt zu werden? Menschlich keinen. Göttlich sicher, denn Gott macht nichts Sinnloses. Er will immer heilen und befreien. Doch so oft finden Menschen meine Ideen und kreativen Möglichkeiten, wie Heilung und Befreiung geschieht doof - aber das charakterisiert sie mehr als mich, und weil sie meinen Anleitungen nicht folgen, werden sie nicht heil und frei. Bedauerlicherweise gilt das für die, die sich Gläubige nennen mehr, als für die, die sich nie als Christen bezeichnen würden. Und meistens sind es Gläubige, die sich die Freude an ihrer Heilung und Befreiung wieder rauben lassen, weil die "Nachbarn" reden.

Einstiegsgebet:

Ich wünschte, ich wäre nicht so doof, und würde gerne alles tun, was ich für sinnlos halte, wenn es göttlich Sinn macht. Erinnere mich an das, was du mir heute gesagt hast, wenn es wieder einmal so weit ist.

27. Dezember

Offenbarung 1,6

Jesus hat...uns zu Königen und Priester gemacht für seinen Gott und Vater - ihm sei die Herrlichkeit und die Macht von Ewigkeit zu Ewigkeit! Amen. (Schlachter 2000)

Der Heilige Geist erzählt mir eine witzige Geschichte:

Ein sehr junger Mann heiratet eine ältere Witwe. Diese Witwe hat eine erwachsene junge Tochter. Der Vater des jungen Mannes hat ebenfalls sehr jung eine ältere Frau geheiratet, und ist früh Witwer geworden. Er verliebt sich in die Tochter der Frau seines Sohnes und heiratet sie und sie bekommen ein Baby. Dieses Kind ist zugleich sein Geschwisterchen und sein Enkelkind. So ist der junge Mann sein eigener Großvater geworden ;)

Der Mensch Jesus wurde aus sich selbst geschaffen.

Er ist der Schöpfer-Gott

und hat nun als Mensch Gott über sich, aber ihm wurde die Herrlichkeit zurückgegeben.

Diese Herrlichkeit teilt er nun mit uns,

da er durch die Menschwerdung Teil der Schöpfung wurde.

So bist du durch Christus königlich priesterliche Abstammung geworden,

weil du so wie Jesus Mensch bist, und seine Göttlichkeit anerkannt hast.

Einstiegsgebet:

Mir ist unverdient Ehre zugekommen, durch deine Erniedrigung.

Ich darf mit den Engeln und allen Wesen des Himmels rufen:

Jesus, dir sei Ehre und Macht, von Ewigkeit zu Ewigkeit.

28. Dezember

2. Korinther 12,12a

Als ich bei euch war, habe ich doch sicherlich bewiesen, dass ich ein wahrer Apostel bin,

der von Gott selbst zu euch gesandt wurde. (Neues Leben)

Der Heilige Geist bezeugt mir:

Ich erweise mich an dir,

und wenn ich dich zu etwas berufe, bestätige und bezeuge ich meine Berufung.

Sei nicht verunsichert, sondern bleibe bei dem, was dir von mir zugesagt wurde.

So kann ich mich an dir verherrlichen.

Einstiegsgebet:

Ich bin oft mehr von Angst oder Sorge geleitet, als von dir Heiliger Geist.

Bitte verzeih mir, und hilf mir, mit der Gewissheit deiner Liebe, die das Beste für mich will,

die Furcht, Zweifel und Bedenken auszuräumen, und den Weg zu gehen, den du mich führst.

29. Dezember

Kolosser 3,15

Euren Herzen wünschen wir den Frieden, der von Christus kommt.

Denn als Glieder eines Leibes seid ihr alle berufen, in Frieden miteinander zu leben.

Und seid immer dankbar. (Neues Leben)

Der Geist des Shaloms, des übernatürlichen Friedens, sagt mir:

Alle sind berufen, nur wenige folgen dem Ruf.

In Frieden miteinander zu leben, bedeutet Frieden im Herzen zu haben, für den Anderen.

Wer dankbar ist, kann weder unglücklich noch unzufrieden sein.

Keinen Frieden zu haben ist Unruhe.

Der Friede, der von Christus kommt, kommt eben von Christus, muss dort geholt werden.

Du kannst ihn nicht bei deinem Nächsten holen, durch Einigkeit

über eine Sache, oder durch einen Kompromiss, auch nicht durch Waffenstillstand.

Der Friede, den du brauchst ist ein Friede im Herzen, der in der Beziehung zu mir wächst,

diese innere Zufriedenheit über dich und Andere, selbst dann,

wenn es keinen vernünftigen Grund gibt, voller Hoffnung und Zufriedenheit zu sein.

Die Hoffnung und Zufriedenheit liegt in mir.

Einstiegsgebet:

Heiliger Geist, schaffe in mir mehr Kapazität für die Fähigkeit deine Liebe zu fassen.

Ich will deinen Frieden, dein Shalom, Dankbarkeit und Zufriedenheit. Dank sei dir Christus

für deinen Frieden, der die Vernunft übersteigt, die Hoffnung der Herrlichkeit in allem.

30. Dezember

1. Mose 1,1

Im Anfang schuf Gott die Himmel und die Erde. (Schlachter 2000)

Der Heilige Geist sagt mir:

Als wir Himmeln und Erde schufen, war Jesus vollkommen in Gott verborgen. Er war Teil Gottes, so ähnlich wie Eva Teil Adams war, als sie noch in der Seite Adams war. Dieser Vergleich hinkt, weil Eva erst geschaffen wurde, Jesus aber schon war. Doch es erklärt das WERDEN Jesu als Mensch. Es ist nicht schwer, aus Materie den Körper eines Menschen zu formen. Es ist nicht schwer, für Gott Mensch zu werden. Aber es ist für Gott schwer, Mensch zu sein. Denn Jesus hat alles göttliche abgelegt, und Mensch sein ist schwer, verursacht durch die Sünde. Der Mensch Jesus ist der letzte Schöpfungsakt Gottes, bis die neuen Himmel und die neue Erde geschaffen wird.Du musst verstehen, dass ich, in dem ich die Erde schuf, so viel von mir in diese Erde hineingelegt habe, dass sie in sich schöpferisch tätig ist. Ich habe den Geschöpfen der Erde befohlen, täglich Neues zu schaffen, indem sie sich vervielfältigen und vermehren. Ich schaffe täglich alles neu. Das habe ich für dich getan. Wach auf mein liebes Kind, und sieh, was ich heute für dich Schönes geschaffen habe! Ich lasse das Licht scheinen, ich schenke dir neue Gedanken, ich nehme dir die Schwere, weil Jesus die Sünde getragen hat. Ich erschaffe dich täglich neu.
Ich habe die Welt nur einmal geschaffen, aber in der Welt erschaffe ich täglich alles neu.

Einstiegsgebet:

Ja, mache alles neu. Schaffe in mir dein Neues. Ich will offen sein, für neue Einsichten, neues Denken. Forme in mir dein neues Leben. Ich will mit Mut in ein neues Jahr gehen, denn Gott ist mit mir, und ich bin sein.

31. Dezember

Offenbarung 22,20

...der...alles bezeugt, sagt: Ja, ich komme bald. Amen! Komm, Herr Jesus. (Neues Leben)

Ruach sagt mir:

Jesus wird immer zu bald und zu spät kommen für manche Menschen. Nur derjenige, der mich in sich wirken lässt, und eine Sicht auf das Königreich Gottes hat, erkennt ein wenig von Gottes Absichten und Zeiten. Dein himmlischer Vater weiß, in welche Zeitspanne er dich hineingesetzt hat. Für die, die verloren gehen, kommt Jesus zu bald. Für die, die auf seine Wiederkunft gewartet haben, gehofft haben, um sich selbst bestätigt zu sehen, kam Jesus zu spät. Für dich jedoch, wenn du in seinem Wort bleibst, ist Jesus dir durch mich näher, als dein Herzschlag, und wie alle Heiligen wirst du mit einstimmen in dieses "Amen, komm Herr Jesus." Denn nichts wünscht sich die Schöpfung mehr, als die Herrschaft Jesu zu sehen. Was bedeutet nun bald? Bald ist bald genug, genau rechtzeitig, und zum richtigen, vorherbestimmten Zeitpunkt. Aus himmlischer Perspektive bald,
denn der Mensch war nie dazu geschaffen nur 80-140 Jahre zu leben.
Wir alle warten auf den Tag, wo diese Hoffnung ein Ende haben wird,
weil sie nicht mehr nötig ist, wo der Glaube zu einer Gewissheit wird, die erfüllt ist,
und das Wort Liebe nicht mehr missbraucht wird, sondern der Lebensraum von allem ist.

Einstiegsgebet:

Jesus, du sollst meine Sehnsucht sein, stärker als alles. Heiliger Geist, bring mir das Königreich Gottes, meine Heimat, näher als meinen Herzschlag, lass mich Liebe atmen.
Ich will dich, König Jesus, erwarten, und rufen: "Ja, komm bald Herr Jesus." Sei heute mein Herrscher, und alle Tage meines Lebens, von Zeitalter zu Zeitalter, für immer. Amen.

Dankeschön

Jesus, Vater im Himmel, Heiliger Geist, dir kann ich nicht genug danken, danke dir für ALLES! Was soll ich sagen? Du hast mich nie verlassen, du bist sooo treu und geduldig.
Und danke für die Menschen, die du mir auf diesem Weg zur Seite gestellt hast:

Ganz am Anfang natürlich Michael Urban, ohne dich hätte ich nicht angefangen, wieder zu schreiben. Du hast mich getröstet, ermutigt. Danke für deine Liebe, für die vielen wunderschönen Momente, unsere schwierigen Zeiten, ja, ich danke dir auch dafür, weil ich so viel mit dir und durch dich lernen darf. Ich liebe dich WIRKLICH sehr!

Alice, Noah, Elaine, danke für gemeinsam Lachen, Weinen, Leben. Die Vergangenheit liegt hinter uns und dort soll sie auch bleiben, die Zukunft gehört euch. Ihr habt mich beschenkt, seit es euch gibt, ich liebe euch drei ganz besonders!
Jakob und Jonathan, Philipp und Piri, ich liebe euch wie meine Kinder.
Samira Aurelia, du stehst für die, die noch kommen - ihr seid gesegnet und die Kinder eurer Kinder, bis der Herr wiederkommt, der Geist des Herrn hat dich gesalbt!
Mama, danke für deine Gebete, für dein Durchhaltevermögen. Gott hat dich getragen, und es ist mir eine Ehre, deine Tochter zu sein. Adi, danke, dass du mein Papa sein wolltest. Danke an meine ganze Familie: Urban, Altenberger, Ledl, Teufl, Pfeiffer - ihr alle prägt mich, und seid, ob ihr das seht oder nicht, Werkzeuge in Gottes Hand, um das aus mir zu machen, was er will.
Anna, du Tochter der Verheißung - du bist gesegnet und ein Segen, und alle die zu dir gehören - dasselbe gilt auch für Pushpa&Johannes + Kids, Jelena + "Kids", Dora&Javier, Rachael W., Elisabeth S., Volker S., ... M&M, Theresa K., Mohsen R., Kathrin&Klaus N., ... Ihr seid uns so wichtig! Ich liebe euch alle!

Danke Volker, für die vielen Stunden des Gebets, der Korrektur und Hilfe, die du investiert hast, damit dieses Buch in den Druck gehen konnte. Der Herr möge es dir vergelten!

Danke an alle, die für uns und/oder das Buch gebetet haben!

Dann sind da noch die, die in den letzten Jahren verschiedene Prozesse oder Bereiche meines Lebens mit gelebt oder mitgetragen haben, darum habt auch ihr Anteil, dass dieses Buch zustande gekommen ist, und ich möchte euch hier meine Wertschätzung und Dankbarkeit ausdrücken: Christa H. + "Kids", Imke&Norbert F., Franjo, Sanela, Anni Sch. (wir sehen uns im Himmel wieder), Ute&Peter, Harry L., die 137 KC und LOL, Furkan, Spencer ("Noahs Freunde" - ihr habt meinen Erfahrungsschatz in vielem erweitert ;) - kommt mal wieder vorbei), Erwin G., "Die Christen im Salzkammergut", Edith K. und der Prayer Room Hallein.

Und danke an die Vielen, die mit dem Haus Tulpe in irgendeiner Form verbunden sind, oder waren, ich kann nicht alle namentlich erwähnen, danke für alle Hochs und Tiefs, durch die ich mit euch gehen darf und durfte (oder musste :D), damit ich mehr und meh r begreife, verstehe, auf diesem wundersamen, unbegreiflichen Weg, den wir mit Gott gehen!

Thank you Apostle Jennifer LC for your inspiration and for serving the Lord the way you do! Thank you Andre, Kathryn and the Awakenig Prayer Hub leaders in Europe, for standing together in prayer! Thank you, Awakening Europe, especially the Awakening Business Team!

Anhang

Hier noch eine Anmerkung zu meinem geistlichen Hintergrund: Ich bin wahrscheinlich von sämtlichen christlichen Gruppierungen, die in Österreich existieren, geprägt und ich schätze sie alle, die Jesus als den Erlöser und Gottessohn anerkennen.

Ankündigung

Wir arbeiten bereits an einer erweiterten Ausgabe bzw. einem Studienbuch/Arbeitsbuch mit Bibelstellenangaben und Querverweisen, in der die Aussagen dieses Buches belegt werden, und anhand der Bibel geprüft, und selbst erarbeitet werden können. Ziel dieses Arbeitsbuches wird sein, dass Nachfolger von Jesus zugerüstet werden, das Wort Gottes als Waffe gegen den Feind verwenden zu können.

Wie man die Bibel liest

Die Bibel ist als einziges Buch von Gott unfehlbar inspiriert und zwar in den Originalsprachen hebräisch und griechisch - sämtliche Übersetzungen weichen von dem ursprünglich Geschriebenen etwas ab, das hat Übersetzung so an sich. Bibelabschnitte sind in Kapitel und Verse eingeteilt, und wenn man ein einzelnes Bibelbuch sucht, wird nicht die Seitenanzahl angegeben, sondern das Buch, so auch hier - ein Beispiel: Am 29. Juni war der Bibelvers Hesekiel 16,8b: Damit ist das Buch des Propheten Hesekiel (oder Ezechiel - die Schreibweise einiger Bücher variiert je nach Übersetzung) gemeint, Kapitel 16, Vers 8, der zweite Teil des Satzes. Je nach Bibel stehen die Versnummern vor dem Vers, im Text, oder am Rand des Absatzes. Die Bibel besteht aus mehreren Einzelbüchern, die zu verschiedenen Zeiten von verschiedenen Autoren geschrieben wurden. Wenn du die Bibel noch nie ganz durchgelesen hast, beginne mit dem neuen Testament, dann Psalmen, Sprüche (Sprichwörter), Prediger (Kohelet) und dann den Rest. Es gibt viele Lesepläne mit denen man einzelne Bibelbücher oder die ganze Bibel in einem bestimmten Zeitabschnitt lesen kann.

Bevor du ein einzelnes Bibel-Buch liest, kann es hilfreich sein, sich mit dem Autor, der Zeit in der es geschrieben wurde, und dem Kontext auseinanderzusetzen. So werden manche Aussagen, z.B. des Paulus im Bezug auf kontroverse Themen, besser verständlich. Jesus verspricht uns in Johannes 14, dass der Heilige Geist kommen wird um uns zu trösten, zu lehren, und in die Wahrheit zu leiten. Nur durch den Heiligen Geist können wir das geschriebene Wort Gottes, die Bibel, entschlüsseln. Darum bete um die Hilfe des Heiligen Geistes beim Lesen. Denn er will durch dieses geschrieben Wort, der Bibel, in deinen Alltag sprechen.

Wie ich Gottes Reden und den Heiligen Geist höre bzw. erlebe

Dieses Buch ist meine Prophetie, das heißt, Gottes Reden heute. Und meine Prophetie ist fehlbar - wir sind angehalten, alles anhand der Bibel mit dem Heiligen Geist zu prüfen. Was meine ich, wenn ich schreibe, "Gott sagt mir"?

Ich höre seine Stimme meist in meinen Gedanken, oder meinem Herzen, meistens redet der Heilige Geist, manchmal Jesus, manchmal der Vater, all das bezeichne ich als die Stimme Gottes. Diese Stimmen unterscheiden sich voneinander und von anderen Stimmen (z.B. der Stimme meines Mannes, wenn ich mir vorstelle wie er redet und was er sagt, oder meinen eigenen Gedanken), auch verschiedene Mächte der Finsternis haben eine Stimme, auch sie klingen in meinen geistlichen Ohren nicht gleich.

Wenn Gott einen Boten, einen Engel schickt, um mit mir zu reden, ist es noch einmal anders, auch das Reden eines Engel werte ich als Gottes Reden, weil der Engel ja in der Autorität Gottes spricht. Das kommt mir ähnlich wie dem natürlichen Hören vor, geschieht aber auf einer anderen Ebene des Hörens, und ist oft für Andere nicht hörbar, es ist aber auch nicht in meinen Gedanken. Geistlich sensible Menschen können die Engel aber wahrnehmen, auch wenn sie nichts hören. Hin und wieder höre ich die Stimme Gottes akustisch, wie die eines Menschen, das hören dann manchmal auch Andere, aber nicht immer. Und einmal habe ich die gewaltige Stimme Gottes gehört, sodass meine Nachbarn meinten, ein Flugzeug habe die

Schallmauer durchbrochen. Manchmal führt mich Gottes Geist auf eine Erkenntnis hin, dann lässt er mich Wochen oder Monate lang auf verschiedenen Aspekten brüten, bis er alle Fäden zusammenführt und ich die Zusammenhänge erkenne. Manchmal redet er durch Ereignisse, oder durch Alltagssituationen, die Natur oder durch andere Menschen und Lieder, durch Träume oder Visionen und manchmal... gar nicht.

Gottes Reden kann man nicht erzwingen, er will reden, er wird auch zu DIR reden, dafür bete ich, aber er redet wann und wie er will, zu jedem anders. Und man kann ihn missverstehen, ja, das ist möglich. ABER er ist Gott, er kann jedes Missverständnis auch aufklären :)

Weitere Informationen

Meine Aufgabe als Prophetin im deutschsprachigen Raum ist es, das Volk Gottes zu ermutigen, im Glauben zu wachsen und auszurüsten, in Position zu bringen, damit Apostel, Propheten, Hirten, Lehrer und Evangelisten ihren Auftrag erfüllen können. Jeder von uns hat von Gott zumindest eine dieser fünf Funktionen, im Reich Gottes auf Erden.

Deshalb bete ich unter dem Titel "Und der Heilige Geist sagt mir heute..." derzeit von Montag bis Donnerstag um 8.00 Uhr morgens live auf Youtube auf dem Account "Anita U." und live auf der öffentlichen Facebook-Seite: "Haus Tulpe ekklesia - Gemeinsam Leben fördern". Der bereits erwähnten privaten Facebook-Gruppe "Zeit mit Gott dem Vater, Jesus und dem Heiligen Geist" kann man beitreten, wenn man die Voraussetzungen erfüllt.

Als kleine Entschuldigung für die "Silly walks": "Und der Heilige Geist sagt mir heute..." ist dazwischengekommen. Es war wichtiger, zuerst dieses Buch fertig zu schreiben. Mein Roman "Eine schreckliche Geschichte...! ...oder?" wird sicher noch veröffentlicht werden. Zur Erklärung: Hinter der Geschichte, dem Roman, steht der Heiligen Geist, der mir in meinem Kopf einen Film zeigte. Ich habe den ganzen ersten Teil des Filmes aufgeschrieben und bei einer Lesung einen Teil vorgetragen und sie warten jetzt auf die Veröffentlichung... und ich warte auf den Heiligen Geist mit der Fortsetzung....

Hier eine kleine Leseprobe zu: "Eine schreckliche Geschichte...! ...oder?"

Die erste Seite:

Der kleine Junge sitzt im Gefängnis. Er ist sehr krank. Bald wird er sterben und alle wissen es. Er wird nicht mehr erleben, wie es ist, wenn sein Vater nach Hause kommt, sie als Familie Weihnachten feiern. Das Jahr hat gerade angefangen und vor ein paar Tagen ist der kleine Junge fünf Jahre alt geworden. Und jetzt sitzt er im Gefängnis.

So wie jeden Dienstag. Seine Betreuerin sitzt draußen im Gang und schaut auf die Uhr. Der kleine Junge weiß, er hat nicht mehr viel Zeit. Dass er hier sein darf, einmal in der Woche, ist ein Geschenk, und sein letzter Wunsch. Ihm gegenüber sitzt sein Vater, der Pastor. "Ich habe dir ein Bild gemalt", sagt der Junge und streckt dem Mann eine Zeichnung entgegen. Darauf zu sehen ist eine strahlende Gestalt, und eine kleine Figur mit einem großen Lächeln im Gesicht. Unter den zwei Wesen auf der Zeichnung steht in gekrakelten großen Buchstaben JESUS + ICH. "Hast du das selbst geschrieben?", fragt der Pastor, und weiter sagt er, "Ich bin stolz auf dich, mein Sohn. Du musst jetzt gehen..." Der Junge nickt.

Die Betreuerin kommt mit dem Gefängniswärter auf die Gefängniszelle zu und die Gefängnistür springt automatisch auf. "Ich liebe dich, mein Sohn", sagt der Pastor und hat eine Träne in den Augen. "Ich dich auch Papa", sagt der Junge, "nicht weinen, du bist nicht allein. Jesus ist bei dir und ich komme am Dienstag wieder." Er umarmt seinen Vater und geht mit der Betreuerin raus. Hinter ihnen schließen sich die Gefängnistüren, wo sein Papa, der Pastor mit vielen anderen Gefangenen eingesperrt ist...

Buchrückentext:

Ein schwacher Mann im Gefängnis. Eine verlassene Frau, die ihre Kinder allein großziehen muss. Ein Jugendlicher, den die Hartherzigkeit seiner geliebten Großmutter fast umbringt und ein todkrankes Kind, dass Vater und Bruder vermisst.

Eine Familie in tiefen Krisen, unüberwindbar. Wenn da nicht die Hoffnung wäre.

Eine Hoffnung, wie eine Dattelpalme in der Wüste.